KB201074

광야에서 부르는
하늘과 땅의 노래

광야에서 부르는 하늘과 땅의 노래

지은이 김나사로
발행일 2024년 4월 8일

펴낸이 최선화
펴낸곳 도서출판 등과 빛
주소 부산광역시 동구 중앙대로260번길 3-11
전화 051-803-0691
등록번호 제335-제6-11-6호(2006년 11월 8일)
　　　　　제2017-000005호(2017년 11월 19일)

저작권ⓒ도서출판 등과 빛, 2024
ISBN 978-89-93647-52-5 (03230)

값 19,000원

김나사로 지음

광야에서 부르는 하늘과 땅의 노래

모두 들으리라 기대하지는 않습니다. 그러나 들을 귀 있는 자는 들을 것입니다. 모두 읽으리라 기대하지는 않습니다. 그러나 볼눈이 있는 자는 읽을 것입니다.

도서 출판 등과 빛

들어가는 말*

광야에서 부르는 하늘과 땅의 노래
_ 그 첫 번째 이야기를 시작하면서

저는 생각해 봅니다.
무엇이 교회이고, 무엇이 목사인지를
왜 나는 한때 나의 초라한 예배당 건물을 부끄러워했고
내가 목사임을 부끄러워했던가를
그것이 가슴 저미어 옵니다.

오늘날
크지 않으면 교회 취급을 못 받고
큰 교회 목사가 아니면 목사 취급을 받지 못하는
이 세대의 편견과 인심에 통탄의 눈물을 흘립니다.

과거 우리 교회는
부산시 진구 초읍동의 뒷골목 개 잡는 집
2층에 있었습니다.
밤에는

---

*2007년 판, 광야에서 부르는 하늘과 땅의 노래 1~6권 머리말 모음을 '들어가는 말'로
 갈음합니다.

개 잡는 소리를 들으며 잠이 들었고
새벽 미명에도
개 잡는 소리에 눈을 떴습니다.

그때마다 생각해 보았습니다.
저 개들이 무슨 죄가 그리도 커서
새벽마다 밤마다 비명을 지르며 죽어가야 하는지를.
그들의 죄라면
주인이 먹다 남은 음식을 받아먹고
주인의 집을 지키기 위해 목이 메도록 짖고
주인이 반가워 꼬리 흔든 것밖에 없는데
과연 우리가 무슨 권한으로
그리하는지…….

오로지 우리는 그 개들에 대해
하나님으로부터 주권의 명령을 부여받았을 뿐
그 개의 창조자는 아닙니다.
개를 만들지도 못하면서
개의 생사여탈권을 쥐고 있는 우리 인간.
그러기에 1층의 개 잡는 집 주인이
개를 때려잡는다고 욕할 수 있겠습니까?
그러나 하나님은 우리를 창조하셨습니다.
저는 하나님의 개입니다.
하나님은 저의 주권자요

저를 빚으신 토기장이시니
제가 무엇을 말할 수 있겠습니까!
무엇을 항변할 수 있겠습니까?

하나님은 나를 빚으시고 만드신 분이신데
1층의 개들이 이유 없이 죽어야 하듯이
저 또한 하나님의 개라서 하나님이 버리신다면
이유 없이 죽을 수밖에 없을 것입니다.
그리할지라도 제가 무슨 말을 할 수 있겠습니까!
무슨 항변을 할 수 있겠습니까?
저는 죽을 수밖에 없는 하나님의 개입니다.

그런데 하물며 하나님의 뜻을 보지 못하고
하나님의 마음을 읽지 못해
하나님의 참된 말씀을 짖지 못하는 벙어리 개와 같은
몰각한 목자들이야
하나님께서 죽이셔도 할 말이 없을 것입니다.

사도 바울은 단언했습니다.
내가 사람을 기쁘게 하랴 하나님을 기쁘시게 하랴
사람을 기쁘게 하는 것이면 그리스도의 종이 아니라고.
예레미야 선지자가 하나님의 말씀을 대언했습니다.
그는 당대의 평화를 예언하는 선지자들,
우리는 아브라함의 자손이므로 특권을 부여받은 민족이요

하나님의 축복을 받은 선민이기에
그대들은 원수 바벨론에게 반드시 승리한다며
축복 타령하던 선지자들에게
너희가 여호와의 회의에 참여하여
하나님의 말씀에 귀를 기울였다면
자기 마음의 완악한 대로 행하는 모든 사람에게
재앙이 임하지 아니하리라고 말하지는 않았을 것이라고
질책했습니다.

이제 하나님께서 말씀하십니다.
그들이 만일 나의 회의에 참여했다면
내 백성에게 내 말을 들려서
그들로 악한 길과 악한 행위에서
돌이키게 하였을 것이라고.

미가 선지자는 말합니다.
거짓 선지자들이 축복 타령, 승리 타령의 평강을 외쳐도
오직 나는 여호와의 영으로 말미암아
능력과 정의와 용기로 충만해져서
야곱의 허물과 이스라엘의 죄를
그들에게 보이리라고.

주님은 말씀하셨습니다.
인자가 다시 올 때 믿음을 보겠느냐고.

주님이 다시 오셨을 때 보시고자 하는 믿음은
오늘날 많은 사람이 외쳐대는
축복 타령, 승리 타령의 믿음이 아닐 것입니다.

왜 주님은 말세를 예언하실 때
구약의 성전 건물을 가리키시면서
'이 큰 건물'이라고 지칭하셨고
왜 사람들이 '아름다운 돌과 헌물로 꾸민'
성전 건물을 가리킬 때 종말을 선포하셨을까?

광야 이스라엘의 장막,
마치 오늘의 초등학교 운동장 크기만 했던 모세의 장막이
그 웅장하고 장엄하고 화려했던 바로의 궁보다
영화로울 수 있었던 것은
비록 아름다운 대리석으로 꾸미지는 않았어도
하나님의 영광이 임했기 때문이었음을
오늘의 교회 세대는 깊이 유념해야 할 것입니다.

그때 저는 밤마다
개 잡는 소리를 들으며 잠이 들었습니다.
또한 새벽마다 어김없이
개 잡는 소리를 들으며 잠이 깨었습니다.

이왕에 하나님의 개로 태어났으니
주인을 위해 때를 따라 양식을 나누어 주는

충성되고 지혜로운 개가 되고 싶습니다.
주인의 마음과 뜻을 위해 짖는 개가 되고자 합니다.

만복 타령이나 하는 평화의 거짓 선지자들이
꿈이니 긍정이니 응답이니 해결이니 짖어대도
저는 야곱의 허물과 이스라엘의 죄를 고하렵니다.

이제 마음껏 짖어 보려 합니다.
저의 머리에 기름 부으셔서
목사가 되게 하신
하나님의 영광을 위하여!

광야에서 부르는 하늘과 땅의 노래
            _그 두 번째 이야기를 시작하면서

이 밤도 저는 생각해 보았습니다.
오늘 하루도 주를 위해 나는 무엇을 했던 것이며
그 모든 것이 과연 주님의 기쁘심이 되었던가를.
하나님은 말씀이 없으시고 잠잠하시니
저의 답답함이 더하여 갑니다.

그러나
칠흑 같은 이 어두움 속에서

주의 말씀이 나의 발에 등이 되시고 나의 길에 빛이 되시니
이 밤도 66권의 말씀으로
하나님의 섭리와 경륜을 묵상하며
주의 뜻을 헤아려 보았습니다.
과연 나는 어떠한 소망으로
주의 말씀을 대면하여 서 있는 것일까?

주일이면, 수요일이면, 금요일이면
마른 막대기보다 못한 부족한 종의 입을 통해
선포되는 하나님의 말씀을 듣고자
찾아오는 몇몇 성도들,
그들에게 나는 무엇을 말하고자 함이었던가.
아, 왜 이리 가슴이 짓눌러 오는 것인가.

보이고 만져지는 것으로
그들에게 줄 수 있는 것은 나에게 하나도 없고
그들에게 인생의 그 어떠한 아름다운 미래의 청사진도
제시할 수 없는 현실 앞에서
크나큰 무력감과 절망감이 밀려옵니다.

차라리 우리가 소망하는 나라를
새마을운동으로 이룰 수만 있다면
그래서 할 수 있다, 할 수 있다는 신념으로
그들을 무장시킬 수만 있다면
이토록 막막하지는 않았을 것인데……

오늘 이 밤 저는 큰 산을 보았습니다.
너무도 거대한 산을,
그 지경이 너무 넓고
그 뿌리가 너무 깊고
그 높이가 너무 높아
만민의 피난처로 손색이 없고
만민의 부요로 부족함이 없는
거대한 산!

하나님의 참된 종이라면
하나님의 가장 기뻐하심을 이루어야 하는 법.
그분의 기뻐하심이 무엇일까?
그 기뻐하심이 '하나님의 나라와 의'일진대
무지한 내가 무엇을 알 수 있으며
연약한 내가 무엇을 할 수 있을까?

하나님은 무엇 때문에
바벨론이 이같이 몹시 떨어져
다시 보이지 않을 것(계 18:21)이라는
벅찬 기쁨을 우리에게 노래하게 하셨을까?
그것은 내 백성이
거기서 나와야 하기 때문이라고 하셨지만(계 18:4)
그런데 왜 하나님의 백성이 그곳에 있었던 것일까?

저 편견의 산을 바다에 던질 수만 있다면

그 이유를 말해 줄 수 있을 것인데
저 교만한 산을 바다에 던질 수만 있다면
그 이유를 말해 줄 수 있을 것인데
저 무지한 산을 바다에 던질 수만 있다면
그 이유를 말해 줄 수 있을 것인데

오늘 이 밤 하나님의 말씀을 대면해 봅니다.
그 말씀 속에서
내 백성이 무지하므로
바벨론을 향한 나의 진노를 알지 못한다는
하나님의 탄식을,
내 백성이 편견에 사로잡혀
바벨론을 향한 나의 진노를 알지 못한다는
하나님의 탄식을,
내 백성이 교만하므로
바벨론을 향한 나의 진노를 알지 못한다는
하나님의 탄식을 들었습니다.

이제 저는 하나님의 기뻐하심을 알았습니다.
그것은 곧 저 편견과 무지와 교만의 산을
바다에 던지는 것임을
그러나 그것을 어떻게
우리가 할 수 있을 것인가?
그것은 예수 그리스도께서 종국에 성취하실 일!

그래서 저는 성도들에게
말씀의 검을 준비하자고 했습니다.
그래서 우리가 부르는 광야의 노래가
하늘과 땅이 존속하는 한
계속 불릴 수 있도록.

광야에서 부르는 하늘과 땅의 노래
_ 그 세 번째 이야기를 시작하면서

이사야 시대에 그리 많지 않은 참 목자들이 있었는가 하면
백성의 신앙을 무사안일과 선민특권 의식으로 고양하는
많은 거짓 선지자가 있었습니다.
그들도 모세의 율법을 알았습니다.
그들도 모세의 율법을 가르쳤습니다.
그들도 모세의 율법을 연구했습니다.
그들도 모세의 율법을 강해했습니다.

그러나 그들이
하나님께 거짓 선지자로 정죄를 받았던
오직 한 가지 가장 큰 이유는
아브라함의 자손이라고 할지라도
할례를 받았다고 할지라도
성전을 출입한다고 할지라도

제사를 드린다고 할지라도
헌물을 드렸다고 할지라도
하나님! 하나님! 할지라도
하나님의 뜻을 행하지 않으면
철저하게 심판받는다는
경고를 하지 않은 것이었습니다.

이사야 선지자는 계속해서
이스라엘 백성의 비참한 말로를
하나님의 말씀을 의지해 가감없이
경고하고 또 경고했습니다.
그러나
교회 나왔으니 구원받았고, 축복받을 것으로
맹신했던 이스라엘 백성은 계속해서
부드러운 말을 하라고
이사야 선지자에게 요구했습니다.

그래도 이사야 선지자는
굴하지 않고 계속해서
이스라엘이 바닷가의 모래와 같이
번성했다고 할지라도
남은 자만이
하나님께로 돌아올 수 있다고
경고하고 또 경고했습니다.

그러나
구원 타령, 축복 타령하던 거짓 선지자들은
이사야 선지자를 향해 조롱했습니다.
"네가 말하는 교훈을 우리도 알거늘
무엇 때문에 교훈에 교훈을 더하며
네가 말하는 경계를 우리도 알거늘
무엇 때문에 경계에 경계를 더하는 것이며
여기서도 조금, 저기서도 조금 하는 너의 말이
과연 하나님의 말씀이 맞느냐?
네가 우리를 어린아이 취급하는구나!"
그러나 그들은 하나님의 말씀으로
백성에게 경고하지 못하는 몰각한 목자들이었고
짖지 못하는 개에 불과했습니다.

이제 저는
주인을 위하여
주인의 뜻대로
쉬지 않고 짖어 보렵니다.

광야에서 부르는 하늘과 땅의 노래
  _ 그 네 번째 이야기를 시작하면서

자랑 많은 세상 가운데서 부끄러워한다는 것이

믿음 없어 보인다고 할지라도
칭찬받는 세리의 길이기에 부끄러워하게 하소서.

어두움 짙은 세상 가운데서 믿음의 빛을 밝힌다는 것이
무의미하게 보인다고 할지라도
말씀의 길이기에 기쁨으로 준행하게 하소서.

미움 많은 세상 가운데서 사랑해야 한다는 것이
손해 보고 억울하고 무익해 보인다고 할지라도
사랑해야 하기에 사랑하게 하소서.

유혹 많은 세상 가운데서 신앙의 정절을 지킨다는 것이
외롭고 힘들고 어리석어 보인다고 할지라도
구원의 좁은 길이기에 힘써 달려가게 하소서.

영원 앞에서 천 년의 시간도
지나간 밤의 한 경점일 뿐이기에
수고와 슬픔을 안고 신속히 날아가는
칠팔십 년 인생의 허무를 깨닫는
지혜를 허락해 주소서.

시간 속에 허물어질 우리 인생이
하나님의 영원을 갈망하게 해 주셔서
시간 속의 욕망과 시간 속의 분노와
시간 속의 슬픔과 시간 속의 번민과

시간 속의 증오와 시간 속의 애착을
넘어서게 하소서.

이제 시간을 넘어
영원을 향한 우리의 소망을 인내 가운데 연단하시고
온전히 주님의 말씀에 순종하는 것으로
우리의 삶이 풍요로워지게 하소서.

이제 우리의 허무한 인생의 날을
계수할 수 있는 지혜를 주셔서
성령 하나님의 능력 안에서
욕망과 애착으로부터 자유로워지게 하시고
슬픔과 분노로부터 자유로워지게 하시며
증오와 미움으로부터 자유로워지게 하소서.

오로지 사랑하게 하시고 오로지 감사하게 하시고
오로지 찬양하게 하시고 오로지 경건하게 하시고
오로지 헌신하게 하시고 오로지 인내하게 하셔서

우리에게 주신 믿음의 역사를 이루고
사랑의 수고를 이루기 위해
죽도록 충성하는 자리에 언제나 머물도록
오늘 이 시간도 성령 충만으로 새롭게 하소서.

광야에서 부르는 하늘과 땅의 노래
_ 그 다섯 번째 이야기를 시작하면서

생각해 보면 참으로 모든 것이 변하고 변했습니다.
변하되 모든 것이 일시적이고 일회적이고
순간적인 것들로만 변해 왔습니다.
신의와 사랑과 맹세와 우정이 변해 가고,
갈수록 적자생존의 법칙을 절감하는 세상이 되었습니다.
열렬한 것 같으나 금방 식어 버리고
존경하는 것 같으나 가시 박아 버리고
더불어 갈 것 같으나 내팽개쳐 버리고
사랑하는 것 같으나 무정하고 질시하며
생각해 주는 것 같으나 뒤통수쳐 버리고
성실한 것 같으나 금방 싫증 내고
깨끗한 것 같으나 추합니다.

우리 앞에 머물러 있는 것이라고는 없습니다.
지나가면 금방 과거의 신의가 되어 버리고
과거의 사랑이 되어 버리고
과거의 맹세가 되어 버리고
과거의 우정이 되어 버립니다.
참으로 모든 것이 시도 때도 없이 변해 가고,
참으로 모든 것이 머무르지 않고 스쳐 가기만 하는
세상이 되어 가고 있습니다.
그래서 진정한 소망, 참된 소망이 없는 이곳!

날마다 생기는 곳이
먹는 곳이요, 마시는 곳이요, 노는 곳!
지금 세상은 창업 중, 개업 중.

모든 것이 보암직하고, 모든 것이 먹음직하고
모든 것이 우리를 지혜롭게 해 주어
하나님 없이도 살아갈 것처럼 착각하게 만드는
유혹 많은 이 세상!
그러나 이 가운데서 지켜야 하는 것이
신앙의 순수! 신앙의 정절일진대
세상이 갈수록 그렇게 변해 가고 더불어
신앙도 그 빛이 퇴색해 가고 있습니다.
세상의 변화를 진보라고 할 수 있을지는 몰라도
신앙의 변화는 변질이고 타락입니다.
하늘 소망,
곧 영생을 바라보며 인내하고 기다려 볼 줄 모르고
믿음의 역사를 참고 지켜봐 줄 줄 모르고
약속의 말씀을 믿고 바라볼 줄 모르고
형제를 용서하고 사랑해 줄 줄 모르는
이름뿐인 신앙의 세대가 되어 가고 있습니다.

어느덧 우리는 돈을 신으로 삼았습니다.
물질 때문에 기뻐하고 감사하고
물질 때문에 염려하며 기도하고
물질 때문에 걱정하며 불평하고

부하고자 하는 끝없는 욕심을 절제하지 못해
나누지 못하고 나를 위한 곡간 쌓기에만 바쁩니다.

어느덧 우리는 부자 되고 성공하는
인생의 꿈을 이루는 것이 신앙의 목적이 되었습니다.
꿈이라는 이름의 배에 올라 긍정의 힘으로 키를 잡고
비전이라는 이름의 돛을 펴서 미혹의 영들을 바람 삼아
긍정의 입술로 키를 움직이며
인생 성공의 항구를 향해 신나게 항해하고 있습니다.

어느덧 우리는 자신만을 사랑하는
이기적인 인간이 되었습니다.
사랑해야 할 이웃과 형제자매를 향해 무정하며
그들의 고통에 민감하지 못합니다.
오로지 내 자녀, 내 남편, 내 인생, 내 부모
내! 내! 나! 나! 나를 위해 신앙하고 있습니다.

어느덧 우리는 자긍하며 높아진 마음을 가진
교만한 자들이 되었습니다.
하나님께서 누리게 하신 각양 좋은 것들이
나로 말미암은 것인 양 자랑하며 이웃을 업신여기며
남보다 우월한 존재인 양 교만 속에 살고 있습니다.

어느덧 우리는 사나운 자들이 되었습니다.
분내며 입에 재갈을 물리지 못하고

한 입으로 찬송과 저주를 발하고
급히 성내며 화평을 따라 거룩함을 이루지 못하고
오히려 다툼을 일으키며
원통함을 풀지 않고 있습니다.

그토록 믿음을 찾으셨고
그토록 용서를 요구하셨고
그토록 사랑을 권면하셨고
그토록 화평을 원하셨던
주님께서
검이 없는 자는 겉옷을 팔아 검을 준비하라고 하셨습니다.
오늘 이 시간
나를 치장하고 있는 믿음이라는 신앙의 옷이
나를 치장하고 있는 용서라는 신앙의 옷이
나를 치장하고 있는 사랑이라는 신앙의 옷이
나를 치장하고 있는 화평이라는 신앙의 옷이
벗어던져야 할 외식이었음을 가슴 깊이 깨우쳐 봅니다.

주님께서 오늘 나에게 명하시는 것이
입술만의 믿음이 아니고
말로만의 용서가 아니고
미소만의 사랑이 아니고
무관심한 화평이 아니고
모든 것을 버리고 주님을 좇는 믿음!
모든 것을 용납하는 용서

모든 것을 내어주는 사랑
모든 것을 포용하는 화평이라고 하셨으니
이제 외식의 겉옷을 팔아서
허울뿐인 신앙의 심장부를 찔러 조갤 수 있는
마광한 말씀의 검을
분연히 준비하려 합니다.

광야에서 부르는 하늘과 땅의 노래
_ 그 여섯 번째 이야기를 시작하면서

저는 이 땅에 태풍의 피해가 엄습해 올 때마다
생각해 보곤 합니다.
왜 하필 태풍 피해는 압구정동 로데오 거리를 비껴가
그토록 못살고 그토록 힘든 산골 마을 사람들에게만
무차별 피해를 주는 것인지!
그 불쌍한 농부들이 무슨 죄를 그리 많이 지었다고!
그들이 농부로 태어났다는 그 이유 하나로
몇백만 원이나 하는 옷 한 번 못 입어 보고
몇십만 원이나 하는 술 한 병 못 마셔 보고
고급 승용차 한 번 못 타본 것도 억울한데.
그들이 산골 마을 농부로 태어나고 싶어서 태어났습니까?
그런데 태풍은 로데오 거리는 항상 비껴가고
불쌍한 산골 마을만 때려 부수는 것인지…….
인간의 관점으로 이해할 수 없는 일이지만

하나님의 주권 앞에서 우리가 무어라 말할 수 있겠습니까?
그런데 이 가련한 농부들에게
예수 믿어 잘되고 부자 되고 성공한다는 가르침이
복음이 될 수 있겠습니까?
저는 이들에게 위대하고도 참된 영광의 복음을 선포합니다.
"그러므로 우리가 낙심하지 아니하노니 우리의 겉사람은 낡아지
나 우리의 속사람은 날로 새로워지도다 우리가 잠시 받는 환난의
경한 것이 지극히 크고 영원한 영광의 중한 것을 우리에게 이루게
함이니 우리가 주목하는 것은 보이는 것이 아니요 보이지 않는 것
이니 보이는 것은 잠깐이요 보이지 않는 것은 영원함이라 만일 땅
에 있는 우리의 장막 집이 무너지면 하나님께서 지으신 집 곧 손
으로 지은 것이 아니요 하늘에 있는 영원한 집이 우리에게 있는
줄 아느니라 참으로 우리가 여기 있어 탄식하며 하늘로부터 오는
우리 처소로 덧입기를 간절히 사모하노라"(고후 4:16~5:2)라고!

복음은 복음다워야 합니다!

모두가 들을 것을 기대하지는 않습니다.
그러나 들을 귀 있는 자는 들을 것입니다.
모두가 읽기를 기대하지는 않습니다.
그러나 볼 눈이 있는 자는 읽을 것입니다.
모두가 이 책을 읽고 동감하기를 기대하지는 않습니다.
그러나 가슴을 치며 애통해할 심령이 있을 것이라고 믿기에
주저 없이 펜을 들었습니다.
오늘날 교인들이 들어야 하는 하나님의 말씀은

사람의 계명 같은 꿈 타령, 긍정 타령이 아닙니다.
그런 가르침은 자동차 영업소 신입사원 교육장에서도
얼마든지 들을 수 있고
보험 영업소 신입사원 교육장에서도
얼마든지 들을 수 있는 교훈들입니다.

사람의 교훈 같은 가르침으로
입으로만 하나님을 가까이하고
입술로만 하나님을 존경하는
사람들을 많이 모을 수는 있습니다.
그러나 하나님이 찾으시는 사람은
입으로 하나님을 가까이하는 사람도
입술로 하나님을 존경하는 사람도 아닙니다.
마음으로 하나님과 함께하는 사람입니다.

오늘날 성도들이 들어야 하는 말씀은
성령이 교회들에게 하시는 말씀입니다.
성령이 교회들에게 하시는 요한계시록의 말씀을
이 시대의 성도들에게
살아 있는 하나님의 말씀으로
대언하고자 합니다.

– 2007. 3. 김나사로 목사 –

차 례

광야에서 부르는 하늘과 땅의 노래, 그 노래의 시작

오래전 모세 선지자는 임종을 앞두고 모압 평지에서 이스라엘 신앙의 후세대가 잊지 않고 불러야 할 하나님의 노래를 썼다. 그리고 이스라엘 백성에게 읽어 들려주고 가르친 후 언약궤에 봉함했다.

"여호와께서 모세에게 이르시되 네가 죽을 기한이 가까웠으니 여호수아를 불러서 함께 회막으로 나아오라 내가 그에게 명령을 내리리라 모세와 여호수아가 나아가서 회막에 서니 여호와께서 구름 기둥 가운데에서 장막에 나타나시고 구름 기둥은 장막 문 위에 머물러 있더라 또 여호와께서 모세에게 이르시되 너는 네 조상과 함께 누우려니와 이 백성은 그 땅으로 들어가 음란히 그 땅의 이방 신들을 따르며 일어날 것이요 나를 버리고 내가 그들과 맺은 언약을 어길 것이라 내가 그들에게 진노하여 그들을 버리며 내 얼굴을 숨겨 그들에게 보이지 않게 할 것인즉 그들이 삼킴을 당하여 허다한 재앙과 환난이 그들에게 임할 그때에 그들이 말하기를 이 재앙이 우리에게 내림은 우리 하나님이 우리 가운데에 계시지 않은 까닭이 아니냐 할 것이라 또 그들이 돌이켜 다른 신들을 따르는 모든 악행으로 말미암아 내가 그때에 반드시 내 얼굴을 숨기리라 그러므로 이제 너희는 이 노래를 써서 이스라엘 자손들에게 가르쳐 그들의 입으로 부르게 하여 이 노래로 나를 위하여 이스라엘 자손들에게 증거가 되게 하라 내가 그들의 조상들에게 맹세한바 젖과 꿀이 흐르는 땅으로 그들을 인도하여 들인 후에 그들이 먹어 배부르고 살찌면 돌이켜 다른 신들을 섬기며 나를 멸시하여 내 언약을 어기리니 그들이 수많은 재앙과 환난을 당할 때에 그들의 자손이 부르기를 잊지 아니한 이 노래가 그들 앞에 증인처럼 되리라 나는 내가 맹세한 땅으로 그들을 인도하여 들이기 전 오늘 나는 그들이 생각하는 바를 아노라 그러므로 모세가 그날 이 노래를 써서 이스라엘 자손들에게 가르쳤더라 여호와께서 또 눈의 아들 여호수아에게 명령하여 이르시되 너는 이스라엘 자손들을 인도하여 내가 그들에게 맹세한 땅으로 들어가게 하리니 강하고 담대하라 내가 너와 함께하리라 하시니라 모세가 이 율법의 말씀을 다 책에 써서 마친 후에 모세가 여호와의 언약궤를 메는 레위 사람에게 명령하여 이르되 이 율법책을 가져다가 너희 하나님 여호와의 언약궤 곁에 두어 너희에게 증거가 되게 하라 내가 너희의 반역함과 목이 곧은 것을 아나니 오늘 내가 살아서 너희와 함께 있어도 너희가 여호와를 거역하였거든 하물며 내가 죽은 후의 일이랴 너희 지파 모든 장로와 관리들을 내 앞에 모으라 내가 이 말씀을 그들의 귀에 들려주고 그들에게 하늘과 땅을 증거로 삼으리라 내가 알거니와 내가 죽은 후에 너희가 스스로 부패하여 내가 너희에게 명령한 길을 떠나 여호와의 목전에 악을 행하여 너희의 손으로 하는 일로 그를 격노하게 하므로 너희가 후일에 재앙을 당하리라 하니라 그리고 모세가 이스라엘 총회에 이 노래의 말씀을 끝까지 읽어 들리니라"(신 31:14~30).

이 노래의 핵심 주제는, 이스라엘의 신앙이 결국에 심판에 직면하게 된다는 것이다. "내가 알거니와 내가 죽은 후에 너희가 스스로 부패하여 내가 너희에게 명령한 길을 떠나 여호와의 목전에 악을 행하여 너희의 손으로 하는 일로 그를 격노하게 하므로 너희가 후일에 재앙을 당하리라"(29절). 그러므로 이 노래를 이스라엘 신앙의 후세대가 부르기를 잊지 말아야 할 이유는 그들이 먼 훗날 하나님의 심판 경고대로 철저히 파멸할 것이기 때문이다. "그들이 수많은 재앙과 환난을 당할 때에 그들의 자손이 부르기를 잊지 아니한 이 노래가 그들 앞에 증인처럼 되리라 나는 내가 맹세한 땅으로 그들을 인도하여 들이기 전 오늘 나는 그들이 생각하는 바를 아노라"(21절).

결국, 모세의 노래, 곧 모세의 예언은 그 핵심 주제가 그들이 비록 아무리 "하나님! 하나님!" 한다고 해도, 하나님의 언약을 어기고 하나님의 뜻을 행하지 않아서 반드시 멸망한다는 것이다. 모세는 꿈이 있는 자가 망하지 않을 인생의 미래를 예언하지 않았다. 죽기 아니면 살기로 기도하면 반드시 응답받을 인생의 미래를 예언하지도 않았다. 하나님께 부르짖는 자마다 문제 해결을 받는다는 인생의 미래를 예언하지도 않았다. 긍정으로 확신하고 긍정으로 시인하면 잘되는 인생의 미래를 예언하지도 않았다.

모세 선지자는, 하나님의 뜻을 행하지 않아서 평생 "하나님! 하나님!" 하고도 반드시 멸절될 이스라엘의 말로를 '소돔의 포도나무'로 '고모라 밭의 소산'으로 예언했다. "그들의 포도나무는 소돔의 포도나무요 고모라의 밭의 소산이라 그들의 포도는 독이 든 포도이니 그 송이는 쓰며 그들의 포도주는 뱀의 독이요 독사의 맹독이라 이것이 내게 쌓여 있고 내 곳간에 봉하여 있지 아니한가 그들이 실족할 그때에 내가 보복하리라 그들의 환난 날이 가까우니 그들에게 닥칠 그 일이 속히 오리로다 참으로 여호와께서 자기 백성을 판단하시고 그 종들을 불쌍히 여기시리니 곧 그들의 무력함과 갇힌 자나 놓인 자가 없음을 보시는 때에로다"(신 32:32~36). 그리고 그는 자신의 예언, 곧 자신의 노래를 확증하기 위해 하늘과 땅을 증인으로 불러 세웠다. "하늘이여 귀를 기울이라 내가 말하리라 땅은 내 입의 말을 들을지어다"(신 32:1).

이후 이스라엘 백성은 선지자들이 전하는 심판의 경고는 전혀 듣지 않으면서 자신들이 그토록 존경하는 지도자들이 전하는 "한번 아브라함 자손은 영원한 아브라함 자손이다. 아브라함 자손은 기도하면 무조건 응답받는다. 아브라함 자손은 기도하면 무조건 승리한다."는 평강 타령만을 허구한 날 부르고 불렀다. 마치 오늘 우리가 목사들에게서 믿고 기도하면 잘되는 미래, 역전하는 미래, 해결하는 미래, 응답받는 미래, 평안하고 안정된 미래를 허구한 날 배우듯이.

이스라엘 가운데 부르기를 잊지 말아야 하는 모세의 노래, 곧 심판의 경고는 잊혀 갔다. 그럴 즈음, 750여 년의 세월이 흐른 후, 이사야 선지자가 구속사의 무대에 등장한다. 그는 그 옛날 모세 선지자가 모압 평지에서 '하나님의 노래'의 영원한 증인으로 불러 세웠던 하늘과 땅을 다시 하나님의 법정에 호출한다. "하늘이여 들으라 땅이여 귀를 기울이라 여호와께서 말씀하시기를 내가 자식을 양육하였거늘 그들이 나를 거역하였도다"(사 1:2). 그리고 모세 선지자가 '소돔의 포도나무'와 '고모라 밭의 소산'으로 예언했던 이스라엘의 말로를 직시한다. 그리고 하나님의 율법대로 온전히 사랑하지는 않으면서 예배와 기도에 몰두하던 당대의 종교 지도자와 백성을 '소돔의 관원들', '고모라의 백성'이라고 정죄한다. "너희 소돔의 관원들아 여호와의 말씀을 들을지어다 너희 고모라의 백성아 우리 하나님의 법에 귀를 기울일지어다 여호와께서 말씀하시되 너희의 무수한 제물이 내게 무엇이 유익하뇨 나는 숫양의 번제와 살진 짐승의 기름에 배불렀고 나는 수송아지나 어린 양이나 숫염소의 피를 기뻐하지 아니하노라 너희가 내 앞에 보이러 오니 이것을 누가 너희에게 요구하였느냐 내 마당만 밟을 뿐이니라 헛된 제물을 다시 가져오지 말라 분향은 내가 가증히 여기는 바요 월삭과 안식일과 대회로 모이는 것도 그러하니 성회와 아울러 악을 행하는 것을 내가 견디지 못하겠노라 내 마음이 너희의 월삭과 정한 절기를 싫어하나니 그것이 내게 무거운 짐이라 내가 지기에 곤비하였느니라 너희가 손을 펼 때에 내가 내 눈을 너희에게서 가리고 너희가 많이 기도할지라도 내가 듣지 아니하리니 이는 너희의 손에 피가 가득함이라 너희는 스스로 씻으며 스스로 깨끗하게 하여 내 목전에서 너희 악한 행실을 버리며 행악을 그치고 선행을 배우며 정의를 구하며 학대받는 자를 도와주며 고아를 위하여 신원하며 과부를 위하여 변호하라 하셨느니라"(사 1:10~17).

모세 선지자가 모압 평지에서 불렀던 노래의 말씀, 부르기를 잊지 말아야 하는 영원한 노래는 이렇게 이사야 선지자의 사역을 통해 선지자의 소리, 선지자의 예언, 선지자의 노래, 곧 영원한 복음으로 그 불멸의 명맥을 유지해 간다. 그렇게 하나님의 백성 가운데 선지자가 있었고, 그들 가운데 하나님의 소리가 있었다.

신약 교회 안에 있는 헛된 종교심

이스라엘의 국력은 군대의 수와 무기의 우수함과 전략의 탁월함에 있지 않고 그들이 얼마나 여호와 하나님께 신실한 신앙의 삶을 사는가 아닌가에 달려 있었다. 그들이 하나님께서 명하신 모든 규례와 명령을 얼마나 힘써 지켜 행하며 그 언약의 말씀의 길에서 좌로나 우로나 치우치지 않는가에 따라서 전쟁의 승패는 결정이 났다.

하나님께서 그들에게 말씀하신 모든 명령을 지켜 행하면, 이스라엘은 세계 모든 민족 위에 뛰어날 수 있었고, 대적들은 그들을 치려고 한 길로 올라왔다가도 일곱 길로 도망하게 된다. "네가 네 하나님 여호와의 말씀을 삼가 듣고 내가 오늘 네게 명령하는 그의 모든 명령을 지켜 행하면 네 하나님 여호와께서 너를 세계 모든 민족 위에 뛰어나게 하실 것이라"(신 28:1). "여호와께서 너를 대적하기 위해 일어난 적군들을 네 앞에서 패하게 하시리라 그들이 한 길로 너를 치러 들어왔으나 네 앞에서 일곱 길로 도망하리라"(신 28:7). 그러나 이스라엘 백성이 하나님께서 명령하신 모든 명령을 지켜 행하지 않으면 비록 그들이 한 길로 대적을 치러 나간다고 할지라도 일곱 길로 도망하게 되며, 세계 만국 중에 흩어지게 된다. "여호와께서 네 적군 앞에서 너를 패하게 하시리니 네가 그들을 치러 한 길로 나가서 그들 앞에서 일곱 길로 도망할 것이며 네가 또 땅의 모든 나라 중에 흩어지고"(신 28:25).

이스라엘이 대적의 압제를 받지 않고 승리하기 위한 유일한 길은 하나님께서 말씀하신 모든 명령과 규례를 지켜 행하는 순종의 삶을 사는 것이다. 그들이 아무리 인간적인 방법으로 군사들을 양성하고 무기를 개발하고 전략을 세운다고 할지라도, 아무리 신앙적인 방법으로 구국 기도회를 개최하고 구국 예배를 거국적으로 열심히 드린다고 할지라도 하나님의 말씀을 순종하는 믿음의 삶이 없다면 어떤 경우에도 대적을 당해 낼 수가 없다.

사무엘이 이스라엘의 마지막 사사로 활동하던 때, 이스라엘과 블레셋 간에 치열한 전쟁이 있었다. 그러나 불행히도 이스라엘은 블레셋을 당해 낼 여력이 없었다. "사무엘의 말이 온 이스라엘에 전파되니라 이스라엘은 나가서 블레셋 사람들과 싸우려고 에벤에셀 곁에 진 치고 블레셋 사람들은 아벡에 진 쳤더니 블레셋 사람들이 이스라엘에 대하여 전열을 벌이니라 그 둘이 싸우다가 이스라엘이 블레셋 사람들 앞에서 패하여 그들에게 전쟁에서 죽임을 당한 군사가 사천 명가량이라"(삼상 4:1~2). 이처럼 블레셋에게 전세가 밀리게 되자 이스라엘은 헛된 종교심을 부여잡았다. 자신들이 블레셋과의 전투에서 패배하게 된 것은 하나님의 언약궤가 자신들의 진 가운데 있지 않기 때문이라고 생각했다. 지금이라도 하나님의 언약궤를 자신들의 진 가운데로 모셔 올 수만 있다면 아무리 패색이 짙은 전세라 할지라도 역전시킬 수 있다고 믿어 의심치 않았다.

이스라엘은 실로에 있던 하나님의 언약궤를 블레셋과의 치열한 전투가 벌어지는 전장의 한가운데로 가져왔다. "백성이 진영으로 돌아오매 이스라엘 장로들이 이르되 여호와께서 어찌하여 우리에게 오늘 블레셋 사람들 앞에 패하게 하셨는고 여호와의 언약궤를 실로에서 우리에게로 가져다가 우리 중에 있게 하여 그것으로 우리를 우리 원수들의 손에서 구원하게 하자 하니 이에 백성이 실로에 사람을 보내어 그룹 사이에 계신 만군의 여호와의 언약궤를 거기서 가져왔고 엘리의 두 아들 홉니와 비느하스는 하나님의 언약궤와 함께 거기에 있었더라"(삼상 4:3~4). 이윽고 하나님의 언약궤가 이스라엘의 진 가운데로 도착하자 그들은 이제 하나님의 도우심으로 블레셋 군대를 능히 쳐서 이길 수 있다는 확신으로 충만해졌다. 그들은 땅이 울릴 정도의 큰 소리로 "승리! 승리! 하나님! 하나님!"을 연호했고, 블레셋은 이스라엘의 우렁찬 믿음의 함성에 기가 죽었다. "여호와의 언약궤가 진영에 들어올 때에 온 이스라엘이 큰 소리로 외치매 땅이 울린지라 블레셋 사람이 그 외치는 소리를 듣고 이르되 히브리 진영에서 큰 소리로 외침은 어찌 됨이냐 하다가 여호와의 궤가 진영에 들어온 줄을 깨달은지라 블레셋 사람이 두려워하여 이르되 신이 진영에 이르렀도다 하고 또 이르되 우리에게 화로다 전날에는 이런 일이 없었도다"(삼상 4:5~7).

오늘 우리가 인생의 노정에서 계획하는 모든 일이 하나님의 능력의 말씀을 부여잡고 "말씀! 말씀! 하나님! 하나님!" 하기만 하면 잘되고 해결되고 풀릴 것이라는 헛된 종교심을 부여잡는 것처럼 그 옛날이스라엘도 하나님의 언약궤가 자신들의 진영 가운데 함께 있다는 사실만으로도 능히 블레셋 군대를 쳐서 이길 수 있다는 승리의 꿈에 도취했다. 그들은 하나님께서 함께하시니 블레셋을 쳐서 반드시 이기라는 승리의 꿈을 확신하며 "승리! 승리! 하나님께 영광! 하나님께 영광!"을 입술로 시인하고 찬양했다. 그러나 전쟁의 결과는 이스라엘의 참담한 패배였다. 이스라엘의 군대가 삼만이나 엎드려졌으며 방종한 제사장 홉니와 비느하스는 죽임을 당했고, 이스라엘이 그토록 믿었던 하나님의 궤는 블레셋 군대에 빼앗겼다. "블레셋 사람들이 쳤더니 이스라엘이 패하여 각기 장막으로 도망하였고 살륙이 심히 커서 이스라엘 보병의 엎드러진 자가 삼만 명이었으며 하나님의 궤는 빼앗겼고 엘리의 두 아들 홉니와 비느하스는 죽임을 당하였더라"(삼상 4:10~11). 이스라엘은 하나님의 언약궤를 치열한 전장의 한가운데로 힘들게 모셔 오면서 그 같은 열심을 마치 하나님을 대단히 경외하는 신앙으로, 믿음의 헌신으로 확신했다. 하나님의 언약궤를 모시고 블레셋과 전쟁하는 것이 마치 모든 일에 하나님을 앞세우고 하나님의 뜻대로 행동하는 믿음인 양 착각했다.

하나님의 언약궤가 상징하는 것은 '하나님의 말씀'과 '예수 그리스도'다. 오늘 우리도 이스라엘 백성과 똑같은 종교심으로 인생의 모든 일을 결정하고 선택할 때마다 "말씀! 말씀!" 하면서 하나님의 뜻대로 행동하는 순종의 신앙인으로 착각할 때가 얼마나 많은가? 매사에 하나님의 음성을 듣는다고 "말씀! 말씀!" 하면 겉으로 보기에는 믿음 좋은 신앙인 같고 대단히 하나님을 경외하는 신앙인 같다. 그러나 그와 같은 믿음은 단지 헛된 종교심에 불과하다.

참된 믿음은 이스라엘처럼 전쟁의 한가운데에 하나님의 언약궤를 모셔 오는 행동이 아니라 하나님께서 그들에게 명하신 모든 명령과 규례를 지켜 행하는 순종이었듯이, 오늘 우리에게도 참된 믿음은 모든 일을 결정하고 선택할 때마다 "성령의 음성! 성령의 음성!" 하고 "주여! 주여!" 하는 신앙이 아니라 하나님께서 우리에게 명하신 계명을 죽기까지 지켜 행하는 순종이다(요 14:15, 21; 계 12:11; 14:12). 그러므로 참된 믿음은 구약 이스라엘이 언약궤를 신봉하고 의지했듯이 모든 일의 선택과 결정에서 "말씀! 말씀! 주여! 주여!" 하는 것이 아니라 하나님의 언약궤가 우리에게 의미하는 하나님의 말씀을 철저하게 순종하는 것이다.

하나님의 언약궤 속에는 십계명 돌판과 만나 항아리와 아론의 싹 난 지팡이가 들어 있었다. 십계명의 돌판은 하나님의 백성을 생명에 이르게 하는 말씀이다. 만나는 사람이 떡을 위해서 살 것이 아니라 하나님의 입에서 나오는 말씀으로 살아야 함을 교훈한다(신 8:3). 아론의 싹 난 지팡이는 어떤 선한 열매도 결실할 수 없는 죄인의 실존을 상징하는 마른 막대기에 생명의 말씀이 함께할 때 새 생명의 싹이 움 돋게 됨을 상징한다. 따라서 참된 믿음은 언약궤가 우리에게 의미하는 생명의 말씀을 순종함으로 새 생명 가운데서 행하는 삶이다(롬 6:4). 이 생명의 말씀에 순종하며, 이 생명의 말씀에 헌신하며, 이 생명의 말씀으로 열매 맺는 삶이 바로 믿음의 삶이다.

구약 이스라엘 백성은 하나님의 언약궤가 의미하는 참된 믿음의 삶은 살지 않으면서 그저 언약궤 자체를 신봉하고 의지하는 헛된 종교심을 마치 하나님을 경외하고 신앙하는 믿음의 삶으로 오해했다. 오늘 우리도 하나님의 말씀에 헌신하고 순종하며 열매 맺는 생명의 삶을 살지는 않으면서 인생 문제를 만날 때마다 경건의 말씀을 이익의 재료로 만들어(딤전 6:5) 이리저리 적용하며 "말씀대로 될지어다!"라고 외치는 것을 하나님의 말씀을 순종하며 행하는 대단한 믿음의 삶으로 착각하고 있다.

오늘 우리는 주님께서 제자들에게 명령하신 대로 처자와 소유를 미워하기까지 자기를 부인하는 십자가를 지고 모든 소유를 버리기까지 주님을 따르는 제자도의 삶(눅 14:26~27, 33)은 살지 않으면서, 나에게 있는 것으로 감사하고 나에게 있는 것으로 나누며 나에게 있는 것으로 섬기며 나에게 있는 것으로 사랑하며 나에게 있는 것으로 죽기까지 헌신하지는 않으면서, 갖가지 인생 문제를 만날 때마다 "말씀! 말씀! 주님! 주님! 하나님께 영광! 하나님께 영광!" 하며 헛된 종교심을 의지하는 복술의 신앙에 함몰되어 있다.

지금 교회는 헛된 종교심을 의지하여 자기 배를 채우고, 자기 삶을 살찌우기에 급급한 복술의 신앙을 회개하고, 회개에 합당한 열매인 제자도의 삶을 걸어가야 한다.

대가를 바라는 기복신앙

옛날 우스 땅에 욥이라는 의인이 살았다. 성경은 욥에 관해 다음과 같이 말한다. "우스 땅에 욥이라 불리는 사람이 있었는데 그 사람은 온전하고 정직하여 하나님을 경외하며 악에서 떠난 자더라"(욥 1:1). 욥은 하나님 앞에서 온전하고 정직했으며 또한 악을 멀리하는 사람이었다. 한마디로 그는 완벽한 신앙인이었다. 그리고 욥에게는 일곱 아들과 세 명의 딸이 있었고, 그의 소유는 풍부했다. 하나님께서 허락하신 축복이었다.

하나님께서는 당신이 사랑하는 자를 이 세상에서 항상 부자 되게 하시는 건 아니지만, 욥이 누렸던 풍족한 삶은 하나님께 감사해야 할 조건들이 차고 넘치게 주어졌음에 기인하는 건 분명하다. 그런데 어느 날 사탄이 하나님에게 욥을 참소하기 시작했다. "사탄이 여호와께 대답하여 이르되 욥이 어찌 까닭 없이 하나님을 경외하리이까 주께서 그와 그의 집과 그의 모든 소유물을 울타리로 두르심 때문이 아니니이까 주께서 그의 손으로 하는 바를 복되게 하사 그의 소유물이 땅에 넘치게 하셨음이니이다 이제 주의 손을 펴서 그의 모든 소유물을 치소서 그리하시면 틀림없이 주를 향하여 욕하지 않겠나이까"(욥

1:9~11). 사탄의 참소는, 욥이 하나님을 경외하는 것이 하나님께서 욥에게 많은 소유의 축복을 주셨기 때문이라는 것이다. 결국, 인간은 아무런 대가가 없이는 하나님을 경외할 수 없다는 것이다. 사탄의 주장은 인간이 하나님으로부터 무엇인가를 받고자 하고 또한 받기 때문에 감사의 신앙생활을 한다는 것이다.

사탄이 하나님 앞에 욥을 참소한 것은 그가 욥의 순전한 신앙을 시기했기 때문이다. 사탄은 우리가 하나님으로부터 아무런 육적 축복의 대가를 받지 않고도 감사하는 신앙생활을 배가 아파서 도저히 보지 못한다. 그래서 사탄은, 욥이 하나님 앞에 순전하고 정직하며 악을 멀리하는 경건한 신앙생활을 하는 것은 그가 하나님으로부터 형통과 풍성한 축복의 대가를 받았기 때문이지, 남들보다 넉넉한 삶의 축복을 받지 않았다면 하나님을 그토록 경외하며 감사하는 신앙의 삶을 살 수 없을 것이라고 참소했다.

여기서 우리는 대가를 바라는 신앙은 참된 믿음의 신앙이 아니며 또한 대가를 바라는 신앙은 하나님께 속한 신앙이 아니라 사탄에 속한 신앙임을 알 수 있다. 그러므로 하나님께 예배를 드린다면서, 하나님께 기도를 드린다면서 그 예배의 중심에, 그 기도의 중심에 이 땅에서의 풍족한 삶이라는 대가가 연계되었다면, 그 믿음은 하나님에게 속한 믿음이 아니라 사탄에 속한 믿음이다.

지금 욥을 겨냥하고 있는 시험의 환난은 그가 교회에 얼마나 열심히 출석하며 새벽기도와 철야기도에 열심히 참석하고 있는가, 없는가에 대한 것이 아니다. 욥을 향한 시험의 목적은 그가 어떤 동기를 가지고 하나님을 경외하고 있는가를 판단하기 위한 것이다. 그러므로 신앙의 동기와 목적이 이 땅의 형통과 풍요와 관련되어 있다면 더 는 사탄의 시험을 받을 필요도 없다. 그와 같은 신앙은 종국에 구원받을 신앙이 아니기 때문이다. 그러므로 이 땅에서의 형통과 부요함을 갈망하는 예배와 기도는 하나님을 영화롭게 하는, 하나님을 경외하는, 하나님께 영광 돌리는 예배와 기도가 아니다.

오늘 우리는 부자 되기 위해서 성공하기 위해서 얼마나 많은 피땀을 흘리고 고생을 마다하지 않고 인내하는가? 그러니 부자 만들어 주고, 성공시켜 주는 예수 그리스도를 위해서라면 힘을 다해 기도하지 않고 열정적으로 예배 참석하지 않을 사람이 어디 있겠는가? 이 땅에서 부자 되고 성공하기 위해서는 얼마든지 밤새워 일할 수 있고, 모든 고통을 참아낼 수 있지 않은가? 그러니 당연히 부자 만들어 주고 성공시켜 주는 하나님을 죽도록 예배하고 그분께 죽도록 기도하는 것은 얼마든지 감당할 수 있는 일이다. 그러나 이 땅에서의 대가를 바라고, 땅에 속한 복을 바라고 하나님을 예배하고 하나님께 기도하는 것은 하나님께서 우리에게 명하시고 원하시는 신앙이 아니다. 그런 신앙은 우상 숭배와 다르지 않다.

지금도 사탄은 교회가 하나님께 예배하지 않고 하나님께 기도하지 않게 하려고, 그래서 마귀 자신에게 예배하고 기도하게 하려고 교회를 천하만국에 속한 영광을 대가로 미혹하고 있다. 그래서 교회가 대가를 바라고 금식하며 대가를 바라고 예배드리며 대가를 바라고 헌금하고 대가를 바라고 봉사하고 대가를 바라고 기도하게 한다. 그러므로 오늘 우리는 과연 자신의 신앙이 하나님께 속한 것인지 아니면 사탄에게 속한 것인지 분별하기 위해서 먼저 자기 신앙의 동기와 목적이 하나님께 있는가, 아니면 이 세상의 형통과 부요함에 있는가를 정직하게 살펴봐야 한다.

오늘 교회 안에 하나님의 종이 아닌 사탄의 종 거짓 선지자들이 "주여! 주여!"를 힘차게 부르짖는 백성에게 육적 축복의 대가를 기대하게 하고, 육적 축복의 대가를 꿈꾸게 하고, 육적 축복의 대가를 믿음으로 구하게 하며, 육적 축복의 대가를 꿈으로 바라보라고 미혹한다.

사탄은 욥이 하나님을 경외하는 까닭이 하나님께서 모든 소유물을 울타리로 둘러 주시고, 그의 손으로 하는 일마다 복되게 하셔서 그의 소유물이 땅에 넘치게 해 주셨기 때문이라고 참소했다. 그래서 이제라도 하나님께서 욥의 풍족한 소유물을 치시면, 그도 별수 없이 하나님을 욕하게 될 것이라고 했다. 욥이 대가가 있으니 신앙을 하고, 대가가 있으니 감사를 한다는 것이다.

구약 이스라엘은 하나님과 다른 신을 더불어 섬겨서는 안 되었다. 마찬가지로 신약 교회는 다른 복음과 다른 예수와 다른 영을 용납해서는 안 된다(고후 11:2~4). 그러나 오늘 교회는 기복신앙을 조장하여 이 땅에 속한 복을 꿈꾸게 하는 거짓 선지자들에 의해서 하나님께 예배하지 않고, 다른 복음과 다른 예수와 다른 영을 잘도 용납하는 신종 우상 제의에 빠져 있다. 마치 구약 이스라엘이 하나님께 예배하지 않고 다른 신들에게 제사했듯이. "그들은 하나님께 제사하지 아니하고 귀신들에게 하였으니 곧 그들이 알지 못하던 신들, 근래 들어온 새로운 신들 너희의 조상들이 두려워하지 아니하던 것들이로다"(신 32:17).

구약 이스라엘이 하나님과 다른 신을 겸하여 섬기는 것은 영적 간음의 죄를 범하는 것이다. 마찬가지로 교회가 다른 복음과 다른 예수와 다른 영을 잘도 용납하는 것은 정결하지 못한 신부, 곧 간음하는 여인이 되는 것이다. 그런데도 오늘 교회는 날마다 하나님의 백성 앞에 나타나는 새로운 신, 즉 다른 예수와 다른 영과 다른 복음을 예수 그리스도의 이름으로 용납하는 영적 간음의 죄에 깊이 빠져 있다.

교회 안에서 복술을 조장하는 거짓 선지자들은 예외 없이 모두, 기독교인이 잘되고 곧 부자 되고 성공하는 것이 하나님께 영광이 된다고 가르친다. 그래서 그들은 우리가 열심히 기도하면 무조건 잘된다, 무조건 해결 받는다, 무조건 응답받는다, 십일조 많이 하는 부자가 될 수 있다고 하며 천하만국 영광의 대가를 제시한다. 결국, 그들이 제시하는 대가를 요약하면 예수를 잘 믿으면 영혼이 구원받고 이 땅에서도 하는 일이 잘되어 만사가 형통하며 또한 모든 질병이 사라지고 무병장수한다는 것이다. 하나님께 영광 돌리기 위해서라고 서원만 하면 우리가 소원하는 모든 꿈이 하나님의 나라와 의가 된다는 것이다.

욥을 참소하던 사탄이 지금 우리 가운데서 역사하고 있는 것을 눈으로는 볼 수 없고 소리로는 들을 수 없지만, 대가를 바라게 하는 설교, 대가를 바라는 뜨거운 예배, 대가를 바라는 기도의 절규 뒤에서 사탄이 지금도 역사하고 있음을 분별해야 한다.

하나님께서는 자기 사람을 아신다. 그래서 사탄에게 욥이 대가와 상관없이 신앙하는 사람인지 아닌지를 시험해도 좋다고 허락하셨다. "여호와께서 사탄에게 이르시되 내가 그의 소유물을 다 네 손에 맡기노라 다만 그의 몸에는 네 손을 대지 말지니라 사탄이 곧 여호와 앞에서 물러가니라"(욥 1:12). 하나님께서 욥을 사탄의 시험 가운데 내어 주셨던 것은 욥을 미워했기 때문이 아니라 오로지 자기 사람 욥이 사탄의 시험에서 승리하고 순전한 믿음을 지켜 낼 것으로 믿었기 때문이다.

이미, 2천여 년 전 주님께서 사도 요한을 통해 모든 지역과 모든 시대의 교회를 예표하는 일곱 교회에 편지를 보내셨을 당시, 두 교회를 제외한 다섯 교회가 전부 하나님의 책망을 들었다. 유독 서머나 교회와 빌라델비아 두 교회만이 책망받지 않고 칭찬과 격려를 받았다. 그러면 그들은 재정적으로 넉넉한 교회였던가? 그들 구성원 개개인이 사회에서 영향력을 소유하였던가? 아니다. 그들은 환난과 궁핍 가운데 있었고, 적은 능력으로 오히려 신앙의 부요함을 소유했고(계 2:9), 적은 능력으로도 예수 그리스도의 말씀대로 살았고 예수 그리스도의 이름을 배반하지 않았다(계 3:8).

오늘 우리도 환난과 궁핍 가운데서 어려운 문제를 피하게 해 주시고 물권을 허락해 달라고 생떼를 쓰며 기도할 것이 아니라, 서머나 교회처럼 환난과 궁핍 가운데서라도 신앙의 부요함을 소유하기 위해 기도해야 한다. 오늘 우리가 적은 능력을 지니고 있다면, 더 크고 많은 영향력을 소유하게 해 달라고 기도할 것이 아니라 빌라델비아 교회처럼 적은 능력으로도 예수 그리스도의 말씀을 지키며 예수 그리스도의 이름을 배반하지 않기 위해 기도해야 한다.

믿음의 교회에게는 세상으로부터의 환난이 예언되어 있다(요 16:33). 믿음의 교회는 가난과 실패 가운데서 꿈을 이루고 역전하고 문제 해결을 받음으로 세상을 이기지 않는다. 환난과 궁핍 가운데서라도, 적은 능력으로도 예수 그리스도의 말씀을 지키며 예수 그리스도의 이름을 배반하지 않음으로 고난의 세상을 이긴다.

믿음의 본질은 문제 해결을 받고 꿈을 이루는 것이 아니라 주어진 조건에서 죽도록 헌신하는 것이다. 믿음의 교회가 세상을 이기는 방법은 한 달란트의 분량으로는 하나님의 영광을 위할 수 없으니 꿈을 디자인하며 긍정의 입술로 염불해서 한 달란트의 부와 지위와 영향력을 두 달란트나 다섯 달란트로 증식시키는 것이 아니다. 주어진 달란트로 죽도록 충성하는 것이다.

영문도 모르는 욥에게 엄청난 시련이 다가왔다. 첫 번째 사환이 욥에게 와서 스바 사람이 가축을 빼앗고 밭에서 일하던 종들을 죽였다고 보고했다. 그가 아직 말을 하고 있을 때, 또 다른 사환이 와서 양과 종들이 하늘에서 내려온 불에 타 죽었다고 보고했다. 그가 아직 말하고 있을 때, 또 다른 사환이 달려와서 갈대아 사람이 낙타를 모조리 훔쳐 가고 종들을 죽였다고 보고했다. 그리고 마지막으로 가장 슬픈 소식이 한 사환을 통해서 보고되었다. 욥의 자녀들이 맏형의 집에서 먹고 마시고 있을 때, 큰 바람이 불어와 집이 무너져서 모두 그 자리에서 죽었다는 것이다(욥 1:13~19). 이처럼 도저히 상상할 수도 없고 감당할 수도 없는 처참한 소식들이 욥의 귓전을 때렸지만, 그는 믿음의 정절을 지켰다. "욥이 일어나 겉옷을 찢고 머리털을 밀고 땅에 엎드려 예배하며 이르되 내가 모태에서 알몸으로 나왔사온즉 또한 알몸이 그리로 돌아가올지라 주신 이도 여호와시요 거두신 이도 여호와시오니 여호와의 이름이 찬송을 받으실지니이다"(욥 1:20~21).

욥은 극한 환난 가운데서도 죄를 범치 않고 어리석게 원망하지 않았으며 오히려 하나님을 찬송했다. 바로 이것이 하나님께서 알고 계셨던 욥의 신앙이었고, 하나님께서 믿고 계셨던 욥의 신앙이었다. 비록 하나님께서 사탄이 욥을 치게 하셨어도 욥은 끝까지 자기의 온전을 굳게 지켰다. 바로 이것이 세상을 이긴 믿음이다. 그러나 오늘 우리는 안 되는 일을 되게 하고, 어려운 일을 쉽게 하고, 답답한 일을 시원하게 하고, 없는 것을 있게 하고, 막힌 것을 뚫리게 하는 것이 세상을 이긴 믿음이라고 생각한다. 결국, 우리는 만사가 우리 바람대로 우리 열망대로 잘되는 것이 믿음의 승리라고 생각한다. 그러나 참된 믿음의 승리는 고난을 역전시키는 것이 아니라 하나님을 향한 믿음의 순전을 지키며 고난을 인내하고 참아내는 것이다.

이제 사탄은 욥의 순전한 신앙 앞에서 자신의 패배를 인정하면서도, 사탄 특유의 불굴의 의지로 다시 욥을 하나님께 참소한다. "사탄이 여호와께 대답하여 이르되 가죽으로 가죽을 바꾸오니 사람이 그의 모든 소유물로 자기의 생명을 바꾸올지라 이제 주의 손을 펴서 그의 뼈와 살을 치소서 그리하시면 틀림없이 주를 향하여 욕하지 않겠나이까"(욥 2:4~5). 사탄의 주장은, 사람은 자기 생명과 관련해서 자기 몸을 가장 아끼고 사랑하니, 하나님께서 욥의 몸을 치시면 그도 별수 없이 하나님을 원망할 것이라는 말이다.

하나님께서는 이번에도 사탄의 참소를 받아들여 욥의 생명만을 제외하고 욥의 정수리에서부터 발바닥까지 온몸에 악창이 나는 것을 용납하셨다. 그러나 욥은 이번에도 재 가운데 앉아서 여전히 굳건한 신앙을 고수했다. 그는 기왓장으로 자신의 부스럼을 긁으면서도 하나님을 원망하지 않았다. 이를 보다 못한 그의 아내가 와서 "당신은 그래도 자기 신앙을 고집할 것인가요? 차라리 하나님을 저주하고 죽어요!"라고 소리쳤다. 아내의 원망에 찬 절규에 응대하는 욥의 위대한 답변이 우리의 심금을 울린다. "그대의 말이 한 어리석은 여자의 말 같도다 우리가 하나님께 복을 받았은즉 화도 받지 아니하겠느냐 하고 이 모든 일에 욥이 입술로 범죄하지 아니하니라"(욥 2:10).

바로 이 믿음의 고백이 세상을 이긴 믿음이며, 마음으로 믿어 의에 이르고 입으로 시인하여 구원에 이르는 믿음의 고백이다(롬 10:10). 우리를 구원에 이르게 하는 입술의 시인은 바로 이처럼 극한의 고난 가운데서도 욥처럼 "우리가 하나님께 복을 받았은즉 재앙도 받지 아니하겠느냐!" 말할 수 있는 신앙고백이다.

교회는 이와 같은 욥의 인내를 어떻게 믿음의 삶 속에서 승화시켜야 하는가? 야고보 선생은 욥의 인내와 그 결국을 언급하며 우리에게 주님의 강림을 소망하며 기다릴 것을 당부했다. "형제들아 주께서 강림하시기까지 길이 참으라 보라 농부가 땅에서 나는 귀한 열매를 바라고 길이 참아 이른 비와 늦은 비를 기다리나니 너희도 길이 참고 마음을 굳건하게 하라 주의 강림이 가까우니라 형제들아 서로 원망하지 말라 그리하여야 심판을 면하리라 보라 심판주가 문 밖에 서 계시니라 형제들아 주의 이름으로 말한 선지자들을 고난과 오래 참음의 본으로 삼으라 보라 인내하는 자를 우리가 복되다 하나니 너희가 욥의 인내를 들었고 주께서 주신 결말을 보았거니와 주는 가장 자비하시고 긍휼히 여기시는 이시니라"(약 5:7~11).

믿음의 교회는 지금 열매의 결실을 바라보고 고난의 시간을 인내한다. 때가 되면 농부가 이른 비와 늦은 비를 기다린 끝에 귀한 열매를 수확하게 되듯이, 믿음의 교회는 주께서 다시 오시는 날, 고난의 세상 가운데서 인내하고 바라보았던 생명의 열매를 수확하게 될 것이다. 그날에 우리는 욥이 극한의 환난을 인내한 후에 하나님으로부터 결말을 보았듯이 하나님께서 창세로부터 약속하셨던 영생이라는 최후의 지복에 이르게 될 것이다. 인내하는 교회에게 약속된 결말은 이 세상 속에서 주어지는 것이 아니라 주님이 다시 오실 때, 이 세상 밖에서부터 이 세상 너머로부터 주어진다. 그러므로 믿음의 교회는 주님이 이 땅에 다시 오시는 날까지 고난의 광야를 지나간다.

주님께서는 당신을 따르는 믿음의 교회가 이 세상 가운데서 미움과 환란을 받을 것을 예언하셨다. 그러므로 믿음의 교회가 걸어가는 고난의 삶 속에서, 이 세상에서 미움과 환난을 받을 것이라는 주님의 예언이 성취된다. 그러나 오늘날 많은 거짓 예언자가 꿈을 디자인하고 입술로 시인하면 이 세상에서 만사형통하는 결말을 보게 될 것이라고 교회를 선동한다.

주님이 다시 오시는 날, 이 고난의 여정 끝에서 그 옛날 욥이 하나님으로부터 받았던 결말인 배가의 축복과는 비교도 할 수 없는 지극히 크고 영원한 영광의 중한 것이 우리에게 주어질 것이다. 그러므로 우리는 농부가 열매의 결실을 바라보며 인내함으로 이른 비와 늦은 비를 기다리며 씨를 뿌리듯이 고난의 여정 가운데서 하나님께서 우리에게 주신 종국의 영광을 바라보며 믿음의 씨를 뿌려야 한다.

우리가 장차 소유하게 될 결말은 이내 곧 떨어지고 쇠잔할 꽃의 영광이 아니다. 우리에게 약속된 영광의 복은 이 세상 가운데서 10년

20년 안에 성취되는 것이 아니라 주님께서 이 땅에 다시 오실 때 성취될 것이다. 그러므로 믿음의 교회는 '마라나타(주여, 오시옵소서!)'를 외치며 인내의 시간 가운데서 연단을 이루어 종국적인 영광의 소망, 생명의 영광에 다다라야 한다.

교회가 배워야 하는 신앙

우리가 예수 그리스도 안에서 새롭게 태어나기 전까지는 세상에 속한 그 어떤 영향력도 우리를 온전히 변화시킬 수 없었다. 그래서 하늘의 영광도 우리로 하나님께 경배하게 못 했고 땅의 풍성함도 우리로 하나님께 감사하게 못 했다. 그러나 복음의 불도가니에 던져져 새로운 피조물로 태어난 사람은 절망 가운데서도 하나님을 경배하며, 가난 가운데서도 하나님께 감사한다. 복음 안에서 역사하시는 성령의 능력은 우리 마음속에 새로운 가치관을 소용돌이치게 하고 우리 영혼의 정원 속에 새로운 감정의 꽃들이 피어나게 한다.

복음은 부자 되는 인간, 성공하는 인간, 출세하는 인간을 만드는 세상의 성공 신화가 아니다. 복음의 능력 안에서, 세상에서 가졌던 모든 발판을 미련 없이 버린 사도 바울은 믿음의 측면에서 유명한 자와 살아난 자와 기뻐하는 자와 부요하게 된 자의 의미를 다음과 같이 증언했다. "무명한 자 같으나 유명한 자요 죽은 자 같으나 보라 우리가 살아 있고 징계를 받는 자 같으나 죽임을 당하지 아니하고 근심하는 자 같으나 항상 기뻐하고 가난한 자 같으나 많은 사람을 부요하게 하고 아무것도 없는 자 같으나 모든 것을 가진 자로다"(고후 6:9~10).

바로 이 역설의 진리 안에서 믿음으로 말미암는 참된 역전 인생의 결국을 목도하게 된다.

지금 교회 안에는 물질 축복을 받고 사회적 영향력을 소유하는 것을 예수 믿는 사람들, 곧 왕의 자녀가 된 성도들의 권리이고 특권이라고 하는 세속적 물질관이 팽배해 있다. 이와 같은 세속적 가치관을 정당화하려고 요즘 신앙인들은 물질 축복도 받고 사회적 지위도 획득해야 하나님께 영광을 돌릴 수 있고, 전도도 할 수 있고, 하나님의 사업에 넉넉한 물질 후원도 할 수 있다는 궤변을 늘어놓는다. 그러면서 물질과 세상의 성취를 끊임없이 구하고 찾고 두드린다. 한마디로 앞뒤를 가리지 못하고 물불을 가리지 못하는 왜곡된 신앙의 적나라한 모습을 마음껏 보여주고 있다.

지금 교회 안에는 잘못된 교훈들이 난무하고 있다. 지금 교회 안에는 잘못된 믿음들이 굿판을 벌이고 있다. 지금 교회 안에는 잘못된 꿈들이 믿음의 소망으로 도배되어 있다. 무저갱에서 올라온 희뿌연 연기가 해와 공기를 어둡게 하고 있다. "다섯째 천사가 나팔을 불매 내가 보니 하늘에서 땅에 떨어진 별 하나가 있는데 그가 무저갱의 열쇠를 받았더라 그가 무저갱을 여니 그 구멍에서 큰 화덕의 연기 같은 연기가 올라오매 해와 공기가 그 구멍의 연기로 말미암아 어두워지며"(계 9:1~2). 그야말로 주님의 경고대로 해와 달이 빛을 내지 않는 종말적 현상이다. "그날 환난 후에 즉시 해가 어두워지며 달이 빛을 내지 아니하며 별들이 하늘에서 떨어지며 하늘의 권능들이 흔들리리라 그때에 인자의 징조가 하늘에서 보이겠고 그때에 땅의 모든 족속들이 통곡하며 그들이 인자가 구름을 타고 능력과 큰 영광으로 오는 것을 보리라"(마 24:29~30). 곧 번개가 동편에서 나서 서편까지 번쩍임같이 주님의 재림이 임박한 즈음에 거짓 그리스도와 거짓 선지자의 미혹이 광야와 골방에까지 천지사방에서 맹위를 떨칠 것이라는 비극적 예언이 성취되고 있다. "그때에 사람이 너희에게 말하되 보라 그리스도가 여기 있다 혹은 저기 있다 하여도 믿지 말라 거짓 그리스도들과 거짓 선지자들이 일어나 큰 표적과 기사를 보여 할 수만 있으면 택하신 자들도 미혹하리라 보라 내가 너희에게 미리 말하였노라 그러면 사람들이 너희에게 말하되 보라 그리스도가 광야에 있다 하여도 나가지 말고 보라 골방에 있다 하여도 믿지 말라 번개가 동편에서 나서 서편까지 번쩍임같이 인자의 임함도 그러하리라"(마 24:23~27).

그렇다. 지금은 무저갱의 연기와 함께 올라온 황충 떼가 하나님의 인 침을 받지 않은 사람, 곧 택함받지 못한 사람의 이마를 그들의 쏘는 살로 무차별적으로 해하고 있다. "또 황충이 연기 가운데로부터 땅 위에 나오매 그들이 땅에 있는 전갈의 권세와 같은 권세를 받았더라 그들에게 이르시되 땅의 풀이나 푸른 것이나 각종 수목은 해하지 말고 오직 이마에 하나님의 인 침을 받지 아니한 사람들만 해하라 하시더라 그러나 그들을 죽이지는 못하게 하시고 다섯 달 동안 괴롭게만 하게 하시는데 그 괴롭게 함은 전갈이 사람을 쏠 때에 괴롭게 함과 같더라"(계 9:3~5).

사도 바울은 디모데에게 보낸 편지에서 응답과 해결과 꿈과 긍정을 설파한 것이 아니라, '자족'을 권고했다. "그러나 자족하는 마음이 있으면 경건은 큰 이익이 되느니라 우리가 세상에 아무것도 가지고 온 것이 없으매 또한 아무것도 가지고 가지 못하리니 우리가 먹을 것과 입을 것이 있은즉 족한 줄로 알 것이니라"(딤전 6:6~8). 도대체 지금 교회는 얼마만큼 응답과 해결을 받아야 긍정의 염불을 그치고 자족할 것인가. 어떤 꿈을 이루어야 긍정의 디자인을 멈추고 만족할 것인가. 지금 기세로 미루어 짐작건대, 자족의 순간은 로또 복권 1등 당첨의 기회만큼이나 요원해 보인다.

주님께서는 교회에게 여덟 가지 복을 선언하셨다. "예수께서 무리를 보시고 산에 올라가 앉으시니 제자들이 나아온지라 입을 열어 가르쳐 이르시되 심령이 가난한 자는 복이 있나니 천국이 그들의 것임이요 애통하는 자는 복이 있나니 그들이 위로를 받을 것임이요 온유한 자는 복이 있나니 그들이 땅을 기업으로 받을 것임이요 의에 주리고 목마른 자는 복이 있나니 그들이 배부를 것임이요 긍휼히 여기는 자는 복이 있나니 그들이 긍휼히 여김을 받을 것임이요 마음이 청결한 자는 복이 있나니 그들이 하나님을 볼 것임이요 화평하게 하는 자는 복이 있나니 그들이 하나님의 아들이라 일컬음을 받을 것임이요 의를 위하여 박해를 받은 자는 복이 있나니 천국이 그들의 것임이라 나로 말미암아 너희를 욕하고 박해하고 거짓으로 너희를 거슬러 모든 악한 말을 할 때에는 너희에게 복이 있나니 기뻐하고 즐거워하라 하늘에서 너희의 상이 큼이라 너희 전에 있던 선지자들도 이같이 박해하였느니라"(마 5:1~12).

오늘 우리가 가난한 것은, 오늘 우리가 주린 것은, 오늘 우리가 눈물 흘리는 것은, 오늘 우리가 미움을 받는 것은, 오늘 우리가 욕을 듣는 것은, 오늘 우리가 버림받는 것은 부끄러운 것도 아니고, 하나님의 영광을 가리는 것도 아니며, 나아가 전도하지 못할 조건도 아니다. 오히려 천국 백성이 되는 감사의 조건이며, 영광의 조건이다. 그런데도 오늘 교회는 가난을 저주라고 배운다. 그러면서 미래의 '잘되는 나'를 꿈꾼다.

교회는 어떤 신앙을 배워야 하는가. 교회는 어떤 하나님을 배워야 하는가. 죄악 된 세상의 예표인 애굽을 모세의 영도하에 떠나왔던 광야1세대, 그리고 여호수아의 영도하에 가나안 땅을 점령했던 광야 2세대, 그들의 공통점은 광야 40년의 삶이었다. 그런데 광야1세대는 아직 제대로 된 믿음 교육을 받지 못한 채로 신앙인이면 누구나 거쳐가야 하는 광야의 여정에 실전 투입이 되었다. 그들에게 광야의 삶은 먹을 것 제대로 먹지 못하고 마실 것 제대로 마시지 못하는 참으로 핍절한 삶의 연속이었다. 그렇게 그들은 각자에게 주어진 한 세대의 삶을 살다 갔다. 그래도 그들이 애굽에 있었을 때는 값없이 생선과 오이와 참외와 부추와 파와 마늘들을 다양하게 먹을 수가 있었건만 축복받은 하나님의 백성이 된 후로는 만나 외에는 먹을 수가 없었다(민 11:4~6). 그래도 애굽에서는 파 놓은 우물들에서 목마를 때마다 마실 물을 얻을 수 있었다, 하지만 축복받은 하나님의 백성이 된 후로는 비록 반석에서 물이 솟아나게 하는 하나님의 기적은 체험했으나 그 물을 마시기까지는 목말라 죽을 지경의 고통을 경험해야 했다. 그러니 원망과 불평이 끊일 날이 없었다. 어쩌면 그들의 원망과 불평은 너무나 당연하다. 그렇지만 그들에게는 변함없이 끝까지 감사하며 순종해야 하는 하나님의 백성, 곧 애굽의 노예에서 해방되어 거룩한 하나님의 백성 된 신앙의 의무가 있었다. 결국, 그들은 제대로 된 믿음

교육을 받고 그 믿음을 체질화할 시간적 여유도 없이 고달픈 광야의 여정을 경험해야 했고, 그 말로는 여호수아와 갈렙 두 사람을 제외한 출애굽 1세대 모두가 광야에 뼈를 묻게 되는 비참함 그 자체였다.

하나님의 심판에는 동정의 여지가 없다. 이 준엄한 사실이 말세를 만난 우리에게 경계로 기록되어 스스로 신앙의 부요한 자로 자처하며 자신들이 천국 문에 든든히 선 줄로 생각하는 우리를 채찍질한다. "옳도다 그들은 믿지 아니하므로 꺾이고 너는 믿으므로 섰느니라 높은 마음을 품지 말고 도리어 두려워하라 하나님이 원 가지들도 아끼지 아니하셨은즉 너도 아끼지 아니하시리라"(롬 11:20~21). "그들에게 일어난 이런 일은 본보기가 되고 또한 말세를 만난 우리를 깨우치기 위하여 기록되었느니라 그런즉 선 줄로 생각하는 자는 넘어질까 조심하라"(고전 10:11~12).

광야2세대, 그들이 어머니의 뱃속을 나온 이후로 꿈 많은 유년과 청년의 시절을 지나면서 광야의 모래바람 속에서 체험했던 것은 고생고생하고 죽어가는 할아버지 할머니의 죽음이었고 아버지 어머니의 죽음이었다. 그들은 사랑했던 사람들을 광야에 묻으면서 하나님의 심판의 진노가 얼마나 두렵고 떨리고 무섭고 철저한가를 뼈저리게 경험했다. 그러므로 모세 선지자는 그의 기도에서 다음과 같이 인생의 슬픔을 노래했다. "주께서 사람을 티끌로 돌아가게 하시고 말씀하시기를 너희 인생들은 돌아가라 하셨사오니 주의 목전에는 천 년이 지난 어제 같으며 밤의 한순간 같을 뿐임이니이다 주께서 그들을 홍수처럼 쓸어가시나이다 그들은 잠깐 자는 것 같으며 아침에 돋는 풀 같으니이다 풀은 아침에 꽃이 피어 자라다가 저녁에는 시들어

마르나이다 우리는 주의 노에 소멸되며 주의 분 내심에 놀라나이다 주께서 우리의 죄악을 주의 앞에 놓으시며 우리의 은밀한 죄를 주의 얼굴빛 가운데에 두셨사오니 우리의 모든 날이 주의 분노 중에 지나 가며 우리의 평생이 순식간에 다하였나이다 우리의 연수가 칠십이요 강건하면 팔십이라도 그 연수의 자랑은 수고와 슬픔뿐이요 신속히 가니 우리가 날아가나이다 누가 주의 노여움의 능력을 알며 누가 주의 진노의 두려움을 알리이까"(시 90:3~11).

오늘 교회 세대는 예배당에 첫걸음을 옮기면서 사랑 많으신 하나님, 너무나 좋으신 하나님, 나를 그냥 두고 보기에도 아까워하시는 하나님, 내 꿈을 이루어 주시는 하나님을 배운다. 그러나 광야2세대는 인생의 허무 속에서 하나님을 얼마만큼 두려워해야 하는 가를 배웠다.

신앙의 첫걸음은 하나님을 경외하면서부터 시작된다. 경외는 두려움으로 공경하는 것이다. 죄인은 하나님을 두려움으로 공경할 수 있을 때 하나님의 말씀대로 살 수 있기 때문이다. 그러므로 하나님께서는 이스라엘 백성들에게 두려움으로 공경받는 분이 되기를 원하셨다. 그리고 그 결과, 그들이 마음을 힘써 지켜 당신의 말씀을 듣고 배워 그 말씀에 절대적으로 순종하기를 원하셨다. "셋째 날 아침에 우레와 번개와 빽빽한 구름이 산 위에 있고 나팔 소리가 매우 크게 들리니 진중에 있는 모든 백성이 다 떨더라"(출 19:16). "뭇 백성이 우레와 번개와 나팔 소리와 산의 연기를 본지라 그들이 볼 때에 떨며 멀리 서서 모세에게 이르되 당신이 우리에게 말씀하소서 우리가 들으리이다 하나님이 우리에게 말씀하시지 말게 하소서 우리가 죽을까 하나이다 모세가 백성에게 이르되 두려워하지 말라 하나님이 임하심은 너희를 시험하고 너희로 경외하여 범죄하지 않게 하려 하심이니라"(출 20:18~20). "오직 너는 스스로 삼가며 네 마음을 힘써 지키라 그리하여 네가 눈으로 본 그 일을 잊어버리지 말라 네가 생존하는 날 동안에 그 일들이 네 마음에서 떠나지 않도록 조심하라 너는 그 일들을 네 아들들과 네 손자들에게 알게 하라 네가 호렙 산에서 네 하나님 여호와 앞에 섰던 날에 여호와께서 내게 이르시기를 나에게 백성을 모으라 내가 그들에게 내 말을 들려주어 그들이 세상에 사는 날 동안 나를 경외함을 배우게 하며 그 자녀에게 가르치게 하리라"(신 4:10).

광야2세대는 광야에 엎드러져 가는 할아버지 할머니 아버지 어머니의 비참한 신앙의 말로를 그들의 눈과 마음에 새기면서 하나님을 참으로 두려워하는, 공경하고 경외하는 백성이 되었다. 바로 이것이 광야의 여정 속에서 터득한 신앙의 산 교육이다. 젖과 꿀이 흐르는 약속의 땅 가나안 입성의 축복은 이처럼 철저히 교육받은 광야2세대에게 주어진 선물이다.

오늘날 믿기만 하면 구원받았다고 하면서도 처음 사랑을 잃어버린 신앙의 세대, 행위의 온전한 열매를 맺지 못하는 신앙의 세대, 차지도 뜨겁지도 않은 신앙의 세대가 이 세상의 광야에서 배워야 하는 하나님은 꿈이 있는 자를 망하지 않게 해 주시는 하나님이 아니라, 두려움으로 공경해야 할 하나님이다. "나의 사랑하는 자들아 너희가 나 있을 때뿐 아니라 더욱 지금 나 없을 때에도 항상 복종하여 두렵고 떨림으로 너희 구원을 이루라"(빌 2:12). "너희 마음의 허리를 동이고 근신하여 예수 그리스도께서 나타나실 때에 너희에게 가져다주실 은혜를 온전히 바랄지어다 너희가 순종하는 자식처럼 전에 알지 못할 때에 따르던 너희 사욕을 본받지 말고 오직 너희를 부르신 거룩한 이처럼 너희도 모든 행실에 거룩한 자가 되라 기록되었으되 내가 거룩하니 너희도 거룩할지어다 하셨느니라 외모로 보시지 않고 각 사람의 행위대로 심판하시는 이를 너희가 아버지라 부른즉 너희가 나그네로 있을 때를 두려움으로 지내라"(벧전 1:13~17).

부르심의 길

목회 사역은 인간이 할 수 있는 일 가운데 가장 힘들고도 중요하며 영광스러운 일임이 틀림없다. 그러나 오늘날 목회 현장에서는 그와 같은 자부심을 가질 수 있는 여유가 없어질 때가 있다. 그것은 오늘의 목회 사역이 어느 면에서 직업화됐기 때문이다. 큰 교회 목사, 작은 교회 목사라는 계급의식이 목회자 사이에 엄연히 존재한다. 하기야 재벌로 분류되는 왕 회장님과 사상공단에 있는 소규모 방직업체 회장과는 비록 호칭은 같은 회장이지만, 사회가 평가하는 무게감은 다르다. 재벌 그룹의 계열사 사장이나 인쇄 상가에서 도장 파고 명함을 주문받는 사장이나 호칭은 같지만, 이들 간에도 세상 사람들이 평가하는 중량에는 엄연한 차이가 있다. 마찬가지로 대형 교회 목사와 개척 교회 목사 간에도 직급은 같은 목사이지만, 교인들에게서 평가받는 무게감에는 엄청난 차이가 있다. 똑같은 성경 말씀을 인용해서 교인들에게 권면을 해도 대형 교회 목사의 한마디는 굉장한 설득력이 있지만, 소형 교회 목사의 백 마디는 예의상 들어주는, 아무 감동 없이 듣고 들었던 설교에 불과한 것이 된다. 그러나 교만한 교회 세대가 기억해야 할 것은 예수 그리스도의 말씀은 하나님의 말씀이었지 나사렛 목수의 말이 아니었다는 사실이다.

지금으로부터 2천7백여 년 전, 남유다에서 양 치는 목자요 뽕나무를 재배하는 초라한 농부 아모스가 우상 숭배가 만연한 북방의 이스라엘로 올라갔다. 당시 북이스라엘은 정치화되고 권력화되고 집단화된 종교 체제 아래에서 견고한 신앙체계를 고수하고 있었다. 그들은 벧엘과 단의 두 성전에 금송아지 신상을 만들어 놓고는 그 금송아지가 자신들을 선택한 하나님이고, 자신들을 구원한 하나님이고, 자신들을 인도하는 하나님이고, 자신들에게 은혜를 베푸는 하나님이고, 나아가서 자신들에게 만복을 주시고 자신들의 소원 기도를 무한한 사랑과 무적의 능력으로 응답해 주시고 해결해 주시는 하나님이라고 철저하게 맹신하며 광적인 제의 문화에 함몰되어 있었다. 바로 그들을 향해 아모스는 그들 신앙의 위선과 고집을 책망하며 이스라엘의 서너 가지 죄로 말미암아 유다의 서너 가지 죄로 말미암아 하나님께서 그 벌을, 그 심판을 돌이키지 않으실 것이라고 경고했다. 그 결과 아모스에게는 비난과 업신여김과 조롱과 책망이 쏟아졌다.

아모스 선지자의 외로운 투쟁의 사역을 미루어 볼 때, 꿈 복음, 긍정 복음과 같은 다른 복음을 하나님의 복음으로 열광하며, 뚜뚜따따 하는 쇳소리 염불과 같은 다른 영의 괴성을 하나님의 영으로 환영하며, 고난의 십자가를 지라는 예수를 따르려 하지는 않고 해결해 주고 응답해 주는 신바람 나는 다른 예수를 광적으로 믿고 줄기차게 따라다니는 지금 교회 세대의 음란한 신앙을 드러내어 책망하면 어떤 반응이 나올 것인가, 짐작하고도 남는다.

신앙인들이 가장 듣기 싫어하는 말이 무엇인가? 그것은 신앙인이 신앙인답지 못하다는 책망이다. 그러므로 신앙인이 가장 강퍅해질 때가 언제겠는가? 당연히 신앙인답지 못하다는 책망을 들을 때다. 라오디게아 교회는 하나님께서 보시기에 가련하고 곤고하고 벌거벗었던 교회였다. 그러나 자신들은 스스로 부요하여 부족한 것이 없다고 자부했다(계 3:17). 이들에게 회개하지 않으면 주님의 입에서 토하여 내침을 당한다는 경고(계 3:16)를 한다면 과연 들으려 하겠는가? 당연히 그들은 들으려 하지 않을 것이다. 그러나 평강 타령하는 거짓 선지자가 "하나님께서는 당신을 두고 보시기에도 아까워하신다."라고 하면, "아멘!" 한다. "당신은 왕의 자녀다."라고 하면 두 손 들어 환영한다. "사랑과 능력이 풍성하신 하나님께 무엇이든지 믿고 구하면 모든 것을 응답받는다."라고 하면 열광한다.

오늘 우리는 교회 나와서 항상 "나는 부족합니다. 나는 연약합니다. 나는 허물이 큽니다."라고 고백한다. 그러나 처음 사랑의 행위를 결실하지 못하고 힘써 자기(自己) 부인(否認)의 십자가를 지고 제자도를 걸어가지 않는 잘못된 신앙을 책망받으면 이내 표정이 붉어지면서 "한 주 동안 힘든 세상 살다가 왔는데 위로는커녕 책망만 한다."라며 적개심을 표출하기까지 한다. 이는 "나는 부족합니다. 나는 연약합니다. 나는 허물이 큽니다."라고 했던 자신의 고백이 입술뿐이었음을 반증함이다.

자신들은 부요하여 부족한 것이 없다고 자부하며 자신들이 상상한 하나님을 모셔 놓고 종교적 열정에 함몰되어 있던 북이스라엘은 자기 지역 출신도 아닌 남유다에서 올라온 이름 없는 비천한 목자요 뽕나무 재배하던 자에 불과한 아모스 선지자의 예언을 철저하게 경멸하고 무시했다. 그들의 눈에는 단지 아모스 선지자가 정규 선지자 학교도 졸업하지 않은 자칭 선지자에 불과했기 때문이다.

아모스 선지자의 심판 경고에 당시 벧엘에서 그해의 제사장 곧 대(大)목사님이었던 아마샤가 아모스를 불러 세우고 대(大)이스라엘의 왕이 계시는 이곳에서 더는 쓸데없는 소동을 일으키지 말고 고향 땅으로 돌아가서 떡이나 먹으며 예언하라고 조롱했다. "때에 벧엘의 제사장 아마샤가 이스라엘의 왕 여로보암에게 보내어 이르되 이스라엘 족속 중에 아모스가 왕을 모반하나니 그 모든 말을 이 땅이 견딜 수 없나이다 아모스가 말하기를 여로보암은 칼에 죽겠고 이스라엘은 반드시 사로잡혀 그 땅에서 떠나겠다 하나이다 아마샤가 또 아모스에게 이르되 선견자야 너는 유다 땅으로 도망하여 가서 거기에서나 떡을 먹으며 거기에서나 예언하고 다시는 벧엘에서 예언하지 말라 이는 왕의 성소요 나라의 궁궐임이니라"(암 7:10~13). 이때 아모스는 북이스라엘의 대목회자인 아마샤의 입장에서는 가소롭기 그지없는 자신의 신상 명세를 말하며 북이스라엘을 향해 하나님께서 작성하신 철저한 심판을 경고했다. "아모스가 아마샤에게 대답하여 이르되 나는 선지자가 아니며 선지자의 아들도 아니라 나는 목자요 뽕나무를 재배하는 자로서 양 떼를 따를 때에 여호와께서 나를 데려다가 여호와께서 내게 이르시기를 가서 내 백성 이스라엘에게 예언하라 하셨나니 이제 너는 여호와의 말씀을 들을지니라 네가 이르기를 이스라엘에 대하여 예언하지 말며 이삭의 집을 향하여 경고하지 말라 하므로 여호와께서 이와 같이 말씀하시기를 네 아내는 성읍 가운데서 창녀가 될 것이요 네 자녀들은 칼에 엎드러지며 네 땅은 측량하여 나누어질 것이며 너는 더러운 땅에서 죽을 것이요 이스라엘은 반드시 사로잡혀 그의 땅에서 떠나리라 하셨느니라"(암 7:14~17).

아모스 선지자의 예언대로 북이스라엘은 아시리아(앗수르)의 침략으로 초토화되었다. 그 시간까지 북이스라엘은 하나님을 향한 뜨거운 종교 제의를 멈추지 않았다. "너희는 벧엘에 가서 범죄하며 길갈에 가서 죄를 더하며 아침마다 너희 희생을, 삼일마다 너희 십일조를 드리며 누룩 넣은 것을 불살라 수은제로 드리며 낙헌제를 소리 내어 선포하려무나 이스라엘 자손들아 이것이 너희가 기뻐하는 바니라 주 여호와의 말씀이니라"(암 4:4~5).

야곱의 허물과 이스라엘의 죄를 고한다는 것은 참으로 고통스러운 일이다. 이유는 미지근하면서도 신앙의 부요한 자로 자청하는 사람에 의해 비난받고 극한 반감을 사게 될 것이기 때문이다. 그런데도 회개를 촉구하는 것은 긴급한 일이다. 지금 이보다 더 긴급한 일은 없다. 잘못을 폭로하는 것이 잘못을 제거하는 유일한 지름길이다.

모세의 자리에 앉았던 바리새인,
사도들의 자리에 앉아 있는 목회자

목회 사역은 가장 힘들고 중요하며 영광스러운 일이다. 그것이 힘든 이유는 철저하게 자기 십자가를 지고 제자도를 걸어가야 하기 때문이다. 그것이 중요한 이유는 영원한 생명의 문제를 다루고 있기 때문이다. 그것이 영광스러운 이유는 영광의 주 하나님을 위한 봉사이고 헌신이기 때문이다.

목회자는 하나님의 일을 하고, 죄인들을 하나님께로 돌이키기 위해 하나님께서 파송하신 사람이다. 대통령이 임명한 장관이나 국무총리나 외교사절과 같은 사람이 아니다. 사람이 임명한 고위공직자에게도 요구되는 윤리적 기준과 규범적 기준이 있듯이 당연히 목회자에게도 요구되는 철저한 기준이 있는데 목회자는 전적으로 하나님께서 명하신 말, 하나님께서 원하시는 말만 해야 한다는 것이다. 그렇지 못하면 가장 준엄한 심판을 피할 수 없다. "내가 이 두루마리의 예언의 말씀을 듣는 모든 사람에게 증언하노니 만일 누구든지 이것들 외에 더하면 하나님이 이 두루마리에 기록된 재앙들을 그에게 더하실 것이요"(계 22:18).

참된 선지자는 잘못된 것을 가증스럽게 여겨야 하고 또한 그 잘못에 대해 도저히 참을 수 없는 의분을 가져야 한다. 목사가 목사답지 못하고 백성이 백성답지 못한 것을 보고도 분노하지 않는 자는 하나님의 사람이 아니다.

미가 선지자는 평강 타령하는 거짓 선지자와는 구별된 소명의 길, 부르심의 길에 헌신할 것을 다짐했다. "내 백성을 유혹하는 선지자들은 이에 물 것이 있으면 평강을 외치나 그 입에 무엇을 채워 주지 아니하는 자에게는 전쟁을 준비하는도다 이런 선지자에 대하여 여호와께서 이르시되 그러므로 너희가 밤을 만나리니 이상을 보지 못할 것이요 어둠을 만나리니 점 치지 못하리라 하셨나니 이 선지자 위에는 해가 져서 낮이 캄캄할 것이라 선견자가 부끄러워하며 술객이 수치를 당하여 다 입술을 가릴 것은 하나님이 응답하지 아니하심이거니와 오직 나는 여호와의 영으로 말미암아 능력과 정의와 용기로 충만해져서 야곱의 허물과 이스라엘의 죄를 그들에게 보이리라"(미 3:5~8). 이처럼 하나님의 종은 하나님의 신을 덧입고 야곱의 허물과 이스라엘의 죄를 고한다.

성령께서는 이 땅에 오셔서 죄와 의와 심판에 대해 세상을 책망하신다. '죄'라고 했으니 주님께서 우리의 죄로 말미암아 십자가에서 죽으셨으며, '의'라고 했으니 주께서 우리를 의롭다 하시기 위해 무덤에서 살아나셨으며, '심판'이라고 했으니 예수 그리스도께서 심판의 주로서 다시 영광 가운데 재림하신다. 결국, 성령 하나님의 음성을 요약하면 예수 그리스도께서 십자가에 못 박히신 것처럼 우리도 정욕과 탐심을 십자가에 못 박아야 하며, 예수 그리스도께서 다시 사셨기 때문에 우리도 새 생명 가운데서 행해야 하며, 예수 그리스도께서 심판의 주로서 다시 오실 것이기 때문에 그분 앞에 흠도 점도 없이 나타나기를 힘써야 한다. 이 세 가지 주제가 사도들이 전한 복음의 핵심이다.

지금 교회 안에는 이 같은 본질적인 성령의 음성이 소멸되었다. 그러면서도 많은 목회자가 직업적인 권위 의식에 사로잡혀 사도처럼 일도 하지 않으면서, 사도처럼 헌신도 하지 않으면서, 사도처럼 전하지도 않으면서, 사도처럼 살지도 않으면서 사도들만큼이나, 아니 그 이상의 과분한 존경과 대접을 교인들에게서 받고 있다. 그들의 득의양양한 권위 의식을 보고 있노라면 구약 말기에 모세의 율법을 사람의 계명으로 해석하면서도 율법의 대리자이고 율법의 해석자인 양하며 모세의 자리에 앉아 있었던 서기관들과 바리새인들의 근엄한 자태를 보는 것 같다.

먼 훗날 사도 바울이 심판의 주님 앞에서 다음과 같이 자신의 억울함을 하소연하지 않을까? "저는 옷이 두 벌이었는데 저들에게는 무슨 고급 양복이 그리도 많습니까? 저는 두들겨 맞으면서 복음을 전했는데 저들은 어찌 저리도 고급 외제 차에 심지어는 운전기사까지 대동하고 다닙니까? 저는 굶주리고 매 맞으면서 복음을 전했는데 저들은 어찌 저리도 집집이 심방하면서 융숭한 고급 식사를 대접받고 다니는 것입니까? 저는, 여우도 굴이 있고 공중의 새도 거처가 있는데 인자는 머리 둘 곳이 없다고 하신 주님의 발자취를 따라 일생 불편함을 기쁨으로 감수하고 살았는데 저들은 어찌 저리도 고급 아파트에 거주하는 것입니까? 저는 사회적 모든 발판을 벗어 던지고 모든 영향력을 배설물처럼 버렸는데 저들은 어찌 저리도 갖은 직책의 명함을 파고 갖은 직책의 이력을 자랑하고, 무슨 박사 타이틀은 저리도 자신만만하게 휘날리고 다니는 것입니까?"라고.

목회 사역은 교인에게 꿈을 디자인하게 하는 것이 아니다. 세상 사람들보다 잘되게 하기 위한 것도 잘살게 하기 위한 것도 아니다. 말하면 말하는 대로 되고 기도하면 부르짖은 대로 응답받는다는 긍정의 마인드를 부풀게 하는 것도 아니다. 목회 사역은 교인들에게 자기를 부인하는 십자가를 지게 하는 것이다. 그리고 이 십자가는 부자 되고 성공하기 위해 고생을 참는 삶이 아니다. 그와 같은 십자가는 예수 믿지 않는 사람들도 짊어지는 고생이기 때문이다. 그와 같은 고생은 주님을 위한 십자가가 아니라 자기를 위한 십자가이다. 예수님께서 요구하신 십자가는 자기를 부인하는 십자가이다. 자기를 부인하는 십자가를 지는 삶은 하나님과 원수 된 육신의 정욕과 안목의 정욕과 이생의 자랑에 사로잡히지 않는 삶이다. 그래서 성령의 소욕에 순종하는 삶이다.

성령 하나님께서는 우리로 당신의 뜻에 순종하게 하셔서 열매를 맺게 하신다. "오직 성령의 열매는 사랑과 희락과 화평과 오래 참음과 자비와 양선과 충성과 온유와 절제니 이 같은 것을 금지할 법이 없느니라"(갈 5:22~23). 결국, 자기를 부인하는 십자가를 지는 삶은 성령에 순종하는 삶이고 이는 곧 성령의 열매를 결실하는 삶이다. 성령의 열매는 그리스도의 형상이다.

사도 바울은 사역의 목적을 교회가 그리스도의 형상을 이루도록 하는 데 두었다. "나의 자녀들아 너희 속에 그리스도의 형상을 이루기까지 다시 너희를 위하여 해산하는 수고를 하노니"(갈 4:19). 그렇다. 우리가 소유해야 할 부요는 '그리스도의 형상'이다. 그리고 우리가 이루어야 할 꿈 또한 '그리스도의 형상'이다. 그런 의미에서 구속받은 '14만 4천'(상징적인 수)이 올라가야 하는 시온산은 세상의 영향력이 아니라, 그리스도의 형상이다.

지금 교회는 시온산이 아니라 사탄이 소유한 천하만국 영광을 바라볼 수 있는 멸망의 산에 올라가고 있다. 그 멸망의 산에서 하나님을 예배하는 것이 아니라 마귀에게 절하면서 천하만국 영광의 한 줌을 소유하기 위해 소원의 꿈을 디자인한다. 지금 교회는, 주 예수보다 귀한 것은 없다고 일평생 찬송하면서도 어떻게 그렇게도 세상에서 예수보다 귀한 것이 많은지 알다가도 모를 일이다.

뜨거운 전도 열정으로 바다와 육지까지 샅샅이 뒤져서 교인 하나를 전도하는 것도 중요하지만 그들을 배나 더 지옥 자식 만들지 않는 것은 더욱 중요한 문제다. 주님께서는 서기관들과 바리새인들이 뜨거운 전도 열정으로 교인 하나를 만나서는 그들을 배나 더 지옥 자식 만들었다고 책망하지 않으셨던가. "화 있을진저 외식하는 서기관들과 바리새인들이여 너희는 교인 한 사람을 얻기 위하여 바다와 육지를 두루 다니다가 생기면 너희보다 배나 더 지옥 자식이 되게 하는도다"(마 23:15). 목회자는 불신자를 전도해서 한 사람 한 사람 교회에 출석시키는 것도 중요하지만, 더 중요한 것은 그들로 주님께서 명하신 제자도를 지켜 행하게 하는 것이다. "너희는 가서 모든 민족을 제자로 삼아 아버지와 아들과 성령의 이름으로 세례를 베풀고 내가 너희에게 분부한 모든 것을 가르쳐 지키게 하라"(마 28:19~20). 행함이 더 중요한 이유는 교회 출석해서 "주여! 주여!" 하는 많은 사람이 지옥 자식이 될 수도 있기 때문이다. 하나님 나라에 들어가는 사람은 "주여! 주여!" 하는 출석 교인이 아니라, 하나님의 뜻을 행하는 제자이다.

거짓 선지자들은 "주여! 주여!" 하는 사람들에게 항상 달콤하고 부드러운 말로 유혹의 미끼를 던진다. 그래서 그들은 이에 물면 평강을 외친다(미 3:5). 그들이 외치는 평강 타령의 핵심은 예수를 믿음으로 아브라함의 자손이 된 사람은 지은 모든 죄 사함을 받고 나아가서 앞으로 지을 모든 죄까지 사함을 받아서 무조건 천국 간다는 낙관적 구원관이며, 하나님의 자녀는 하나님께 메어 달려서 구하고 찾고 두드리면 반드시 해결 받고 응답받는다는 무조건적 축복관이다.

미가 선지자에 의하면 거짓 선지자의 사역의 동인은 헌신과 섬김이 아니라 탐욕이다. 그 증거가 그들이 입만 열었다 하면 평강을 외치지만 그 입에 무엇을 채워 주지 않으면 전쟁을 준비한다는 것이다 (미 3:5). 그래서 그들은 좀 더 많은 사례비에 급급한다. 좀 더 많은 보너스에 집착한다. 후안무치하게 거금의 퇴직금까지 요구한다. 그들은 한번 붙박으면 움직이기 싫어한다. 그리고 종국에는 자기의 자녀까지 붙박게 한다. 이들에게는 하나님의 심판만이 있을 것이다. "너희가 밤을 만나리니 이상을 보지 못할 것이요 어둠을 만나리니 점 치지 못하리라 하셨나니 이 선지자 위에는 해가 져서 낮이 캄캄할 것이라"(미 3:6).

외치는 자의 소명

처음으로 안식일을 범한 자가 죽었다. 그는 세상의 윤리 규범을 어겼기 때문이 아니라, 하나님의 명령을 어겼기 때문이다. 이스라엘 역사에서 처음으로 하나님께 제사가 드려지는 날, 대제사장 아론의 아들 나답과 아비후가 죽었다. 세상 법을 범해서가 아니라, 하나님의 법을 범했기 때문이다. 결국, 이들은 형법을 범해서 죽은 것이 아니라, 신앙의 법을 어겼기 때문에 죽었다.

주님께서는 라오디게아 교회의 사자에게 편지하셨다. 라오디게아 교회는 하나님의 기준에서 눈먼 자들이었다. 눈먼 그들에게 심판이 경고되었다. 그런데도 자신들은 부요하여 부족한 것이 없다고 한다. 라오디게아 교회가 맹인이 되었다는 것은 그들이 신앙의 법을 지키지 않고 있다는 의미이다. 그런데도 자신들은 부요하다고 말하는 것은 회개하지 않는다는 것이다. 그들이 회개하지 않는 것은 교회의 사자인 목회자가 그들의 허물과 죄를 경고하지 않았기 때문이다. 결국, 라오디게아 교회의 사자도 눈먼 자였다.

라오디게아 교회의 사자가 눈먼 자가 되었다는 것은 그들이 포도주에 취하고 독주에 취한 것처럼 비틀거린다는 것이다. 그들뿐만 아니라 구약 이사야 선지자 당대에 이스라엘 백성을 인도하던 선지자와 선견자들도 맹인이 되어 포도주에 취하고 독주에 취한 것처럼 비틀거렸다. "너희는 놀라고 놀라라 너희는 맹인이 되고 맹인이 되라 그들의 취함이 포도주로 말미암음이 아니며 그들의 비틀거림이 독주로 말미암음이 아니니라 대저 여호와께서 깊이 잠들게 하는 영을 너희에게 부어 주사 너희의 눈을 감기셨음이니 그가 선지자들과 너희의 지도자인 선견자들을 덮으셨음이라"(사 29:9~12). 이로 말미암아 맹인 된 지도자들에게 가르침을 받은 이스라엘 백성은 입으로는 하나님을 가까이하고 입술로는 하나님을 존경했지만, 마음은 하나님에게서 멀리 떠나 있었다. "주께서 이르시되 이 백성이 입으로는 나를 가까이하며 입술로는 나를 공경하나 그들의 마음은 내게서 멀리 떠났나니 그들이 나를 경외함은 사람의 계명으로 가르침을 받았을 뿐이라"(사 29:13).

마음이 하나님에게서 멀어졌다는 것은 이스라엘 백성들이 하나님의 말씀대로 살지 않았다는 것이다. 신앙의 법을 범하고 있었다는 것이다. 하나님을 사랑하고 그 마음이 하나님과 가까이 있다면 그분의 말씀을, 그분의 계명을 지켜 행하지 않을 수 없다. "너희가 나를 사랑하면 나의 계명을 지키리라"(요 14:15). "나의 계명을 지키는 자라야 나를 사랑하는 자니 나를 사랑하는 자는 내 아버지께 사랑을 받을 것이요 나도 그를 사랑하여 그에게 나를 나타내리라"(요 14:21).

마음은 하나님에게서 멀어졌으면서도, 곧 신앙의 법은 지켜 행하지 않으면서도 구약 이스라엘 백성들이 입으로 하나님을 가까이하고 입술로 하나님을 존경하던 호들갑이 바로 스스로 부요하여 부족한 것이 없다고 하는 착각 신앙의 절정이다. 지금 교회도 긍정의 염불로 꿈을 디자인하며 얼마나 뜨겁게 "주여! 주여!" 하고 있는가. 그러면서도 하나님의 뜻은 행하지 않는다. 곧 처음 사랑의 행위가 없다(행 4:32~35; 계 2:5). 철저한 제자도(눅 14:26~27, 33)의 삶이 없다. 교회의 사자들인 목회자가 믿기만 하면 천당 가고 믿기만 하면 꿈은 이루어지고 해결되고 응답된다고 가르치고 있기 때문이다. 지금 교회는 맹인 된 교회의 사자가 맹인 된 교회를 인도하고 있는 형국이다.

라오디게아 교회의 사자가 맹인 되고 라오디게아 교회가 눈먼 것은 구약 이스라엘의 맹인 된 선지자와 선견자가 눈먼 이스라엘 백성을 입으로만 하나님을 가까이하게 하고 입술로만 하나님을 존경하게 할 때부터 이미 예언되었다. "내가 이 백성 중에 기이한 일 곧 기이하고 가장 기이한 일을 다시 행하리니 그들 중에서 지혜자의 지혜가 없어지고 명철자의 총명이 가려지리라"(사 29:14).

하나님께서 다시 행하시는 기이한 일이란 전쟁도, 기근도, 역병도 아니라, 교회의 사자도 눈먼 자가 되고, "주여! 주여!" 하는 사람도 눈먼 자가 되는 일이다. 그래서 그들에게는 지혜가 없어지고 총명이 가려지는 밤이 임한다. "등불 빛이 결코 다시 네 안에서 비치지 아니하고 신랑과 신부의 음성이 결코 다시 네 안에서 들리지 아니하리로다 너의 상인들은 땅의 왕족들이라 네 복술로 말미암아 만국이 미혹되었도다"(계 18:23).

하나님의 말씀은 우리 발의 등이며 우리 길의 빛이시다(시 119:105). 그러므로 등불 빛이 비치지 않음은 진리의 말씀이 실종되었음을 의미한다. 지금 교회는 기복주의에 취해 있다. 말씀 장사하는 거짓 선지자들(상인, 땅의 왕족)의 복술에 미혹되어 있다. 그러므로 그들에게는 성령이 교회들에게 하시는 말씀이 들려지지 않는다. 그 래서 라오디게아 교회에는 밤이 임해 있다. 그곳에는 신랑과 신부의 소리가 들리지 않는다. 신랑 되신 예수 그리스도께서 문밖에 서 계시기 때문이다(계 3:20전).

지금 교회 안에는 거짓 선지자들이 천국 타령, 축복 타령, 성공 타령, 꿈 타령하며 말씀 장사를 하고 있다. 그들은 하나님의 말씀을 가감해서 이익의 재료로 만들었다. 그런 달콤한 설교로 인간의 영혼을 매매하고 있다. 지금 교회는 눈멀어 있다. 곧 하나님의 말씀대로 순종하지 않고 있다. 신앙의 법을 지켜 행하지 않고 있다. 그런데도 심판을 경고하는 하나님의 말씀을 철저히 외면한다. 그들을 인도하는 목회자들이 맹인 된 선지자이고 선견자들이기 때문이다. 그들은 하나같이 낙관적 구원관과 무조건적 축복관으로 평강 타령하기에 여념이 없다.

이와 같은 어두운 시대에 미가 선지자의 외침을 교회는 기억해야 한다. "오직 나는 여호와의 신으로 말미암아 권능과 공의와 재능으로 채움을 얻고 야곱의 허물과 이스라엘의 죄를 그들에게 보이리라"(미 3:8, 개역한글). 여기서 '권능'이란 전능하신 하나님의 지혜와 능력이다. 그러므로 참된 목사는 성령이 교회들에게 하시는 말씀대로 눈먼 라오디게아 교회를 향해 성령의 능력과 권능으로 심판을 경고해야 한다.

'공의'란 하나님의 의로우신 판단이다. 불꽃 같은 눈으로 교회를 감찰하시는 하나님께서는 라오디게아 교회의 눈먼 신앙의 행위 곧 하나님의 말씀대로 살지 않는 신앙의 행위를 당신의 기준으로 철저히 살피신다. 그러므로 참된 목회자는 저급한 신앙의 기준으로 백성의 요구와 야합하지 말고, 그들의 무사안일한 신앙을 눈감지 말고, 그들의 강퍅함에 의기소침하지 말고, 하나님의 공의 곧 하나님의 뜻을 담대하게 선포해야 한다. 아무리 입으로 하나님을 가까이하며 입술로 "주여! 주여!" 해도 처음 사랑의 행위와 제자도를 행하지 않는 교회는 반드시 주님의 입에서 토하여 내침을 받을 것이다.

'재능'은 결국에 배나 더 지옥 자식 만들 뿐인 전도 프로그램을 개발하는 잔머리 열정이 아니라, 사람들의 위협이나 협박을 두려워하지 않고 하나님의 뜻을 전해서 그들의 죄를 고하는 용기이다. 교회에게 처음 사랑의 행위와 철저한 제자도는 가르치지 않으면서 꿈 타령, 축복 타령, 해결 타령, 응답 타령, 긍정 타령하는 목사들은 맹인 된 자들이며 짖지 못하는 벙어리 개들이다(사 29:9; 56:10). 지금 그들은 어리석은 교회에게 선악과를 먹어도 결단코 죽지 않는다며 하나님의 말씀을 가감해서 말하는 수준이다. 그 정도는 아니지만, 선악과를 먹으면 안 된다는 정도로만 말하고 마는 수준의 목회자도 무수하다. 그러나 그들의 설교 또한 하나님의 말씀이 아니다. 하나님의 정확 무오(無誤)한 말씀은 선악과를 먹는 날에는 반드시 죽는다고 말씀하고 있기 때문이다.

참된 주의 종은 절대로 꿈 타령, 축복 타령, 해결 타령, 응답 타령, 긍정 타령해서는 안 될 뿐만 아니라 "처음 사랑의 행위를 회복해야 합니다. 제자도를 행해야 합니다."라는 정도로만 말해서도 안 된다. "처음 사랑의 행위를 회복하지 않으면, 제자도를 행하지 않으면 반드시 심판받습니다." 곧 "주님의 입에서 토하여 내침을 받습니다."라고 말할 수 있어야 한다. 그러므로 지금 교회의 사자들에게는 '권능[능력]'과 '공의'와 '재능[용기]' 이 세 가지 은사가 절실하다. 능력과 공의와 재능으로 충만한 충성되고 지혜로운 종이 되어야 때를 따라 양식을 나누어 줄 수 있다.

날랜 뱀 리워야단은 너무나 꼬불꼬불하다. 그래서 이를 잡기 위해서는 하나님의 검, 곧 성령의 검, 곧 성령이 교회들에게 하시는 말씀이 필요하다. "그 날에 여호와께서 그의 견고하고 크고 강한 칼로 날랜 뱀 리워야단 곧 꼬불꼬불한 뱀 리워야단을 벌하시며 바다에 있는 용을 죽이시리라"(사 27:1). "구원의 투구와 성령의 검 곧 하나님의 말씀을 가지라"(엡 6:17).

지금 교회 안에는 다른 복음과 다른 예수와 다른 영이 혼잡되어 너무나 교묘하게 역사하고 있다. 참된 주의 종이라면, 거짓 목회자들의 다른 복음과 다른 예수와 다른 영을 향해 찌를까 말까 하는 연약한 싸움이 아니라, 세례요한처럼 그들을 철저하게 드러내어 정죄해야 한다. 그들은 뱀들이고 독사의 새끼들이다. 어정쩡한 설교로 그들에게 약간의 흠집만 내는 것이 아니라, 그들의 잘못된 설교를 성령의 검으로 단칼에 베어야 한다.

신앙 본질, 소망의 예수 그리스도

하나님과의 언약 관계에 충실하지 못하고 정결하지 못했던 구약 이스라엘은 빈번한 성전 출입을 통해 뜨거운 종교 제의에 열중했음에도, 종국에는 하나님께 분배받았던 약속의 땅 가나안에서 뽑혀 바벨론 땅으로 포로 되어 끌려갔고 예루살렘 성읍과 자신들의 종교적 자부심의 결정체였던 솔로몬의 성전은 불타 버리고 그 흔적조차도 남지 않게 되었다.

한때는 그곳에 이스라엘의 귀인들과 제사장들과, 예루살렘 성읍 거주를 서울의 강남에 거주하는 것처럼이나 자랑스러워했던 사람들이 하나님의 구원, 하나님의 축복, 하나님의 도우심, 하나님의 함께하심, 하나님의 역사하심, 하나님의 임재를 자랑하며 활보했었다. 그러나 원수의 군대 바벨론이 예루살렘을 초토화한 이후 이스라엘 종교의 핵심이었던 예루살렘 성읍에는 비천한 자들만이 남아 폐허가 된 과수원과 농토를 가꾸며 살아갔다. "바벨론 왕 느부갓네살의 열아홉째 해 오 월 칠 일에 바벨론 왕의 신복 시위대장 느부사라단이 예루살렘에 이르러 여호와의 성전과 왕궁을 불사르고 예루살렘의 모든 집을 귀인의 집까지 불살랐으며 시위대장에게 속한 갈대아 온 군대가 예루살렘 주위의 성벽을 헐었으며 성 중에 남아 있는 백성과 바벨론 왕에게 항복한 자들과 무리 중 남은 자는 시위대장 느부사라단이 모두 사로잡아 가고 시위대장이 그 땅의 비천한 자를 남겨 두어 포도원을 다스리는 자와 농부가 되게 하였더라"(왕하 25:8~12).

하나님께서 이스라엘 백성을 징계하신 70년간의 포로 생활이 지나간 후, 포로귀환민 1세대가 그토록 그리워한 시온의 도성 예루살렘에 귀환했을 때, 그곳은 황폐할대로 황폐해져 있었다. 그 옛날 출애굽 광야1세대가 가나안을 향해 고달픈 광야의 여정에 들어섰을 때, 오히려 종살이하던 땅 애굽을 그리워했던 것처럼 포로귀환민 1세대에게는 차라리 바벨론 땅에서 포로로 있던 시절이 더 평안하고 윤택해 보일 지경이었다. 그들은 거주할 집도 경작할 농토도 관리할 외양간도 우리도 없었다. 오로지 이방인들의 조소와 무정부 상태의 혼란만이 가중되어 갔다.

바로 이때 그토록 핍절한 그들을 향해 하나님의 소망이 스가랴 선지자에 의해 예언되었다. "대제사장 여호수아야 너와 네 앞에 앉은 네 동료들은 내 말을 들을 것이니라 이들은 예표의 사람들이라 내가 내 종 싹을 나게 하리라 만군의 여호와가 말하노라 내가 너 여호수아 앞에 세운 돌을 보라 한 돌에 일곱 눈이 있느니라 내가 거기에 새길 것을 새기며 이 땅의 죄악을 하루에 제거하리라"(슥 3:8~9). 여기서 "싹[순]"은 메시아로서 오실 '예수 그리스도'를 상징한다. 고통스러운 생의 날을 하루하루 보내고 있는 포로귀한민들에게 하나님께서 주신 소망의 약속은 이 땅에서의 형통과 평안과 안정과 번영이 아니라, 하나님의 구원, 하나님의 나라, 하나님의 의이신 소망의 예수 그리스도였다.

사실 포로귀한민들에게는 가옥을 건축해서 안정을 얻는 것이 급선무였고, 토지를 개간하고 가축을 길러서 먹고살 양식을 마련하는 것이 절박한 필요였고, 당면한 문제였다. 그들에게 약속된 소망의 '싹', 곧 '메시아 예수 그리스도'는 고통받는 포로귀환민 1세대가 이 땅의 삶, 곧 광야의 여정을 끝낸 후로부터 5백여 년의 오랜 시간이 흐른 후, 이 땅에 나타나셨다. 그러므로 남은 30~40년 인생의 한 세대를 살아가야 하는 그들에게는 전혀 의미가 없는 소망이었다. 그런데도 하나님께서 고통받는 당신의 백성에게 주신 소망의 약속은 이 땅에서의 축복과 안녕과 번영이 아니라, 예수 그리스도셨다.

그렇다! 믿음의 사람이 바라보는 소망은 이 땅에서의 꿈, 곧 부와 형통과 영향력이 아니라, 예수 그리스도시다. 예수 그리스도는 참된 믿음의 사람이 구해야 하는 하나님의 나라고, 하나님의 의다. 이런 의미에서 내일의 의식주, 곧 무엇을 먹을까 무엇을 마실까 무엇을 입을까를 고민하는 제자들을 향해 주님께서 요구하셨던 하나님의 나라와 의는 곧 당신이시다.

주님께서는 참된 믿음의 사람은 하나님과 재물을 겸하여 섬기지 않으며, 무엇을 먹을까 무엇을 마실까 무엇을 입을까를 염려해서는 안 된다고 하셨다(마 6:22~33). 하늘 아버지께서 우리에게 이 모든 것이 있어야 할 줄을 아시기 때문이다. 하나님께서는 공중의 새가 심지도 않고 거두지도 않고 창고에 모아들이지도 않지만 그것들을 기르시며, 들의 백합화가 수고도 않고 길쌈도 하지 않지만 그것들을 자라게 하시고, 그것도 모자라 솔로몬의 모든 영광으로 입은 것보다도 더한 아름다움으로 그것들을 입히신다.

　우리는 하나님에게 공중의 새보다 들의 백합화보다 존귀하다. "내가 너희에게 이르노니 목숨을 위하여 무엇을 먹을까 무엇을 마실까 몸을 위하여 무엇을 입을까 염려하지 말라 목숨이 음식보다 중하지 아니하며 몸이 의복보다 중하지 아니하냐 공중의 새를 보라 심지도 않고 거두지도 않고 창고에 모아들이지도 아니하되 너희 하늘 아버지께서 기르시나니 너희는 이것들보다 귀하지 아니하냐 너희 중에 누가 염려함으로 그 키를 한 자라도 더할 수 있겠느냐 또 너희가 어찌 의복을 위하여 염려하느냐 들의 백합화가 어떻게 자라는가 생각하여 보라 수고도 아니하고 길쌈도 아니하느니라 그러나 내가 너희에게 말하노니 솔로몬의 모든 영광으로도 입은 것이 이 꽃 하나만 같지 못하였느니라 오늘 있다가 내일 아궁이에 던져지는 들풀도 하나님이 이렇게 입히시거든 하물며 너희일까보냐 믿음이 작은 자들아 그러므로 염려하여 이르기를 무엇을 먹을까 무엇을 마실까 무엇을 입을까 하지 말라 이는 다 이방인들이 구하는 것이라 너희 하늘 아버지께서 이 모든 것이 너희에게 있어야 할 줄을 아시느니라 그런즉 너희는 먼저 그의 나라와 그의 의를 구하라 그리하면 이 모든 것을 너희에게 더하시리라"(마 6:25~33).

　오늘 우리가 아무리 핍절하고 고통 가득한 눈물뿐인 인생을 살아간다고 할지라도 구해야 하는 것은 이 땅에서의 안정과 이 땅에서의 해결과 이 땅에서의 썩어질 영광이 아니라, 하나님의 나라와 의이신 예수 그리스도다.

　주님께서는 인자가 다시 오실 때 믿음을 보겠느냐 하시면서 불의

한 재판관의 문을 쉬지 않고 두드리며 가슴에 맺힌 원한을 풀어 줄 신원의 날을 호소했던 과부의 이야기를 비유로 들려주셨다. "예수께서 그들에게 항상 기도하고 낙심하지 말아야 할 것을 비유로 말씀하여 이르시되 어떤 도시에 하나님을 두려워하지 않고 사람을 무시하는 한 재판장이 있는데 그 도시에 한 과부가 있어 자주 그에게 가서 내 원수에 대한 나의 원한을 풀어 주소서 하되 그가 얼마 동안 듣지 아니하다가 후에 속으로 생각하되 내가 하나님을 두려워하지 않고 사람을 무시하나 이 과부가 나를 번거롭게 하니 내가 그 원한을 풀어 주리라 그렇지 않으면 늘 와서 나를 괴롭게 하리라 하였느니라 주께서 또 이르시되 불의한 재판장이 말한 것을 들으라 하물며 하나님께서 그 밤낮 부르짖는 택하신 자들의 원한을 풀어 주지 아니하시겠느냐 그들에게 오래 참으시겠느냐 내가 너희에게 이르노니 속히 그 원한을 풀어 주시리라 그러나 인자가 올 때에 세상에서 믿음을 보겠느냐 하시니라"(눅 18:1~8).

우리가 구해야 하는 신원은 무엇인가? 이 땅에서의 안정인가? 이 땅에서의 부요함인가? 이 땅에서의 해결인가? 이 땅에서의 역전인가? 이 땅에서의 성취인가? 아니다!

우리가 설령 초대교회처럼 예수를 믿는다는 이유로 가진 재산을 몰수당하고 극한 가난뱅이가 된다고 할지라도, 우리가 설령 초대교회처럼 예수를 믿는다는 이유로 이 땅에서의 어떤 꿈도 이루지 못하고 죽임을 당한다고 할지라도, 주님께서 재림하시는 그날에 우리는 예수 그리스도 안에서 하늘에 있는 더 낫고 영구한 산업, 곧 이 땅에서 빼앗긴 기업과는 비교할 수 없는 영원한 생명의 터, 이 땅에서 빼앗긴 칠팔십 년의 생과는 비교할 수 없는 영원한 생명이 주어질 것이다.

그런 의미에서 히브리 교회는 하나님의 나라와 의를 구하고 하나님의 나라와 의를 소망한 믿음의 영웅들이다. "전날에 너희가 빛을 받은 후에 고난의 큰 싸움을 견디어 낸 것을 생각하라 혹은 비방과 환난으로써 사람에게 구경거리가 되고 혹은 이런 형편에 있는 자들과 사귀는 자가 되었으니 너희가 갇힌 자를 동정하고 너희 소유를 빼앗기는 것도 기쁘게 당한 것은 더 낫고 영구한 소유가 있는 줄 앎이라 그러므로 너희 담대함을 버리지 말라 이것이 큰 상을 얻게 하느니라 너희에게 인내가 필요함은 너희가 하나님의 뜻을 행한 후에 약속하신 것을 받기 위함이라 잠시 잠깐 후면 오실 이가 오시리니 지체하지 아니하시리라"(히 10:32~37).

무엇으로 우리의 믿음이, 그리고 믿음의 기도가 하나님을 소망함을 증명할 수 있는가? "주여! 주여!" 하는 모든 사람이 하나님을 소망한다고 말한다. 그러나 분명한 것은 이 땅의 안정과 이 땅의 번영과 이 땅의 형통과 이 땅의 영향력을 구하고 찾고 두드리며 소망하는 사람은 결단코 하나님만을 소망하는 사람이 아니다.

하나님을 미워하는 사람은 교인 중에 없다. 그러나 하나님과 재물을 겸하여 사랑하는 그가 곧 하나님을 미워하는 사람이다(마 6:24). 따라서 "주여! 주여!" 하며 하나님만을 소망한다고 하면서도 바울이 배설물과 같이 버렸던 이 땅의 영광을 믿음의 꿈으로 디자인하는 사람은 틀림없이 하나님을 소망하지 않는 사람이고, 나아가 하나님을 미워하는 사람이다.

신앙 본질, 고난 후의 축복

밧단아람에서 돌아온 야곱에게 하나님께서는 "나는 전능한 하나님이라 생육하며 번성하라 한 백성과 백성들의 총회가 네게서 나오고 왕들이 네 허리에서 나오리라"(창 35:11)고 복을 약속하셨다. 이 말씀에서 하나님께서는 야곱의 허리를 통해서 이스라엘의 번성이 이루어짐을 약속하신 것이다.

여기서 '야곱의 허리'는 원어로 '에렉야이곱'이다. '넓적다리', '엉덩이', '환도뼈'를 의미한다. 그러므로 얍복 나루터에서 하나님과 밤새도록 씨름하다가 부러진 환도뼈를 야곱의 허리로 표현한 것이다. 야곱의 부러진 환도뼈는 눈물과 번민과 아픔과 고통의 자리이며 신앙의 싸움(기도)이 있는 자리를 의미한다. 그런데 바로 그 자리가 야곱의 후손들이 태어날 태의 입구가 된다. 그러므로 참된 신앙인들은 부러진 환도뼈의 자리, 눈물과 번민과 아픔과 고통의 자리, 하나님과의 신앙의 싸움이 있는 바로 그 자리에서 태어난다.

그래서 우리의 아픈 현실 속에서, 슬프고 눈물 나는 현실 속에서 그리스도 예수를 만나고 찾아야만 한다. 바로 그것이 우리의 영적 생육과 번성의 유일한 출구이기 때문이다. 따라서 이 말씀은 시련의 고통이 없이는, 눈물 나는 신앙의 아픔과 인내가 없이는 결코 참된 이스라엘이 될 수 없다는 의미이다.

연단의 불 속에서 표백하는 자의 잿물 속에서 은과 금이 제련되어 나오듯이 우리도 그 속에서 비천한 우리의 삶을 의로운 제물로 여호와 하나님께 드릴 수 있다(말 3:2~3). 예수 그리스도 안에서 금과 은같이 연단 받은 믿음과 신앙을 가진 바로 그 삶이 의로운 제물로 하나님께 열납된다.

깊은 심해 속 세찬 물결의 부딪힘으로 조개에 상처가 생길 때 그 고통의 쓰라림으로 값진 진주가 영글듯이, 부러진 환도뼈의 자리에서 많은 국민과 열국들이 생겨 나오듯이, 고통과 눈물의 삶 속에서 믿음의 진주는 생겨나고 신앙의 진주는 영글게 된다.

환도뼈가 부러지는 아픔 속에서 우리는 하나님께 절규하게 된다. 그리고 하나님께서는 반드시 우리의 기도에 역사하신다. 그러므로 그 옛날 이스라엘은 애굽 왕 바로의 학정의 풀무불(이스라엘의 번식과 창성함을 막기 위해서 갓 태어난 남자아이들을 죽였던 사건) 속에서도 창성해졌다(출 1:6~22). 이것은 곡식을 늘 떨기만 하지 않고 곡식에 수레바퀴를 굴리고 말굽으로 밟게 할지라도 부수지는 않는 만군의 여호와에게서 난 기묘한 모략이며 광대한 지혜다(사 28:28~29).

호수에 고인 물은 썩기 쉽다. 그러나 그 물이 바위에 부딪히고 땅속에 스며들어 언덕에 떨어질 때 물은 자기의 생명력을 발휘하게 된다. 우리의 신앙도 고난의 물줄기를 따라 굽이쳐 흐를 때 숭고하고 고결하며 생명력을 갖게 된다.

여호와의 불은 시온에 있고 여호와의 풀무는 예루살렘에 있다고 했다(사 31:9하). 또 여호와 하나님은 우리를 연단하여 고난의 풀무에서 택하셨다고 했다(사 48:10). 결국, 시련 속에 있는 믿음의 교회는 고난의 삶을 통해 축복으로 나아간다. 환도뼈가 부러지는 바로 그 고통의 자리가 천국으로 가는 축복의 통로다! 환도뼈가 부러지는 바로 그 고난의 자리가 하늘과 땅의 불멸의 사닥다리가 놓이는 위대한 하나님의 전(殿)이다!

주님께서는 신실한 믿음의 교회가 하나님께 사랑받았다는 이유 하나 때문에 세상으로부터 미움받을 것을 예언하셨다(요 15:19). 예수 그리스도는 우리가 하나님으로부터 받을 축복의 모든 것이다. 따라서 예수 그리스도는 이 세상에서 고난받는 우리에게 유일한 소망이다. 히브리 교회는 이 땅에서 예수를 믿는다는 이유 하나로 극심한 상실과 고통 앞에 직면했다. 그러나 그들에게는 잠시 잠깐 후면 오실 예수 그리스도 안에서 주어질 더 낫고 영구한 산업이 준비되어 있었다(히 10:32~37).

이제 복스러운 소망이신 예수 그리스도를 기다리는 믿음의 교회는 죄인 구원을 위해서 이 땅에 오신 예수 그리스도로 말미암아 받았던 축복과는 비교할 수 없는 더 낫고 영구한 산업, 곧 광활한 땅, 그리고 흔들리지 않는 거룩한 성 새 예루살렘의 축복에 참여하게 될 것이다(사 33:17~24). 그날에 우리는 약하고 쇠하고 죽고 썩을 육신의 장막과는 비교할 수 없는 영원한 하나님의 장막, 하나님 생명, 곧 몸의 속량을 받고 영원한 구원에 이르게 될 것이다(고전 15:42~44; 롬 8:15, 23).

가장 실패한 인생의
가장 위대한 믿음의 간증

오늘 교회는 돈 많이 벌어서 십일조 헌금 많이 하는 사람들의 간증에 열광한다. 이 땅에서 누군가 들어가야 할 진학과 취업의 문을 자신이 들어가고, 누군가 앉아야 할 승진의 자리를 자신이 앉고 나서 소유하게 된 영향력을 간증하는 사람의 믿음의 삶에 열광한다. 그러나 과연 그 허황된 간증들이 하나님 말씀의 자리를 대신할 수 있는가?

예수 그리스도와 함께 십자가에 달렸던 한 강도는 이 땅에서는 아무 영향력도, 어떠한 부도 소유하지 못하고 오로지 자신의 흉악한 죄로 십자가 처형을 당하고 있는 처지였다. 하지만, 그는 그 짧은 순간, 이 세상 그 누구도 가질 수 없는 믿음의 확신, 믿음의 소망, 믿음의 기도를 통해 천국을 소유한 가난한 심령이 무엇인가를 보여준다. "해골이라 하는 곳에 이르러 거기서 예수를 십자가에 못 박고 두 행악자도 그렇게 하니 하나는 우편에, 하나는 좌편에 있더라 이에 예수께서 이르시되 아버지 저들을 사하여 주옵소서 자기들이 하는 것을 알지 못함이니이다 하시더라 그들이 그의 옷을 나눠 제비 뽑을새 백성은 서서 구경하는데 관리들은 비웃어 이르되 저가 남을 구원하였으니 만일 하나님이 택하신 자 그리스도이면 자신도 구원할지어다 하고 군인들도 희롱하면서 나아와 신 포도주를 주며 이르되 네가 만일 유대인의 왕이면 네가 너를 구원하라 하라 그의 위에 이는 유대인의 왕이라 쓴 패가 있더라 달린 행악자 중 하나는 비방하여 이르되 네가 그리스도가 아니냐 너와 우리를 구원하라 하되 하나는 그 사람을 꾸짖어 이르되 네가 동일한 정죄를 받고서도 하나님을 두려워하지 아니하느냐 우리는 우리가 행한 일에 상당한 보응을 받는 것이니 이에 당연하거니와 이 사람이 행한 것은 옳지 않은 것이 없느니라 하고 이르되 예수여 당신의 나라에 임하실 때에 나를 기억하소서 하니 예수께서 이르시되 내가 진실로 네게 이르노니 오늘 네가 나와 함께 낙원에 있으리라 하시니라 때가 제육 시쯤 되어 해가 빛을 잃고 온 땅에 어둠이 임하여 제구 시까지 계속하며 성소의 휘장이 한가운데가 찢어지더라 예수께서 큰 소리로 불러 이르시되 아버지 내 영혼을 아버지 손에 부탁하나이다 하고 이 말씀을 하신 후 숨지시니라"(눅 23:33~46).

예수께서 십자가에서 모든 죄인을 위해 죽어가고 있을 때, 그의 곁에 있던 한 강도는 바로 그 시간, 모든 세대의 사람들에게, 예수께서는 자기를 부르는 모든 사람을 구원할 수 있는 능력의 구주가 되심을 증언할 기회를 맞게 되었다.

예수께서 십자가에서 죄인을 위해 죽으심으로 이제 구원이 모든 사람에게 허락되었다. 바로 그 시간이야말로 주님께서 당신의 이름을 부르는 모든 자를 구원하실 수 있는 능력의 하나님이심을 증언할 시간이었다. 바로 그 자리에 예수께서 달리신 십자가 한편의 십자가에서는 하나님에 의해 구원받기로 선택된 강도도 죽어가고 있었다.

그는 과거의 모든 불미스러운 죄악의 기록이 말끔히 지워지고 자신의 영원한 운명이 결정되는 순간을 맞이하고 있었다. 이제 그는 새로운 언약의 시대가 도래한 바로 그 시간, 그래서 새 하늘과 새 땅의 위대한 구속사가 열리는 바로 그 시간, 십자가에서 대속의 죽음으로 하나님의 구속 사역을 완성하신 예수 그리스도와 함께 최초로 낙원으로 들어가는 죄인으로 하나님께 선택받고 그 자리에 있었던 것이다.

그는 이 땅에서의 잠시 잠깐의 썩어질 목숨의 연명을 위해, 이 세상의 관리나 제사장이나 가장 막강한 권력을 가졌던 자칭 '신의 아들'이라는 로마의 가이사 황제에게 호소한 것이 아니다. 그는 그 시간 세상 모든 사람에게 조롱과 비난을 받는, 그래서 아무런 힘이 없어 그 누구에게도 어떤 도움도 줄 수 없을 것 같은 처참한 모습으로 십자가에 달린 예수님에게 영원한 생명의 삶을 호소했다. 이 얼마나 위대한 믿음의 확신이며, 위대한 믿음의 소망이며, 위대한 믿음의 기도인가?

오늘 우리는 너무나 전능하시고, 그래서 능치 못함이 없으신 힘 있는 하나님을 '주(主)'로 믿고 신앙한다. 그래서 이 세상에서 내가 당면하게 되는 모든 문제를 해결해 주시고, 나의 앞길을 가로막는 가난과 실패와 저주를 소멸하시고, 나의 앞길을 당신의 능력으로 형통하게 해 주시는 하나님을 새벽 시간에도 눈 비비며 부르고, 철야 시간에도 목 놓아 부르고, 그래도 성이 차지 않아 온갖 '문제해결집회'에 참석해서 목이 터지도록 능력 많으신 하나님의 이름을 부른다. 그러나 이 강도가 부른 하나님의 이름은 문제 해결자 하나님이 아니라 우리에게 구원을 주시는 하나님이었다.

바로 그 순간 예수님은 모든 사람에게 버림을 당하고, 심지어는 3

년간 동고동락했던 제자들로부터도 버림당한 채 무력하게 죽어가고 있었다. 누가 보아도 하나님 아들의 모습, 그리고 만세 전부터 영원히 계셨던 하나님의 모습은 그 어디에서도 찾아볼 수가 없었다. 그러므로 무력하게 피 흘리며 죽어가고 있는 예수님이 그 강도를 위해 할 수 있는 것은 아무것도 없는 것처럼 보였다. 그런데도 그 강도는 예수님을 '왕'으로, 그리고 '주'라고 불렀다. 바로 여기에 그 강도의 위대한 믿음이 있다.

오늘 우리는 어렵고 힘들 때마다 가장 힘 있고 능력 많으신 하나님을 찾고 부르지만, 그 강도는 그 순간 세상에서 가장 힘없이 무력하게 피 흘리며 죽어가는 예수님을 찾고 부르며, '왕'으로 '주'로 고백한 것이다. 오늘 우리가 예수 그리스도를 우리가 당면한 인생 문제의 해결자로 믿고 찾고 구할 때, 그 강도는 오로지 영생을 소유하기 위해 저주받은 십자가에서 피 흘리며 죽어가는 예수님을 '주'라고 불렀다. 바로 이것이 그 시대, 그 시간, 그가 가진 독보적인 믿음이었다. 그러므로 그는 충분히 구원받을 만한 믿음의 사람이었다.

베드로는 그물이 찢어질 정도로 고기를 잡게 하시는 능력 많으신 예수님을 보고 '주'로 불렀다. 의심 많았던 도마는 죽음을 정복한 구멍 뚫린 예수님의 허리에 손을 넣어보고 예수님을 '주'라고 불렀다. 바울은 다메섹 도상에서 주님의 눈부신 영광의 광채가 그를 쳐서 쓰러뜨렸을 때 예수님을 '주'라고 불렀다. 그러나 그 강도는 자기보다 조금도 잘나 보이지 않는 예수님, 그저 자기처럼 십자가에서 맥없이 피 흘리며 죽어가고 있는 예수님을 '주'라고 불렀다. 바로 여기에 강도가 가진 믿음의 탁월함이 있다.

예수님의 머리 위에는 '유대인의 왕 예수'라는 죄패가 붙어 있었다. 그러나 이것은 군중들이 예수를 조롱하기 위한 것이었고, 단지 그날의 농담에 불과했다. 그러나 그 강도에게는 그것이 농담이 아니라 진리였다. 그는 예수가 유대인의 왕이라는 사실을 믿었다. 그래서 그는 "당신의 나라에 들어갈 때"라고 말했다. '만일 들어간다면'이 아니라 '들어갈 때'라고 했다. 이 얼마나 위대한 믿음의 고백인가. 이때 주님께서는 그 믿음의 고백에 대해 "오늘 네가 나와 함께 낙원에 있으리라."는 영광스러운 약속을 주셨다.

낙원이야말로 우리가 죽을 때 우리 영혼이 예수님과 함께 있기 위해 가는 본향이다. 이 낙원에서 우리는 영광스러운 부활의 때를 기다린다. 부활의 그날에 우리는 썩지 않고 죽지 않는 신령한 몸을 입고 주님과 함께 이 땅에 나타나게 될 것이다(고전 15:51~52; 골 3:4).

그 강도는 결코 큰 것을 요구하지 않았다. 그저 단순하게 자기를 기억해 달라고 예수께 간청했을 뿐이다. 바로 그 순간 심령이 가난한 자에게 천국이 임했다. 오늘 우리는 먹을 것과 입을 것이 있음에도 족한 줄을 모르고 더 큰 부와 더 큰 자리와 더 큰 영향력을 예수님께 기도하고 구한다. 그러나 그 강도는 예수 그리스도가 전능하시며 힘 있는 하나님의 아들이심을 그 시간 누구보다도 알았다. 그런데도 그는 예수께 이 땅에서 더 건강하게 오래 살게 해 달라고 기도하거나 십자가에서 탈출시켜 인생 역전의 기회를 달라고 기도하지 않았다. 단지 그는 예수께서 흉악한 죄인인 자신을 이 세상에 속하지 않은 하나님의 나라로 데려가 주기를 간청했다.

오늘 우리는 예수님이 단순히 인간이 아니라 능력 많으신 하나님이시라는 것을 알고 있다. 그런데도 우리는 영생을 얻기 위해 예수님을 '주'라고 부르는 것이 아니라 당면한 인생 문제를 해결 받기 위해 예수님을 '주님'이라고 목 놓아 부른다. 혹자는 자신이 이 땅에서 취득한 부와 성공을 자랑하며 능력 많으신 하나님을 간증하러 다닌다. 그러나 이 세상에서 가진 것 없이 볼품없는 삶을 살다 자신의 죄로 죽어가던 그 강도는 그 시간 가장 비참하게 죄인들과 함께 죽어가는 보잘것없는 예수님을 '만 왕의 왕', '생명의 구주', 그래서 죄인을 구원하시는 하나님으로 부르고 있다. 그러므로 그의 믿음의 고백은 위대하다. 그가 가진 믿음은 오늘 우리가 가졌다고 안심하고 장담하는 긍정의 믿음과는 차원이 다른 믿음이었다.

저주에서 축복으로 가는 세대

창세 전 그리스도 예수 안에서 인간을 구원하시려는 하나님
구원 작정은, 당신의 택한 백성을 당신 앞에 거룩하고 흠이 없는 존재
로 만드시려는 하나님의 구원 작정은, 아담과 하와의 타락 직후 당신
의 엄위하신 공의에 기초한 구원 섭리의 역사로 나타났다. 하나님의
구원 섭리의 원천은 하나님의 공의와 사랑이다. 하나님의 공의에 의
해 범죄한 아담과 하와, 그리고 뱀에게 저주의 심판이 선고되었다. 뱀
은 육축과 들의 모든 짐승보다 더욱 저주를 받아 배로 다니고 종신토
록 흙을 먹게 되었다(창 3:14). 여자는 잉태하는 고통과 해산의 수고
를 경험하게 되고 일평생 남편의 다스림을 받아야 했다(창 3:16). 남
자는 가시덤불과 엉겅퀴를 내는 저주받은 땅에서 종신토록 얼굴에
땀을 흘리는 수고를 해야만 그 소산을 먹을 수 있게 되었다. 그리고
그 수고와 슬픔의 나날을 보낸 후, 종국에는 흙으로 돌아가야만 했다
(창 3:17~19).

이제 하나님의 심판으로 남자는 죽음에 이르도록 힘써 일해야 하
는 저주 아래 있게 되었다. 에덴동산에서 지키고 다스리는 '일'은 행
복이었지만, 타락 후의 '일'은 힘들고 죽음을 가져오는 노동이 되었

다. 에덴동산에서 과실을 쉽게 얻을 수 있었던 땅과는 대조되는 가시와 엉겅퀴가 올라오는 땅에서 사람의 노동은 일용할 양식을 위한 생존의 투쟁이 되었다. 이제 슬픔과 곤고함이 인생에 찾아왔고, 다스리고 지키던 사명은 단지 의미 없는 절망의 노동이 되었다. 인생 연수의 자랑은 수고와 슬픔이 되었으며 신속히 날아가는 허무함이 되었다. 그러므로 하나님께서 작정하신 구속의 섭리는 남자에게 내려졌던 저주가 제거되고 회복되는 약속이 내재되어 있다. "그들이 다시는 주리지도 아니하며 목마르지도 아니하고 해나 아무 뜨거운 기운에 상하지도 아니하리니"(계 7:16). "모든 눈물을 그 눈에서 닦아 주시니 다시는 사망이 없고 애통하는 것이나 곡하는 것이나 아픈 것이 다시 있지 아니하리니 처음 것들이 다 지나갔음이러라"(계 21:4).

남자에게 내려졌던 저주가 예수 그리스도 안에서 완전히 제거되는 날, 우리는 죄와 사망에서 영원히 해방되어 하나님께서 예비하신 구속의 완성, 곧 영생의 영광에 이르게 된다. 하나님의 '심판의 공의' 한 가운데는 항상 신실하신 당신의 '영원한 사랑의 은혜'가 있다. 그래서 죄가 더한 곳에 은혜가 더욱 넘치게 되는 것이다(롬 5:20). 약속에 신실하신 하나님의 은혜는 해와 달의 약정이 변하지 않는 한, 영원히 죄인을 향해 치유의 광선을 발한다.

하나님의 영원한 사랑의 은혜, 즉 구속(救贖)은 타락한 인간을 찾으시고 물으시는 시간부터 나타났다. "아담아, 네가 어디 있느냐?"(창 3:9)라는 하나님의 부르심에 대한 인간의 반응은 수치와 두려움이었다. 그래서 아담과 하와는 하나님의 낯을 피해 동산 나무 뒤에 숨었다(창 3:8). 이처럼 죄는 하나님과 우리 사이를 갈라놓는다. "모든 사람이 죄를 범하였으매 하나님의 영광에 이르지 못하더니"(롬 3:23). 그러나 예수 그리스도 안에서 우리는 하나님의 은혜로 값없이 의롭다 하심을 얻고(롬 3:24) 율법의 저주와 정죄에서 해방되어 자유롭게 하는 영이신 성령 안에서 하나님의 영광의 존전에 이른다. "우리가 이 같은 소망이 있으므로 담대히 말하노니 우리는 모세가 이스라엘 자손들에게 장차 없어질 것의 결국을 주목하지 못하게 하려고 수건을 그 얼굴에 쓴 것 같이 아니하노라 그러나 그들의 마음이 완고하여 오늘까지도 구약을 읽을 때에 그 수건이 벗겨지지 아니하고 있으니 그 수건은 그리스도 안에서 없어질 것이라 오늘까지 모세의 글을 읽을 때에 수건이 그 마음을 덮었도다 그러나 언제든지 주께로 돌아가면 그 수건이 벗겨지리라 주는 영이시니 주의 영이 계신 곳에는 자유가 있느니라 우리가 다 수건을 벗은 얼굴로 거울을 보는 것 같이 주의 영광을 보매 그와 같은 형상으로 변화하여 영광에서 영광에 이르니 곧 주의 영으로 말미암음이니라"(고후 3:12~18).

하나님의 공의에 입각한 저주의 심판이 선고되는 가운데서 여자의 후손을 통한 구원의 약속이 주어졌다. "내가 너로 여자와 원수가 되게 하고 네 후손도 여자의 후손과 원수가 되게 하리니 여자의 후손은 네 머리를 상하게 할 것이요 너는 그의 발꿈치를 상하게 할 것이니라 하시고"(창 3:15). 여기서 우리는 영원한 복음의 주제를 목도하게 된다. 바로 그것은 심판으로부터의 구원이다. 죄가 사망 안에서 왕 노릇 하였음과 같이 그 심판 가운데서 예수 그리스도로 말미암아 죄인에게 의와 생명 안에서 왕 노릇 하는 축복이 주어진다. "이는 죄가 사망 안에서 왕 노릇 한 것 같이 은혜도 또한 의로 말미암아 왕 노룻 하여 우리 주 예수 그리스도로 말미암아 영생에 이르게 하려 함이라"(롬 5:21).

하나님께서는 예레미야 선지자를 통해 죄를 범한 하나님의 백성에게 심판을 경고하게 하시면서 또한 회복과 구원을 약속하셨다. "보라 내가 오늘 너를 여러 나라와 여러 왕국 위에 세워 네가 그것들을 뽑고 파괴하며 파멸하고 넘어뜨리며 건설하고 심게 하였느니라 하시니라"(렘 1:10). 이처럼 먼저, 뽑고 파괴하고 파멸하고 넘어뜨리는 하나님의 공의의 심판이 선행된 후, 구원과 회복의 축복인, 건설하며 심는 하나님의 은혜가 나타난다.

오늘 우리 교회 세대는 어두워 가는 이 하늘과 이 땅 너머에서 다가오는 새 하늘과 새 땅 가운데 나타날 거룩한 성 새 예루살렘의 시대를 바라보고 있다. 그곳에서 우리의 눈물이 씻겨지고 우리의 아픈 것이 치유되며 다시는 사망과 애통과 곡하는 것이 없는 위대한 광영의 세계가 우리 앞에 나타남을 보게 될 것이다. 그 새 하늘과 새 땅 가운데 나타날 거룩한 성 새 예루살렘의 복락 안에서 하나님은 우리의 영원한 장막이 되실 것이다. "또 내가 새 하늘과 새 땅을 보니 처음 하늘과 처음 땅이 없어졌고 바다도 다시 있지 않더라 또 내가 보매 거룩한 성 새 예루살렘이 하나님께로부터 하늘에서 내려오니 그 준비한 것이 신부가 남편을 위하여 단장한 것 같더라 내가 들으니 보좌에서 큰 음성이 나서 이르되 보라 하나님의 장막이 사람들과 함께 있으매 하나님이 그들과 함께 계시리니 그들은 하나님의 백성이 되고 하나님은 친히 그들과 함께 계셔서 모든 눈물을 그 눈에서 닦아 주시니 다시는 사망이 없고 애통하는 것이나 곡하는 것이나 아픈 것이 다시 있지 아니하리니 처음 것들이 다 지나갔음이러라 보좌에 앉으신 이가 이르시되 보라 내가 만물을 새롭게 하노라 하시고 또 이르시되 이 말은 신실하고 참되니 기록하라 하시고"(계 21:1~5).

이 영광의 새 하늘과 새 땅이 도래하기 전, 보이는 이 하늘과 땅에 대한 하나님의 심판이 선행된다. 그래서 그날에 해와 달과 별이 빛을 잃고 이 하늘은 두루마리가 말림과 같이 떠날 것이다. "내가 보니 여섯째 인을 떼실 때에 큰 지진이 나며 해가 검은 털로 짠 상복같이 검어지고 달은 온통 피같이 되며 하늘의 별들이 무화과나무가 대풍에 흔들려 설익은 열매가 떨어지는 것 같이 땅에 떨어지며 하늘은 두루마리가 말리는 것 같이 떠나가고 각 산과 섬이 제 자리에서 옮겨지매"(계 6:12~14).

그 옛날 범죄한 이스라엘을 향해 하나님의 심판을 경고했던 이사야 선지자는 또한 그 심판 후에 다가오는 하나님으로 말미암을 위대한 새 하늘과 새 땅의 시대를 전망했다. "보라 내가 새 하늘과 새 땅을 창조하나니 이전 것은 기억되거나 마음에 생각나지 아니할 것이라 너희는 내가 창조하는 것으로 말미암아 영원히 기뻐하며 즐거워할지니라 보라 내가 예루살렘을 즐거운 성으로 창조하며 그 백성을 기쁨으로 삼고 내가 예루살렘을 즐거워하며 나의 백성을 기뻐하리니 우는 소리와 부르짖는 소리가 그 가운데에서 다시는 들리지 아니할 것이며 거기는 날 수가 많지 못하여 죽는 어린이와 수한이 차지 못한 노인이 다시는 없을 것이라 곧 백 세에 죽는 자를 젊은이라 하겠고 백세가 못 되어 죽는 자는 저주받은 자이리라"(사 65:17~20).

신약 교회 세대는 구약의 하늘과 땅이 심판받은 후에 예수 그리스도에 의해 창조된 새 하늘과 새 땅 가운데 나타난 거룩한 성 예루살렘이다. 이 신약의 새 하늘과 새 땅 아래에서 교회는 참감람나무인 구약 이스라엘이 하나님의 심판으로 꺾인 자리에 접붙임된 돌감람나무 가지가 되었다. "또한 가지 얼마가 꺾이었는데 돌감람나무인 네가 그들 중에 접붙임이 되어 참감람나무 뿌리의 진액을 함께 받는 자가 되었은즉"(롬 11:17). 그러므로 오늘 우리 교회 세대가 바라보는 다가오는 새 하늘과 새 땅의 시대(계 21:1~5)가 도래하기 전, 선행될 하나님의 심판은 누구를 향한 심판이겠는가? 그것은 당연히 접붙임된 돌가람나무 가지인 이방인 교회 세대에 대한 심판이 될 것이다. "하나님이 원 가지들도 아끼지 아니하셨은즉 너도 아끼지 아니하시리라"(롬 11:21).

죄와 타락과 반역을 향한 하나님 심판의 공의는 그 어떤 경우에도 멈추지 않는다. 그러므로 교회 세대는 두렵고 떨림으로 구원을 이루어가야 한다. "그러므로 나의 사랑하는 자들아 너희가 나 있을 때뿐 아니라 더욱 지금 나 없을 때에도 항상 복종하여 두렵고 떨림으로 너희 구원을 이루라"(빌 2:12).

구속의 역사에서 어느 한 세대는 반드시 하나님께서 약속하신 모든 축복을, 어느 한 세대는 반드시 하나님께서 경고하신 모든 저주를 온몸으로 체험해야 했다. 야곱의 일족이 기근의 고통을 피해 애굽으로 이주한 지 430년, 그 인고의 시간이 무르익었을 때, 그 마지막 세대는 하나님의 기적적인 도우심으로 출애굽이라는 위대한 구원의 역사를 체험했다. 인류 역사에서 어느 세대가 그와 같은 영광과 기적을 경험했겠는가? 출애굽의 구원을 경험한 광야1세대는 하나님께서 그들을 위해서 베푸신 구원의 역사를 온몸으로 경험했다. 그러나 그들은 이러한 축복을 경험하고도 광야 노정에서 열 번에 걸쳐 하나님을 거역했다. 그 사건으로 그들은 그토록 소망했던 가나안 땅을 밟지 못하고 모래바람 속에 그들의 뼈를 묻어야 했다. 하나님의 말씀에 불순종했던 출애굽 광야1세대는 여호수아와 갈렙을 제외한 모두가 가나안을 향한 그들의 꿈을 광야에 묻어야 했다. 거기에는 어떤 예외도, 그리고 하나님으로부터의 어떤 동정도 용서도 없었다.

하지만 광야2세대는 모두 다 요단강을 신 신고 건넌 후, 약속의 땅으로 진격해 하나님께서 명령하신 거룩한 전쟁, 즉 죄악이 가득 찬 아모리 족속을 가나안 땅에서 멸절하기 위한 성전(聖戰)에 그들의 일생을 헌신할 수 있었다. 그들은 요단강이 멈추어 서는 것을, 철옹의 도성 여리고 성이 무너지는 것을, 그리고 해와 달이 멈추어서는 놀라운 광경을 그들의 두 눈으로 목도했다. 이런 기적의 시간, 이런 감격의 시간, 이런 승리의 시간, 이런 영광의 시간을 인류의 그 어느 세대가 누려 보았던가? 430년 동안 단 한 평의 땅도 소유해 보지 못했던 노예 민족이 하나님께서 약속하신 기업의 땅 가나안의 주인이 되는 이 놀라운 축복을 어느 세대 어느 민족이 누려 보았던가?

광야2세대는 하나님의 뜻을 따라 가나안 족속들과 피 흘리기까지 싸우는 전쟁을 통해 약속된 모든 복을 누리고 소유했다. 그들은 온몸으로 출애굽 광야1세대가 당한 멸망의 비극을 딛고서 하나님의 신실하신 모든 은혜를 소유하는 축복의 세대가 되었다. 그러나 시간이 흐르자 그 위대한 감격과 영광의 순간이 잊히기 시작했다. 가나안 땅에 정착하게 된 이스라엘 백성은 점차 생명의 하나님을 버리고 그들의 소욕을 따라 배도의 길을 걸어갔다.

일찍이 하나님의 종 모세는 요단 들녘을 바라보며 이스라엘의 영원한 후세대를 향해 영원히 사시는 하나님의 이름으로 생명과 사망의 길, 축복과 저주의 길을 선포했다. 그래서 이스라엘의 후세대가 기쁘고 즐거운 마음으로 그들의 하나님 여호와를 섬기지 않기 때문에(신 28:47), 하나님께서 그들에게 명하신 모든 명령과 규례를 지켜 행하지 않기 때문에(신 28:58) 그들의 성읍을 에워싼 대적에 의해 멸절되고(신 28:48~57) 필경 가나안 땅에서 뽑혀 세계 각지로 흩어져 비참하게 유리하게 될 것을 경고했다(신 28:59~68).

이후 하나님에게서 보냄을 받은 모든 선지자는 선민특권 의식에 젖어 있는 패역한 이스라엘을 향해 모압 평지에서 모세 선지자가 경고했던 예언을 증언하고 또 증언했다. 그들이 증언했던 경고의 심판 예언은 바로 이스라엘의 신실한 모든 신앙인이 부르기를 잊지 말아야 할 영원한 증거의 노래였다. "여호와께서 모세에게 이르시되 네가 죽을 기한이 가까웠으니 여호수아를 불러서 함께 회막으로 나아오라 내가 그에게 명령을 내리리라 모세와 여호수아가 나아가서 회막에 서니 여호와께서 구름 기둥 가운데에서 장막에 나타나시고 구름 기둥은 장막 문 위에 머물러 있더라 또 여호와께서 모세에게 이르시되 너는 네 조상과 함께 누우려니와 이 백성은 그 땅으로 들어가 음란히 그 땅의 이방 신들을 따르며 일어날 것이요 나를 버리고 내가 그들과 맺은 언약을 어길 것이라 내가 그들에게 진노하여 그들을 버리며 내 얼굴을 숨겨 그들에게 보이지 않게 할 것인즉 그들이 삼킴을 당하여 허다한 재앙과 환난이 그들에게 임할 그때에 그들이 말하기를 이 재앙이 우리에게 내림은 우리 하나님이 우리 가운데에 계시지 않은 까닭이 아니냐 할 것이라 또 그들이 돌이켜 다른 신들을 따르는 모든 악행으로 말미암아 내가 그때에 반드시 내 얼굴을 숨기리라 그러므로 이제 너희는 이 노래를 써서 이스라엘 자손들에게 가르쳐 그들의 입으로 부르게 하여 이 노래로 나를 위하여 이스라엘 자손들에게 증거가 되게 하라 내가 그들의 조상들에게 맹세한바 젖과 꿀이 흐르는 땅으로 그들을 인도하여 들인 후에 그들이 먹어 배부르고 살찌면 돌이켜 다른 신들을 섬기며 나를 멸시하여 내 언약을 어기리니 그들이 수많은 재앙과 환난을 당할 때에 그들의 자손이 부르기를 잊지 아니한 이 노래가 그들 앞에 증인처럼 되리라 나는 내가 맹세한 땅으로 그들을 인도하여 들이기 전 오늘 나는 그들이 생각하는 바를 아노라 그러므로 모세가 그날 이 노래를 써서 이스라엘 자손들에게 가르쳤더라"(신 31:14~22).

이 예언의 길을 따라 바벨론에 의해 남유다가 멸절의 심판 앞에 직면했을 때, 최후의 두 선지자인 예레미야와 에스겔이 시드기야 왕에게 그가 당할 두 가지 비극적 말로를 경고하기에 이른다. "여호와의 말씀에 보라 내가 이 성을 바벨론 왕의 손에 넘기니 그가 차지할 것이며 유다 왕 시드기야는 갈대아인의 손에서 벗어나지 못하고 반드시 바벨론 왕의 손에 넘겨진 바 되리니 입이 입을 대하여 말하고 눈이 서로 볼 것이며 그가 시드기야를 바벨론으로 끌어가리니 시드기야는 내가 돌볼 때까지 거기에 있으리라 여호와께서 이와 같이 말씀하시니라 너희가 갈대아인과 싸울지라도 승리하지 못하리라"(렘 32:3~4). "내가 또 내 그물을 그의 위에 치고 내 올무에 걸리게 하여 그를 끌고 갈대아 땅 바벨론에 이르리니 그가 거기에서 죽으려니와 그 땅을 보지 못하리라"(겔 12:13).

모세 선지자 이후 하나님으로부터 보냄을 받은 모든 선지자가 경고한 예언대로 이스라엘이 하나님의 심판으로 멸절되는(왕하 25:1~30; 대하 36:13~21; 렘 52:3하~27) 운명의 바로 '그 날'과 '그 시'인 '시드기야 9년 10월 10일', 바벨론 왕 느부갓네살이 그의 군대와 함께 예루살렘을 치러 왔다. '시드기야 11년 4월 9일'에 성 중에 기근이 심했고, 성벽이 뚫렸고, 시드기야 왕은 잡혀서 그의 아들이 죽는 것을 목격하게 되었고, 자신의 두 눈이 뽑힌 채 사슬로 결박당해 바벨론으로 끌려갔기 때문에 그 땅을 볼 수 없었다. 결국, 예레미야와 에스겔의 심판 경고대로 이루어진 것이다. 그날에 어린아이들은 모든 길거리에서 굶주렸고, 진수성찬을 먹던 사람들은 거름더미에 누웠으며, 여인들은 자기의 자녀들을 잡아먹었다. '바벨론 왕 느부갓네살 19년 5월 7일'에 성전은 불탔고 성벽은 흘렸으며 백성은 포로로 잡혀갔고 비천한 백성만 남게 되었다. 그들은 약속의 땅 가나안에서 뽑히고 말았다.

모세 선지자의 경고 예언이 있은 지 1천여 년의 시간이 흐른 후, 바로 '그 날' '그 시'의 마지막 세대는 예외 없이 하나님께서 당신의 택한 백성 이스라엘에게 집행하시는 모든 심판의 저주를 온몸으로 뼈저리게 경험했다. 선민특권 의식에 젖어 있던 남유다 백성이 어떻게 그 년, 월, 일, 시의 참혹한 심판을 상상이나 할 수 있었겠으며, 믿을 수가 있었겠는가? 그러나 그들이 믿든 믿지 않든 그 심판의 날은 그들의 눈앞에 이르고야 말았다.

세월은 다시 6백여 년이 흘러 이스라엘이 그토록 기대하고 소망했던 메시아가 이 땅에 오셨다. 아버지 품속의 독생하신 하나님이 육신의 장막을 입으셨고, 태초의 말씀이신 영원하신 하나님이 역사의 시간 속으로 걸어오셨다. 그러나 그들은 메시아를 알아보지 못했고, 영접하지 않았으며 오히려 십자가에 못 박았다. 이와 같은 반대와 거절 속에서 오히려 하나님의 나라는 극한의 시련 속에서도 예루살렘과 온 유대와 사마리아와 땅끝까지 왕성하게 전진해 나갔으며 아무도 그 수를 셀 수 없을 만큼 큰 무리가 이 나라의 복된 영광에 참여했다. 그러나 이스라엘은 주후 70년 자신들이 그토록 신성시하며, 자존심의 위용이었던 성전이 로마의 디도(Titus Flavius Vespasianus) 장군에 의해 통곡의 벽만을 남겨 둔 채 돌 위에 돌 하나도 남지 않고 폐허가 되는 것을 지켜보아야 했다.

그날에 성전은 거름 무더기가 되고, 예루살렘 성읍은 불타고, 가나안 땅에 심겨 하나님의 아들들임을 자랑했던 이스라엘은 그 복된 약속의 땅에서 뽑혀 세계 각지로 흩어졌다. 이로써 구약 이스라엘은 두루마리가 말림같이 구속의 무대에서 철저히 사라졌다. 이처럼 영원하신 하나님이 이 땅에 임하시는 날, 이스라엘의 마지막 세대는 온몸으로 하나님의 저주 하나님의 심판을 경험해야 했다. 반면에 이스라엘의 남은 자와 외인으로 소망이 없는 자(엡 2:12)로 일컬어졌던 이방인들은 온몸으로 이 위대한 축복의 영광된 나라에 들어가는 감격적인 구원의 영광을 소유했다.

그날 이후 2천여 년의 시간이 천 년이 지나간 어제와 같이 흘러가고 이제 우리는 도둑같이 오시는 주님의 한 날, 여호와께서 아시는 그

한 날을 바라보고 있다. 그날에 주를 공양했다고 하소연하는 주님 좌편에 있는 염소의 무리는 자신들에게 내려질 심판의 저주를 온몸으로 감당하며 마귀와 그의 사자들을 위해 예비된 영영한 불못으로 들어가고 주님 오른편에 있는 양의 무리는 온몸으로 그들에게 베풀어질 영생의 축복을 소유하며 창세로부터 예비된 영원한 나라를 상속받게 될 것이다(마 25:31~46).

그날에 신실한 믿음의 사람들은 달이 무색해지고 해가 부끄러워하는 광명한 빛의 날을 소망하던 이사야 선지자의 위대한 열망(사 60:19)이 결실되는 것을 목도하게 될 것이다. 그리고 그들은 그 빛의 나라에서 세세토록 왕 노릇 하게 될 것이다. "다시 밤이 없겠고 등불과 햇빛이 쓸데없으니 이는 주 하나님이 그들에게 비치심이라 그들이 세세토록 왕 노릇 하리로다"(계 22:5).

하나님의 구속 계시, 구름과 빛
그리고 영세의 언약 무지개

인류의 역사에서 하나님의 진노와 전멸적 심판을 초래했던 죄악의 세대가 있었다. 그 세대를 판단하시며 하나님께서는 사람 지으셨음을 한탄하셨다. 그리고 하나님께서는, 지면에서 육축과 기는 것과 공중의 새까지 모두를 멸하시고 사람의 딸들, 그리고 노아의 여덟 식구를 제외한 이 땅의 모든 하나님의 아들들까지 진멸하시겠다고 하셨다. 그 결과 노아의 세대에서 그의 여덟 식구만이 보존되었고 그의 세 아들 셈과 함과 야벳을 통해 온 땅의 족속이 퍼져 나갔다. 그런데 하나님의 구속 사역은 셈의 계열만을 통해 이루어져 나갔다. 이제 셈의 계보를 통해서 하나님의 섭리의 계시, 구속의 계시가 하나님의 약속으로 진행되어 간다.

홍수 심판에서 구원받은 노아는 단을 쌓고 정결한 짐승 중에서와 모든 정결한 새 중에서 제물을 취해 하나님께 번제로 드렸다. 하나님께서는 노아의 제단을 돌아보시고 그 향기를 흠향하신 후, 사람의 마음이 계획하는 바가 어려서부터 악하므로 사람 때문에 다시는 땅을 저주하지 않으실 것을 계획하시고 땅이 있을 동안에는 심음과 거둠, 추위와 더위, 여름과 겨울, 낮과 밤이 쉬지 않을 것이라고 약속하셨다

(창 8:20~22). 비록 '땅이 있을 동안'(22절)이라는 한정된 조건이 있기는 했지만, 하나님께서는 장엄한 자연의 법칙이 계속될 것을 보증하셨다. 마음의 계획하는 바가 어려서부터 악한 사람 때문에 그때마다 심판을 집행하면 땅의 모든 생물이 더는 생존할 수 없기 때문이다.

'사람의 마음의 계획한 바가 어려서부터 악함'(21절)이라는 말씀이 한편으로는 심판이 불가피함을, 다른 한편으로는 동일한 심판의 반복이 없을 것임을 천명하는 이유가 되었다. 그렇다. 사람은 나면서부터 마음의 계획하는 바가 악하다. 그러므로 다윗은 "내가 죄악 중에서 출생하였음이여 어머니가 죄 중에서 나를 잉태하였나이다"(시 51:5)라고 고백했다. 이처럼 우리 속에는 죄악이 그토록 깊숙이 자리 잡고 있으므로 어떠한 심판으로도 그것을 치유할 수 없다. 심판으로는 우리의 죄악을 소멸시킬 수 없고 따라서 하나님과의 교제 회복도 불가능하다. 바로 이 자리에 하나님의 진노를 대신할 대속의 죽음이 하나님의 섭리와 경륜 안에서 예비되고 있다.

인간의 죄악 된 속성은 하나님의 심판을 피할 수 없다. 홍수 심판이 불가피했다. 그러나 이미 죄악의 법에 사로잡혀 있는 인간의 부패와 불경에 대한 하나님의 즉각적인 심판이 반복되면, 대재난으로 인해 인해 역사의 정상적인 전개가 불가능하게 된다. 그렇게 되면 하나님의 원대하신 작정인 만물의 회복과 만유 안에 드시고자 하는 하나님의 열망이 결실을 거둘 수 없게 된다.

하나님께서는 인간이 범죄할 때마다 심판을 통해 세상을 파괴하시고자 '보시기에 좋았던 세상'을 만드신 것이 아니다. 그러므로 하나님의 구속의 결정은 회복에 있다. 이제 범죄한 인간을 향한 하나님의 구속은 다른 수단에 의지할 수밖에 없었다. 그래서 갈대아 우르에서 믿음의 사람 아브람을 부르시고 그의 후손을 통해 천하 만민에게 지복으로 가는 길을 예비하셨던 것이다.

하나님의 구속 역사는 만물이 회복되고, 하나님께서 만유 안에 드시는 날(고전 15:28), 피조물의 고대하는바 하나님의 아들들이 이 땅에 나타나는 날(롬 8:19), 그래서 피조물도 썩어짐의 종노릇하는 데서 해방되어 하나님의 자녀가 누릴 영광된 자유에 이르는 날(롬 8:21)에 그 성취의 절정에 이른다. 이 회복의 날을 위해 하나님께서는 지금도 역사의 배후에서 일하고 계신다. "나는 시온의 의가 빛같이, 예루살렘의 구원이 횃불같이 나타나도록 시온을 위하여 잠잠하지 아니하며 예루살렘을 위하여 쉬지 아니할 것인즉"(사 62:1).

성경은 하나님의 영광을 대면하고 살 자가 없다고 했다. 그러므로 우리의 전적인 타락과 불순종은, 어려서부터 악한 우리의 계획들은 하나님의 즉각적인 심판을 초래할 수밖에 없고 멸절의 운명을 피할 수 없다. 그러므로 하나님의 영광을 대면하고도 우리를 살게 하기 위해서는 하나님의 절대적 구속 의지의 실현이 필요하다.

하나님의 구속 의지는 바로 하나님 당신의 의로써만 이루어진다. 따라서 계시의 최종적인 지향점은 예수 그리스도께서 이 땅에 오셔서 대속의 죽으심으로 우리 죄를 없이 하시는 것이다. "율법의 행위로 그의 앞에 의롭다 하심을 얻을 육체가 없나니 율법으로는 죄를 깨달음이니라 이제는 율법 외에 하나님의 한 의가 나타났으니 율법과 선지자들에게 증거를 받은 것이라 곧 예수 그리스도를 믿음으로 말미암아 모든 믿는 자에게 미치는 하나님의 의니 차별이 없느니라"(롬

3:20~22).

　선지자들의 모든 예언의 말씀들이 예수 그리스도 한 분을 증언해 왔고 예수 그리스도 한 분에 의해 성취되었다. 이제 우리는 태초에 하나님과 함께 계셨던 그 말씀이 육신이 되어 우리 가운데 거하시는 하나님의 영광을 보게 되었다. "옛적에 선지자들을 통하여 여러 부분과 여러 모양으로 우리 조상들에게 말씀하신 하나님이 이 모든 날 마지막에는 아들을 통하여 우리에게 말씀하셨으니 이 아들을 만유의 상속자로 세우시고 또 그로 말미암아 모든 세계를 지으셨느니라 이는 하나님의 영광의 광채시요 그 본체의 형상이시라 그의 능력의 말씀으로 만물을 붙드시며 죄를 정결하게 하는 일을 하시고 높은 곳에 계신 지극히 크신 이의 우편에 앉으셨느니라"(히 1:1~3). "말씀이 육신이 되어 우리 가운데 거하시매 우리가 그의 영광을 보니 아버지의 독생자의 영광이요 은혜와 진리가 충만하더라"(요 1:14).

　물로써 한 세대를 멸하셨던 하나님께서는 다시는 그 물로 모든 생물을 멸하지 않으시겠다는 약속의 보증으로, 언약의 증거로 무지개를 나타내셨다. "내가 너희와 언약을 세우리니 다시는 모든 생물을 홍수로 멸하지 아니할 것이라 땅을 멸할 홍수가 다시 있지 아니하리라 하나님이 이르시되 내가 나와 너희와 및 너희와 함께하는 모든 생물 사이에 대대로 영원히 세우는 언약의 증거는 이것이니라 내가 내 무지개를 구름 속에 두었나니 이것이 나와 세상 사이의 언약의 증거니라"(창 9:11~12). 사람이 하나님의 약속을 상기하는 것이 아니라 하나님 당신이 우리 인간에게 하신 당신의 언약을 마치 잊어버리기라도 하실까 봐, 그리고 그 잊어버림을 두려워하기라도 하시듯이, 그

무지개로 당신의 맹세를 기억하시겠다는 것이다. 창조주 하나님께서 미물에 불과한 피조물을 배려하시는 이 얼마나 황홀한 은혜인가?

　다시는 물로 인간을 멸하지 않으시겠다는 하나님의 무지개 언약은 인간의 행위나 요구에 의한 것이 아니라 하나님의 전적인 은혜로 비롯되었다. 마찬가지로 죄인을 의롭다고 하시는 하나님의 구속의 복은 오로지 당신의 값없는 은혜로 주어진 것이지 인간의 행위로 말미암는 것이 아니다. "모든 사람이 죄를 범하였으매 하나님의 영광에 이르지 못하더니 그리스도 예수 안에 있는 속량으로 말미암아 하나님의 은혜로 값없이 의롭다 하심을 얻은 자 되었느니라"(롬 3:23~24).

　무지개는 지상의 파괴를 몰고 온 구름을 배경으로 나타난다. 그리고 구름은 홍수를 몰고 온 흑암의 어둠이다. 그러나 그 구름 위에 하나님의 은총을 나타내는 태양 빛에 의해 무지개는 나타난다. 이처럼 구속의 역사는 먼저 흑암의 역사가 있고 난 다음에 하나님의 빛이 있고 비로소 언약의 무지개가 우리 앞에 서게 된다. 그러므로 종말에도 '여섯째 인'의 재앙에서 해와 달과 별들이 어두워진다는 것(계 6:12)은 빛의 하나님께서 이 땅에 오심을 알리는, 그래서 영세의 언약이 영원히 서게 되는 날이 가까워져 옴을 의미한다.

　여호와 하나님은 의로운 해와도 같은 존재이시다. "여호와 하나님은 해요 방패이시라 여호와께서 은혜와 영화를 주시며 정직하게 행하는 자에게 좋은 것을 아끼지 아니하실 것임이니이다"(시 84:11). "내 이름을 경외하는 너희에게는 공의로운 해가 떠올라서 치료하는 광선을 비추리니 너희가 나가서 외양간에서 나온 송아지같이 뛰리라"(말 4:2). 그런데 이사야 30:26에서는 그 빛의 하나님께서 종국에 태양 빛이 필요 없는, 태양 빛보다 더 큰 빛의 은혜로 구속 역사를 이루실 것을 계시한다. "여호와께서 자기 백성의 상처를 싸매시며 그들의 맞은 자리를 고치시는 날에는 달빛은 햇빛 같겠고 햇빛은 일곱 배가 되어 일곱 날의 빛과 같으리라." 이처럼 하나님께서는 계속해서 '빛! 빛! 빛!'으로 당신의 구속 사역을 계시하신다.

하나님께서는 종국에 세상의 빛이나 햇빛이나 달빛조차도 필요가 없는, 그래서 자신의 영광의 광채로 완성된 당신의 나라를 비추실 것이다. 하나님께서 약속하신 '이스라엘 백성의 고통을 위로하고 치료하시는 날'은 더 큰 광명의 세계, 곧 하나님께서 영원한 빛이 되시는 위대한 세계이다. "다시는 낮에 해가 네 빛이 되지 아니하며 달도 네게 빛을 비추지 않을 것이요 오직 여호와가 네게 영원한 빛이 되며 네 하나님이 네 영광이 되리니 다시는 네 해가 지지 아니하며 네 달이 물러가지 아니할 것은 여호와가 네 영원한 빛이 되고 네 슬픔의 날이 끝날 것임이라"(사 60:19~20). "성 안에서 내가 성전을 보지 못하였으니 이는 주 하나님 곧 전능하신 이와 및 어린 양이 그 성전이심이라 그 성은 해나 달의 비침이 쓸데없으니 이는 하나님의 영광이 비치고 어린 양이 그 등불이 되심이라 만국이 그 빛 가운데로 다니고 땅의 왕들이 자기 영광을 가지고 그리로 들어가리라"(계 21:22~24).

여호와 하나님께서 창초의 에덴에서 범죄한 아담과 하와에게 짐승의 가죽옷을 지어 입히셨던 때로부터 이 땅에 구속의 주로 오실 것이 계시되었던 예수 그리스도께서는 구약 최후의 순간에 독생자의 영광으로 인류의 역사에 구속의 빛을 비추셨다. 이제 예수 그리스도께서는 '심판의 재림 주'로서 이 땅에 다시 오셔서 하나님에 대한 이 세상의 모든 불경을 멸하시고 약속의 택한 자들을 구속하심으로 당신의 보좌를 우리 가운데 좌정하실 것이다. 그래서 만유의 하나님이 만유 안에 드시는 그날에 우리는 얼굴과 얼굴을 대면해서 주께서 나를 아심같이 온전히 주를 알게 될 것이다. "우리가 지금은 거울로 보는 것 같이 희미하나 그때에는 얼굴과 얼굴을 대하여 볼 것이요 지금은 내가 부분적으로 아나 그때에는 주께서 나를 아신 것 같이 내가 온전히 알리라"(고전 13:12).

신구약 66권의 모든 말씀은 '빛의 영광이신 예수 그리스도께서 이 땅에 오심'에 모든 예언이 집약되고 모든 소망이 집약되어 있다. 그러므로 예수 그리스도께서 이 땅에 다시 오심이야말로 구속 계시의 최후의 절정이 된다. 신구약 66권의 모든 말씀은 예수 그리스도의 이 땅에 오심에 대한 기대와 소망으로 충만해 있다. 따라서 우리가 영광의 말씀을 대면하면서 예수 그리스도의 다시 오심에 대한 벅찬 감동이 없다면, 그래서 "아멘! 주 예수여 오시옵소서!"라고 간절히 열망하지 못한다면, 지금 우리는 하나님의 말씀을 내 방식대로 내 뜻대로 내 기분대로 내 유익대로 내 목적대로 읽고 해석하는 것이다.

등과 기름을 예비한 슬기로운 다섯 처녀는 신랑 되신 예수 그리스도를 기다리며 가슴 부풀어 있었다. 그래서 그들은 오로지 하늘만을 쳐다보며 말씀의 자리, 믿음의 자리, 소망의 자리를 떠나지 않았다. "마라나타! 주 예수여, 오시옵소서!"는 신부가 가지는 최후의 소망이다. 그러나 오늘날 예수 그리스도의 신부 된 교회 안에는 신랑을 기다리는 신부의 노래가 그치고 오로지 꿈 노래, 긍정 노래, 성공 노래, 응답 노래, 해결 노래만이 메아리친다. 그것은 신부 된 교회가 음행의 포도주에 취했기 때문이다.

성경은 그 옛날 희망의 무지개, 곧 언약의 무지개가 이 땅의 홍수를 몰고 온 흑암을 배경으로 나타났듯이, 구름을 배경으로 나타났듯이, 영원한 빛의 영광이 나타나기 전 해와 달과 별들이 다시 어두워지고 구름이 일어날 수 있음을 경계한다. "너는 청년의 때에 너의 창조주를 기억하라 곧 곤고한 날이 이르기 전에, 나는 아무 낙이 없다고 할 해들이 가깝기 전에 해와 빛과 달과 별들이 어둡기 전에, 비 뒤에 구름이 다시 일어나기 전에 그리하라"(전 12:1~2).

하나님께서는 당신과 인간 사이에 무지개가 존속하는 한, 다시는 인간에게 멸절의 심판을 베풀지 않겠다고 약속하셨다. 그래서 땅이 있을 동안은 심음과 거둠, 추위와 더위, 여름과 겨울, 낮과 밤이 계속될 것이라고 약속하셨다. 그렇다면 전도서 12:1~2에서 해와 달과 별의 빛이 어두워지고 구름이 다시 일어남은 무엇을 의미하는가? 지구의 종말인가? 우주의 파괴인가? 결코 아니다. 저 광대한 우주의 별이 하나만 떨어져도 지구는 흔적도 없이 파괴될 것인데, 별들이 무화과나무가 대풍에 흔들려 설익은 과실이 떨어짐같이 땅에 떨어지는 일(계 6:12~13)이 과연 있을 수 있는 일인가?

아모스 선지자는 하나님께서 땅의 모든 족속 중에 이스라엘만을 아셨기에 오히려 그들이 범죄하는 날에는 그들의 모든 죄악을 그들에게 보응하실 것(암 3:2)을 경고한 후, 이스라엘이 심판받는 날은 백주에 땅이 캄캄하게 되는 애통과 곤고의 날이 될 것이라고 예언했다. "주 여호와의 말씀이니라 그 날에 내가 해를 대낮에 지게 하여 백주에 땅을 캄캄하게 하며 너희 절기를 애통으로, 너희 모든 노래를 애곡으로 변하게 하며 모든 사람에게 굵은 베로 허리를 동이게 하며 모든 머리를 대머리가 되게 하며 독자의 죽음으로 말미암아 애통하듯 하게 하며 결국은 곤고한 날과 같게 하리라"(암 8:9~10). 그래서 하나님께서 이스라엘을 심판하시던 날에 실제로 대낮에 해가 지고 한낮에 땅이 캄캄해진 일이 있었던가? 없었다.

해와 달과 별의 빛이 어두워지고 구름이 일어난다는 말씀은 불순종하는 이스라엘 백성에게 하나님의 심판이 임박했고 그 심판이 참혹할 것을 경고하는 메타포다. 하나님의 심판 날에 해와 달이 빛을 잃고 어두워진다는 말은 실제 자연현상으로서의 어두움이 아니다.

미가 선지자는 또 다른 의미의 어두움에 대해서 다음과 같이 경고한다. "내 백성을 유혹하는 선지자들은 이에 물 것이 있으면 평강을 외치나 그 입에 무엇을 채워주지 아니하는 자에게는 전쟁을 준비하는도다 이런 선지자에 대하여 여호와께서 이르시되 그러므로 너희가 밤을 만나리니 이상을 보지 못할 것이요 어둠을 만나리니 점 치지 못하리라 하셨나니 이 선지자 위에는 해가 져서 낮이 캄캄할 것이라"(미 3:5~6). 구속의 역사에서 가장 무서운 밤은 백성을 생명의 하나님 앞으로 인도해야 하는 지도자들에게 임하는 영적인 밤이다. 미가 선지자는 자신의 경제적 이익과 보장에 집착하는 지도자들에게 영적인 밤이 임하게 되어 그들은 평강 타령이나 하게 될 것이라고 경고하고 있다.

지금 교회 안에 꿈 타령, 응답 타령, 해결 타령과 같은 평강 타령이 넘쳐나는 것은 백성의 지도자들에게 하나님의 심판에 의한 영적인 어두움이 임했다는 명백한 증거다. 주님 재림의 때가 더욱 단축된 지금, 교회는 평강 타령에 취해 있을 때가 아니라 회개에 합당한 열매를 결실해야 할 때이다. 회개에 합당한 열매는 오로지 자신의 허물과 죄에 대한 철저한 자각으로부터 시작된다. 그러므로 미가 선지자는 백성의 지도자들이 평강 타령하고 있을 때라도 야곱의 허물과 이스라엘의 죄를 고할 것을 다짐한다. "오직 나는 여호와의 영으로 말미암아 능력과 정의와 용기로 충만해져서 야곱의 허물과 이스라엘의 죄를 그들에게 보이리라"(미 3:8).

요엘 선지자 역시 하나님의 백성에게 임할 심판의 어두운 날을 경고하면서 이스라엘 백성에게 진실한 회개를 촉구한다. "시온에서 나팔을 불며 나의 거룩한 산에서 경고의 소리를 질러 이 땅 주민들로 다 떨게 할지니 이는 여호와의 날이 이르게 됨이니라 이제 임박하였으니 곧 어둡고 캄캄한 날이요 짙은 구름이 덮인 날이라 새벽빛이 산꼭대기에 덮인 것과 같으니 이는 많고 강한 백성이 이르렀음이라 이와 같은 것이 옛날에도 없었고 이후에도 대대에 없으리로다"(욜 2:1~2전). "여호와의 말씀에 너희는 이제라도 금식하고 울며 애통하고 마음을 다하여 내게로 돌아오라 하셨나니 너희는 옷을 찢지 말고 마음을 찢고 너희 하나님 여호와께로 돌아올지어다 그는 은혜로우시며 자비로우시며 노하기를 더디하시며 인애가 크시사 뜻을 돌이켜 재앙을 내리지 아니하시나니"(욜 2:12~13전).

인자가 다시 올 때 믿음을 보겠느냐고 하신 주님의 예언대로 지금 교회 세대는 마태복음 24:29과 요한계시록 6:12~13에서 보듯이 해가 어두워지고 달이 피같이 변하며 별들이 대풍에 흔들려 설익은 열매처럼 땅에 떨어지는 칠흑 같은 어두움에 직면하고 있다. 지금 교회 안에는 경건의 말씀이 이익의 재료(딤전 6:5)로 둔갑해서 참된 복음의 빛이 어두워지고, 세속의 꿈을 따라가는 방종한 믿음이 넘쳐나서 참된 신앙의 빛이 퇴색해짐으로 하나님의 종이 종답지 못하며 하나님의 백성이 백성답지 못한 죄악이 만연해 있다. 지금이야말로 교회는 옷이나 찢는 형식적 회개를 그치고 마음을 찢는 참된 회개를 통해 회개에 합당한 열매를 결실해야 한다.

하나님께서는 즙이 없는 포도송이와 같은 당신의 백성에게 심판을 베푸시는 어두운 날에 즙이 있는 포도송이와 같은 신실한 신앙의 '남은 자'들에게 당신의 은혜를 입히고자 하신다. "여호와께서 이와 같이 말씀하시되 포도송이에는 즙이 있으므로 사람들이 말하기를 그것을 상하지 말라 거기 복이 있느니라 하나니 나도 내 종들을 위하여 그와 같이 행하여 다 멸하지 아니하고 내가 야곱에게서 씨를 내며 유다에게서 나의 산들을 기업으로 얻을 자를 내리니 내가 택한 자가 이를 기업으로 얻을 것이요 나의 종들이 거기에 살 것이라 사론은 양 떼의 우리가 되겠고 아골 골짜기는 소 떼가 눕는 곳이 되어 나를 찾은 내 백성의 소유가 되려니와"(사 65:8~10). 그러나 즙이 없는 포도송이는 종국에 진노의 포도주 틀에서 밟히게 될 것이다(계 14:17~20).

포도송이라고 해서, "주여! 주여!" 한다고 해서 다 하나님의 백성이 아니다. 즙이 없는 포도송이, 즉 하나님의 뜻은 행하지 않고 "주여! 주여!"만 하는 입술뿐인 신앙인은 하나님의 심판을 피할 수 없다. 즙이 있는 포도송이, 곧 하나님의 뜻을 행하는 신실한 믿음의 사람만이 하나님의 종들이고, 이들이 하나님의 성산을 기업으로 받게 될 것이다.

하나님께서 약속하신 복을 기업으로 받을 하나님의 종들은 세상 사람 가운데서 나오는 것이 아니라 유다(이스라엘), 곧 "주여! 주여!" 하는 사람들 가운데서 나온다. 바로 이것이 하나님께서 정하신 구원의 법칙이다. 그러므로 요한계시록에서 이마에 하나님의 인을 맞는 14만 4천으로 상징된 하나님의 종들이 이스라엘 열두 지파 가운데서 나오는 것이다(계 7:1~8). 이들이 이스라엘 중에서 구원받은 '남은 자'들이고 "주여! 주여!" 하는 교회 세대 중에서 구원받은 '이긴 자'들이다.

무지개를 통해 노아에게 약속된 하나님의 언약이 불변으로 서 있음과 같이 하나님께서는 당신의 구속 서약의 확실성을 다음과 같이 선포하신다. "이는 내게 노아의 홍수와 같도다 내가 다시는 노아의 홍수로 땅 위에 범람하지 못하게 하리라 맹세한 것 같이 내가 네게 노하지 아니하며 너를 책망하지 아니하기로 맹세하였노니 산들이 떠나며 언덕들은 옮겨질지라도 나의 자비는 네게서 떠나지 아니하며 나의 화평의 언약은 흔들리지 아니하리라 너를 긍휼히 여기시는 여호와께서 말씀하셨느니라"(사 54:9~10). 이처럼 노아에게 하신 무지개 언약은 땅이 끝나게 될 때, 그래서 종말적인 판별의 때를 그 한계로 하지만, 그럼에도 종말적인 하나님의 구속 서약은 산들이 떠나가고 언덕이 자리를 옮기는 격변의 때라도 신실한 이스라엘의 '남은 자'들을 향해 변하지 않을 것이다.

하나님의 언약은 움직일 수 없다. 절대 변하지 않는다. 이제 우리는 인내로서 '하나님의 계명과 예수 믿음'을 지킨(계 14:12, 개역한

글) 후에, 영광 중에 왕을 보며 광활한 땅을 목도하게 되고 우리의 절기 지키는 시온성 곧 옮겨지지 않을 그 영원한 장막 안에서, 빛이 되시는 하나님의 변치 않는 영원한 언약의 복을 향유하게 될 것이다. "네 눈은 왕을 그의 아름다운 가운데에서 보며 광활한 땅을 눈으로 보겠고 네 마음은 두려워하던 것을 생각해 내리라 계산하던 자가 어디 있느냐 공세를 계량하던 자가 어디 있느냐 망대를 계수하던 자가 어디 있느냐 네가 강포한 백성을 보지 아니하리라 그 백성은 방언이 어려워 네가 알아듣지 못하며 말이 이상하여 네가 깨닫지 못하는 자니라 우리 절기의 시온성을 보라 네 눈이 안정된 처소인 예루살렘을 보리니 그것은 옮겨지지 아니할 장막이라 그 말뚝이 영영히 뽑히지 아니할 것이요 그 줄이 하나도 끊어지지 아니할 것이며 여호와는 거기에 위엄 중에 우리와 함께 계시리니 그곳에는 여러 강과 큰 호수가 있으나 노 젓는 배나 큰 배가 통행하지 못하리라"(사 33:17~21). "다시 저주가 없으며 하나님과 그 어린 양의 보좌가 그 가운데에 있으리니 그의 종들이 그를 섬기며 그의 얼굴을 볼 터이요 그의 이름도 그들의 이마에 있으리라 다시 밤이 없겠고 등불과 햇빛이 쓸데없으니 이는 주 하나님이 그들에게 비치심이라 그들이 세세토록 왕 노릇 하리로다"(계 22:3~5).

구약은 '하나님이 이 땅에 오신다.'라는 계시의 정점인 성산의 소망을 향해 그 길을 달려왔다. 그리고 그 하나님이 이 땅에 오셔서 열매 없이 잎사귀만 무성한 무화과나무인 구약 이스라엘을 심판하셨다. 그래서 그날에 율법의 왕국은 두루마리가 말림같이 구속의 역사에서 사라져 갔다. 그로부터 신약은 '하늘로 올려지신 그 하나님이 이 땅에 다시 오신다.'라고 계시가 지시하는 최후의 지점인 구속의 완성을 바라보며 천 년이 하루 같고 하루가 천 년 같은 인내의 날을 달려간다.

'이미'와 '아직' 사이에서 마지막 날들인 말세의 한 지점을 지나가는 우리는 두렵고 떨림으로 구원을 이루어가야 한다(빌 2:12). 그것은 원 가지들도 아끼지 않으셨던 하나님께서 접붙임된 돌감람나무인 우리를 아껴보지 않고 심판하실 것이기 때문이다(롬 11:21). 인자가 다시 올 때 믿음을 보겠느냐는 그날에 하나님께서 찾으시는 믿음이 없는 교회 세대, 음란한 교회 세대는 다가오는 새 하늘과 새 땅 앞에서 두루마리가 말림같이(계 6:14) 사라질 것이다. 그러므로 우리는 어떠한 사람이 되어야 하겠는가? 오로지 거룩한 행실과 경건함으로 하나님의 날 임하기를 바라보고 간절히 사모하는 사람이 되어야 한다. "사랑하는 자들아 주께는 하루가 천 년 같고 천 년이 하루 같다는 이 한 가지를 잊지 말라 주의 약속은 어떤 이들이 더디다고 생각하는 것같이 더딘 것이 아니라 오직 주께서는 너희를 대하여 오래 참으사 아무도 멸망하지 아니하고 다 회개하기에 이르기를 원하시느니라 그러나 주의 날이 도둑같이 오리니 그 날에는 하늘이 큰 소리로 떠나가고 물질이 뜨거운 불에 풀어지고 땅과 그중에 있는 모든 일이 드러나리로다"(벧후 3:8~13).

이제 그 날에 그 하늘과 그 땅, 곧 의의 거하는바 새 하늘과 새 땅 사이에 영세의 언약인 무지개가 영광 중에 영원히 서게 될 것이다.

참된 말씀의 불을
하나님께 올리고 있는가

우리는 좁고 협착한 믿음의 길을 걸어가고자 힘쓰는가, 아니면 눈이 멀어도 손쉽게 달려 왕래할 수 있는 신앙의 대로(大路)를 활보하고 있는가?

사도 바울은 구원을 힘써 이루어갈 것을 교회에게 당부했다(빌 2:12). 그러나 우리는 힘써 이루어가야 하는 구원을 '행위구원' 내지는 '율법주의'로 매도한다. 그러나 우리가 맹인 되지 않았다면, 구원을 힘써 이루어가라는 말이 어떤 행동과 삶을 전제하고 있음을 분명히 알 수 있다. 이 분명한 사실을 애써 외면하지 않는다면 믿음은 감정이나 지식의 문제가 아니라, 삶의 문제임을 알 수 있다.

구원을 간단한 결단만으로 단번에 소유할 수 있는 것으로 생각하면, 곧 쉽게 얻을 수 있는 것으로, 넓은 문 넓은 길로 생각하면 안 된다. 그렇게 생각하는 사람의 심령은 절대로 가난해질 수 없다. 오히려 항상 자기 기준에 도취해 스스로 부요하여 부족한 것이 없다고 한다. 이런 신앙은 주님의 입에서 토하여 내침을 받는다(계 3:16~17).

한 세리가 자기의 부족함과 나약함을 고백했다. 그는 하나님의 존전에서 자기에게는 절대로 하나님의 구원이 주어질 수 없음을 진심으로 절망했다. 감히 눈을 들어 하늘을 보지도 못하고 가슴만 쳤다. 애통하는 그에게 하나님의 칭찬이 주어졌다. 하나님께서는 그를 의롭다고 하셨다(눅 18:9~14). 그렇다. 구원의 길을 좁고 힘들고 협착한 길로 생각한다면, 오히려 구원은 쉬워진다. 이유는 바로 그 나약함과 부족함과 절망과 회개의 자리에 우리 주님의 십자가가 세워지기 때문이다. 그러므로 심령이 가난한 자에게, 애통하는 자에게, 의에 주리고 목마른 자에게 천국이 주어지는 복, 곧 구원의 복이 임한다(마 5:3).

자신은 부요하여 부족한 것이 없다고 자부하는 신앙인은, 예배 시간에 강단에서 당신은 하나님이 두고 보시기에도 아까운 존재라는 설교를 들을 때, 당신은 왕의 자녀로서 이 세상에서 특권을 누릴 권세가 있다는 설교를 들을 때, 잘한다고, 평안하다고, 복받는다고 격려하고 위로해 주는 설교를 들을 때, 무척 행복해진다. 자신감이 충만해진다. 구원의 확신에 감격한다. 그러나 항상 자신은 하나님 앞에서 부족하고 무익한 종이라고 고백하는 사람들은 오히려 책망하고 경고하며 회개를 촉구하는 설교를 들을 때, 전적으로 인정하고 수용하고 참회한다. 자신이 어떤 존재인지 너무도 잘 알기에, 그래서 주님 앞에서 무엇을 했다고 자랑할 만한 것이 없다고 여기기에 자기야말로 책망과 경고와 회개를 촉구하는 설교를 마땅히 들어야 할 자로 생각하기 때문이다.

사도 바울은 교회에게 두렵고 떨림으로 구원을 이루어가라고 당부했다. 자신도 그와 같은 사역의 길을 걸어갔기 때문이다. "내가 내 몸을 쳐 복종하게 함은 내가 남에게 전파한 후에 자신이 도리어 버림을 당할까 두려워함이로다"(고전 9:27). 자신의 구원을 확신하면서 온종일 찬송을 흥얼거리고 말끝마다 하나님 하나님 하고, 모든 일을 시작할 때 하나님의 음성을 듣고 결정한다며 요란을 떤다고 해서 신앙이 좋은 것도 깊은 것도 결코 아니다. 진정으로 구원받을 사람은 두렵고 떨림으로 힘써 구원을 이루어가기 때문이다.

의인이라도 범죄하는 날에는 그 의가 하나님 앞에서 기억되지 않는다. 그러므로 전하는 자는 어떻게 설교해야 하며 듣는 자는 어떤 설교를 들어야 하는가? 여기서 우리는 하나님의 말씀을 대언했던 에스겔 선지자의 설교를 깊이 유념해야 한다. "인자야 내가 너를 이스라엘 족속의 파수꾼으로 삼음이 이와 같으니라 그런즉 너는 내 입의 말을 듣고 나를 대신하여 그들에게 경고할지어다 가령 내가 악인에게 이르기를 악인아 너는 반드시 죽으리라 하였다 하자 네가 그 악인에게 말로 경고하여 그의 길에서 떠나게 하지 아니하면 그 악인은 자기 죄악으로 말미암아 죽으려니와 내가 그의 피를 네 손에서 찾으리라 그러나 너는 악인에게 경고하여 돌이켜 그의 길에서 떠나라고 하되 그가 돌이켜 그의 길에서 떠나지 아니하면 그는 자기 죄악으로 말미암아 죽으려니와 너는 네 생명을 보전하리라"(겔 33:7~9). "인자야 너는 네 민족에게 이르기를 의인이 범죄하는 날에는 그 공의가 구원하지 못할 것이요 악인이 돌이켜 그 악에서 떠나는 날에는 그 악이 그를 엎드러뜨리지 못할 것인즉 의인이 범죄하는 날에는 그 의로 말미암아 살지 못하리라 가령 내가 의인에게 말하기를 너는 살리라 하였다 하자 그가 그 공의를 스스로 믿고 죄악을 행하면 그 모든 의로운 행위가 하나도 기억되지 아니하리니 그가 그 지은 죄악으로 말미암아 곧 그 안에서 죽으리라"(겔 33:12~13).

하나님의 말씀을 전하는 자는 듣는 자에게 분명하게 설교해야 한다. 우리의 구원은 항상 현재 진행형 가운데 있음을. 그래서 구원의 길은 안일하게 넓은 길을 왕래하는 것이 아니라, 항상 힘써 이루어가야 하는 좁은 문이고 협착한 길임을. 그렇게 설교하지 않는다면 전하는 자는 듣는 자의 피의 대가를 짊어져야 한다. 결국, 에스겔 선지자에게 주신 하나님의 말씀은 "주여! 주여!" 하는 모든 자가 구원을 받는 것이 아니라, 하나님의 뜻을 행하는 자만이 구원에 이르게 됨을 분명히 경고하고 있다.

교회는 항상 하나님의 말씀으로 경책받고 경계를 받아야 한다(딤후 4:2). 그리고 회개해야 한다. 예수 그리스도께서 명령하신 대로 사랑해야 할 만큼 사랑하지 못했음을, 주를 위해 모든 소유를 버려야 하는 만큼 버리지 못했음을, 죽기까지 하나님의 말씀을 순종해야 하는 만큼 순종하지 못했음을.

진정한 회개에서 회개에 합당한 열매는 결실된다. 진정으로 회개하는 자는 하나님의 말씀으로 기꺼이 책망을 듣고 교훈을 받는다. 힘든 한 주간의 삶을 살다가, 잘되게 해 주시고 책임져 주신다는 위로의 말을 듣기 위해 예배당에 나오는 것이 아니라, 먹을 것과 입을 것이 있음에도 족한 줄을 모르고 부 하려 했던 욕망을 십자가에 못 박기 위해 나와야 한다. 그러므로 어떤 설교를 들어야 할 것인가. 어떤 설교에 아멘 해야 할 것인가.

하나님의 말씀을 전하는 자는 듣는 자에게 가감 없이 설교해야 한다. 말씀을 듣고 애통하는 자에게 하나님의 위로가 임하기 때문이다

(마 5:4). 전하는 자는 살기 위해서 바로 전해야 한다. 그러므로 전하는 자는 하나님의 경고를 감하지 말아야 하며, 하나님의 경고를 감하면서도 잘될 수 있다, 해결 받을 수 있다, 응답받을 수 있다, 꿈은 이루어진다는 헛된 위로를 더하지 말아야 한다.

지금 교회 안에는 두렵고 떨림으로 힘써 구원을 이루어갔던 사도 바울보다 훨씬 대단한 신앙인인 양하는 이들로 무성하다. 그들은 하나같이 천국 가서 자기 이름 새겨진 문패 달린 집을 보고 왔다고 한다. 그러면서 자신들은 이미 무조건 구원받은 하나님의 자녀이므로 안심해도 된다며, 남은 생애는 남들보다 만복이나 더 받는 상급을 쟁취하자는 값싼 기복주의 구원관에 도취해 있다.

영과 진리로 하나님을 예배하는 교회 시대에, 약속의 보혜사 성령께서는, 해결 받고 응답받고 복 받으라는 신바람 나는 이야기를 하러 오신 것이 아니라, 죄와 의와 심판에 대해 세상을 책망하러 오셨다 (요 16:8).

영과 진리로 드리는 예배(요 4:23)는 원어로 진리의 말씀과 성령 안에서 드리는 예배를 의미한다. 말씀도 진리(고후 6:7; 엡 1:13)고, 성령도 진리(요 14:17; 16:13)다. 말씀과 성령은 하나님의 불이다. 따라서 말씀과 성령 안에서 예배를 드린다는 것은 하나님의 불로 예배를 드린다는 것이다.

신약 교회가 말씀과 성령 안에서 드리는 예배, 곧 신령과 진정으로 드리는 예배의 그림자인 구약의 제사에서 하나님의 불이 아닌 다른 불로 제사를 드리다가 그 즉시 죽임을 당한 비극적 사건이 있었다. 430여 년을 애굽에서 노예로 살았던 이스라엘 백성은 종 되었던 땅 애굽에서 하나님의 선택하심과 예정 속에서 그분의 큰 손과 편 팔로 구원받았다. 그리고 시온산에서, 자신들에게 영원한 자유를 보장하는 영광의 율례와 법도를 하나님으로부터 받았다. 그날에 하나님께서는 그들에게 거룩한 제사의 법도를 세세하게 지시하셨다. 그 거룩한 제사를 담당할 제사장들의 위임식이 열리고 선택받고 구원받은 이스라엘 백성이 하나님 앞에 거룩한 제사를 처음으로 드리던 날, 기쁨과 열광에 휩싸였던 그 거룩한 제사의 현장에서 대제사장 아론의 아들들인 나답과 아비후가 제사 도중 하나님의 불에 즉사했다. 하나님께서 명하지 않으신 다른 불을 제단에 분향했기 때문이다. "아론의 아들 나답과 아비후가 각기 향로를 가져다가 여호와께서 명령하시지 아니하신 다른 불을 담아 여호와 앞에 분향하였더니 불이 여호와 앞에서 나와 그들을 삼키매 그들이 여호와 앞에서 죽은지라 모세가 아론에게 이르되 이는 여호와의 말씀이라 이르시기를 나는 나를 가까이하는 자 중에서 내 거룩함을 나타내겠고 온 백성 앞에서 내 영광을 나타내리라 하셨느니라 아론이 잠잠하니 모세가 아론의 삼촌 웃시엘의 아들 미사엘과 엘사반을 불러 그들에게 이르되 나아와 너희 형제들을 성소 앞에서 진영 밖으로 메고 나가라 하매 그들이 나와 모세가 말한 대로 그들을 옷 입은 채 진영 밖으로 메어 내니 모세가 아론과 그의 아들 엘르아살과 이다말에게 이르되 너희는 머리를 풀거나 옷을 찢지 말라 그리하여 너희가 죽음을 면하고 여호와의 진노가 온 회중에게 미침을 면하게 하라 오직 너희 형제 이스라엘 온 족속은 여호와께서 치신 불로 말미암아 슬퍼할 것이니라"(레 10:1~6).

구약의 거룩한 제사는 신약 교회가 신령과 진정으로 하나님께 드리는 예배를 예표한다. 그러므로 다른 불은 다른 복음과 다른 영을 예표한다. 하나님께서 명하시지 않은 다른 불로 제사를 드리는 것이 죽을죄에 해당한다면, 다른 복음과 다른 영 안에서 드리는 예배는 하나님께서 열납하지 않는 가증한 예배일뿐만 아니라 다른 복음과 다른 영으로 예배를 인도하는 자는 죽음을 면하지 못한다.

다른 복음과 다른 영을 통해 다른 예수를 가르치고 다른 예수를 예배하는 죄악은 창초의 인간 아담과 하와가 하나님의 명령을 불순종한 죄악과 동급이다. "내가 하나님의 열심으로 너희를 위하여 열심을 내노니 내가 너희를 정결한 처녀로 한 남편인 그리스도께 드리려고 중매함이로다 그러나 나는 뱀이 그 간계로 하와를 미혹한 것 같이 너희 마음이 그리스도를 향하는 진실함과 깨끗함에서 떠나 부패할까 두려워하노라 만일 누가 가서 우리가 전파하지 아니한 다른 예수를 전파하거나 혹은 너희가 받지 아니한 다른 영을 받게 하거나 혹은 너희가 받지 아니한 다른 복음을 받게 할 때에는 너희가 잘 용납하는구나"(고후 11:2~4). 다른 복음과 다른 영과 다른 예수를 용납한 사람은 반드시 죽는다. 반드시 심판받는다.

다른 복음은 하나님의 말씀을 가감한 것이다. 다른 복음이 있는 곳에 다른 영이 역사한다. 하나님의 말씀이 가감된 다른 복음은 성령과 함께하는 말씀이 아니다. 요한계시록은 심판받는 가장 무서운 죄악을 하나님의 말씀을 가감하는 죄라고 경고했다. "내가 이 두루마리의 예언의 말씀을 듣는 모든 사람에게 증언하노니 만일 누구든지 이것들 외에 더하면 하나님이 이 두루마리에 기록된 재앙들을 그에게 더하실 것이요 만일 누구든지 이 두루마리의 예언의 말씀에서 제하여 버리면 하나님이 이 두루마리에 기록된 생명나무와 및 거룩한 성에 참여함을 제하여 버리시리라"(계 22:18~19).

우리가 사는 이 세상은 죄를 지었다고 바로 죽지 않는다. 죽을죄를 짓고 즉사하는 사람도 있겠지만 죽을죄를 짓고도 평생을 잘 살아가는 사람이 수없이 많다. 죄를 지은 만큼 수명이 단축되는 것도 아니고, 고통받는 것도 아니고, 못사는 것도 아니다. 만약 죄를 지은 경중을 따라 수명이 단축되고 더 많은 고통을 받고 남들보다 더 못 살게 된다면 인간 스스로 그런 법칙 아래서 얼마든지 죄를 짓지 않고 바르게 살려 할 것이다. 그러므로 누군가가 남들보다 오래 살고, 평안하게 살고, 잘살고 있다고 해서 그 사람이 남들보다 죄를 짓지 않고 바르게 살았다고 쉽게 단정해서는 안 된다.

인류 역사에는 김일성, 김정일, 김정은과 같은 예외적 인물이 무수하다. 그들은 인간의 가치 기준에서 그토록 악랄한 죄를 짓고도 남들보다 빨리 죽지도 않고, 남들보다 아프지도 않고, 남들보다 못살지도 않는다. 그러나 그들은 사악한 인간들이다. 이처럼 누군가가 더 많은 죄를 짓고도 더 오래 살고 더 평안하고 더 잘산다고 해서 영원하신 하나님 앞에서 그들의 죄가 면죄된 것은 아니다. 중요하고도 무서운 사실은 그 사람의 죄가 하나님으로부터 즉시로 죽임을 당해야 할 정도로 심각한 죄인가, 아닌가 하는 것이다. 그에게는 이르든 늦든 반드시 하나님의 준엄하고도 철저하고, 영원한 심판이 임할 것이기 때문이다.

대제사장 아론의 아들 나답과 아비후가 다른 불을 드린 것과 같은 죄악이 후대 이스라엘의 구속 역사 안에서 빈번하게 있었지만, 그들 모두가 나답과 아비후의 경우처럼 즉시 죽임을 당한 것은 아니다. 그러나 그들이 즉시 죽임을 당하지 않았다고 해서 나답과 아비후보다 하나님 앞에서 덜 범죄한 것이 아니다. 이스라엘의 제사 문화는 계속해서 타락하다가 하나님께서 예언하신 징벌적 심판 앞에 직면할 즈음에는 성전 안에서 우상 제의까지 자행되었다(겔 8:1~17). 그런데도 그들은 그 즉시 죽임을 당하지 않았다. 여기서 중요하고 무서운 사실은 다른 불을 드린 자에게는 이르든지 늦든지, 아니면 그들의 사후에라도 하나님의 작정된 철저한 심판이 반드시 임한다는 것이다. "나를 저버리고 내 말을 받지 아니하는 자를 심판할 이가 있으니 곧 내가 한 그 말이 마지막 날에 그를 심판하리라"(요 12:48). "한 번 죽는 것은 사람에게 정해진 것이요 그 후에는 심판이 있으리니"(히 9:27).

지금 교회 안에는 하나님 계시의 본질적 뜻과 상관없는 왜곡된 설교들, 탐욕의 귀를 긁어주는 데 노련한 듣기 좋은 설교들이 횡행하고 있다. 주님께서는 분명히 아무리 "주여! 주여!" 해도 하나님의 뜻을 행하지 않으면 하나님의 나라에 들어갈 수 없음을 경고하셨다(마 7:21). 모든 소유를 버리기까지 당신을 따르지 않는 자는 제자가 아님도 경고하셨다(눅 14:26~27, 33). 그런데도 "주여! 주여!"만 하면 무조건 천당 가고, 꿈꾼 대로 시인하고 말한 대로 긍정하면 만복을 받는다는 웃지 못할 기괴한 설교들이 하나님의 말씀인 양 선포되고 있다.

지금 교회 안에는 "주여! 주여!" 소리가 간절한 흐느낌으로 우렁한 기합으로 여기저기서 들려온다. 방언의 은사를 받았다며 열띤 감정으로 흥분되어 또또뚜뚜 하는 기괴한 소리도 여기저기서 들려온다. 심지어 성령의 역사라며 손가락으로 툭 밀면 단체로 넘어져 우당탕하는 소리도 들려온다. 예수 믿으면 행복해져서 웃는 거룩한 웃음이라며 "하하, 호호, 히히히, 흐흐흐" 하는 귀신 같은 웃음소리도 여기저기서 들려온다. 예언한답시고 족집게 무당이라도 된 것처럼 지절거리는 소리도 여기저기서 들려온다.

구약 이스라엘 백성은 보이지 않는 영원한 하나님의 거룩한 형상을 썩을 금송아지 형상으로 만들고는, 그 금송아지가 자신들을 애굽에서 인도해 낸 여호와라며 그 앞에서 먹고 마시며 춤추고 예배했다. 지금 교회 안에는 우리의 부패함과 죄악 됨을 깨닫게 하셔서 거룩함에 이르게 하는 하나님의 능력이신 성령을 금 나와라 뚝딱하는 도깨비방망이로 만들어서 어리석은 백성에게 무적의 불을 받으라고 마구 내던지는 사악한 목회자들이 허다하다.

지금 교회 안에는 생명의 말씀이신 예수 그리스도를 기적의 떡으로 만들어 꿈을 이루고 문제 해결을 받고 축복 응답을 받으라고 짖어대는 목회자도 허다하다. 지금 교회 안에는 말씀대로 살기 위해, 성령의 열매를 맺기 위해, 자기를 부인하는 십자가를 힘써 짊어지기를 기도해야 하는 하나님의 백성에게 무조건 입을 크게 벌리고 꿈을 크게 디자인하고 기도하면 만복을 소유한다는 헛된 기도를 가르치면서 하나님의 백성을 이방인으로 타락하게 하는 목회자도 허다하다.

하나님께서 명하시지 않은 다른 불을 제단에 드리고 죽었던 나답과 아비후의 비극은, 지금 교회 안에서 주의 이름으로 귀신을 쫓아내고 이적도 일으키고 있지만 바른 하나님의 말씀을 전하지 않아서 종국에는 주님께 외면받고 문밖에 서서 슬피 울며 이를 갈게 될, 주의 이름으로 선지자 노릇 하는 목회자의 비극적 말로를 예표한다(마 7:22~23).

　　김일성과 김정일 부자가 비록 이 땅에서 자신의 수명을 다하기까지 부귀와 공명을 누렸지만, 그들이 심판에서 제외되는 것이 아니다. 하나님의 심판에는 예외가 없다. 마찬가지로 다른 불을 올리면서 주의 이름으로 선지자 노릇 하며 융숭한 대접을 받는 목회자들에게도 이르든 늦든 반드시 하나님의 심판이 임한다. 지금 그들이 무탈하게 살아가고 있다고 해서 하나님의 심판과 무관한 것이 아니다. 그들을 향한 하나님의 작정된 심판은 반드시 이르고야 말 것이다. 그들은 지금 살아가고 있고 인정받고 있고 칭찬받고 있고 대접받고는 있지만, 장차 그들을 향한 하나님의 준엄한 심판은 지체되지 않고 응할 것이다.

분열과 사랑

인류의 역사는 전쟁의 역사다. 전쟁으로 점철된 세상사는 파괴를 통해서가 아니라 새 하늘과 새 땅으로 이루어질 새로운 나라 곧 하나님 나라의 출현으로 그 종말을 고한다.

많은 사이비 종말론자와 시한부 종말론자들은 세상의 전쟁을 보며 종말이라고 떠들었다. 핵전쟁과 더불어서 이 지구는 소멸할 것이라고. 그들은 마태복음 24:7의 예언처럼 민족이 민족을 나라가 나라를 대적했던 제1차 세계대전과 제2차 세계대전의 참상을 돌아보라며 제3차 세계대전이 일어나면 지구는 핵전쟁의 화염으로 흔적도 없이 사라질 것이라고 한다.

공산주의가 몰락하기까지 그들은 "소련을 보라! 중공을 보라! 미국을 보라! EC를 보라! 바로 이들이 요한계시록에서 말하는 사방의 네 바람이며, 중동 지방이 화약고다!" 등등 성경에도 없는 갖가지의 추측과 가설들을 만들어 내었다. 그러나 그들이 그토록 힘주어 말했던 예언들은 모두가 거짓과 허구로 판명되었다.

처음 사람 아담이 범죄하여 생명의 에덴에서 추방당했고 하나님을 아는 지식이 소멸해서 하나님과의 영적 교제가 단절되었다. 이것

이 처음 사람 아담을 삼킨 죽음이다. 그때부터 인간의 심령은 부패해
졌다. 아담의 큰아들 가인이 동생 아벨을 죽임으로써 그 부패한 본성
이 드러나기 시작했다. 그 살인의 뿌리는 질시와 증오였다. 그 이후부
터 인간의 역사는 전쟁의 역사였다. 질시와 증오와 반목으로 서로 죽
이고 죽이는 피의 역사가 되풀이되었다. 형제가 형제를 이웃이 이웃
을 부족이 부족을 민족이 민족을 국가가 국가를 죽이고 말살하는 잔
인함이 인간 내면에서 심화해 갔다.

그동안 수없이 많은 세상 제국이 명멸해 갔다. 그러나 다니엘 선
지자가 예언했던 것처럼 영원히 망하지 않고 그 국권이 다른 백성에
게로 돌아가지 않으며, 도리어 모든 나라를 쳐서 멸하고 영원히 서는
나라가 출현했다. 이 나라는 '뜨인 돌'이신 예수 그리스도로 말미암
는다. "또 왕이 보신즉 사람의 손으로 하지 아니하고 뜨인 돌이 신상
의 철과 진흙의 발을 쳐서 부서뜨리매 때에 철과 진흙과 놋과 은과 금
이 다 부서져 여름 타작마당의 겨같이 되어 바람에 불려 간 곳이 없
었고 우상을 친 돌은 태산을 이루어 온 세계에 가득하였었나이다"(단
2:34~35). "이 여러 왕들의 시대에 하늘의 하나님이 한 나라를 세우
시리니 이것은 영원히 망하지도 아니할 것이요 그 국권이 다른 백성
에게로 돌아가지도 아니할 것이요 도리어 이 모든 나라를 쳐서 멸망
시키고 영원히 설 것이라"(단 2:44).

이스라엘이 버린 모퉁이 돌 예수 그리스도께서 당신의 피로 값 주
고 구속하신 교회가 바로 선지자들이 예언했던 나타난 하나님의 나
라다(행 20:28후; 벧전 2:9전; 계 1:5~6). 다니엘 선지자가 예언했던
것처럼 뜨인 돌이신 예수 그리스도로 말미암아 영원히 망하지 않고,

그 국권이 다른 백성에게로 돌아가지 않을 영원한 나라가 나타났다. 곧 그리스도의 몸 된 교회가 나타났다. 이는 구약에서 예언한 약속의 메시아로 말미암는 새 하늘과 새 땅의 도래이다. 그러므로 신약의 교회는 구약의 선지자들이 예언한 새 하늘과 새 땅이며 땅이며, 새 하늘과 새 땅으로 나타난 하나님의 나라다.

"엘리 엘리 라마 사박다니!"(마 26:47)라고 부르짖으시던 갈보리 십자가의 피 맺힌 절규로 새로운 제국의 아침이 밝아 왔다. 이 제국의 초석을 다지기 위한 초대교회의 헌신과 수고는 눈물겨운 것이었다. 그들은 춥고 배고프고 매 맞고 옥에 갇히는 가시밭길을 걸어갔다. 그들은 죽기까지 충성했다. 스데반 집사는 밝아 오는 제국의 여명을 바라보며 자신을 향해 날아오는 돌들에 의해 죽음을 맞았다. 그런데도 그는 웃었다. 수없이 많은 하나님의 백성이 맹수의 밥으로 던져지고 뜨거운 불에 던져졌다. 그런데도 그들은 굴복하지 않았다. 사도 베드로는 자기 십자가를 지고 거꾸로 매달렸고, 사도 바울은 자기의 달려 갈 길을 마친 후 오로지 한 가지 소원 곧 예수 그리스도를 따라 죽은 자 가운데서 불멸의 영광 가운데 다시 나타나기를 소망하며 담대히 참수의 현장으로 나아갔다. 그들은 모두 자기의 죽음이 이 영광스러운 제국을 위한 밀알이 될 것을 믿어 의심하지 않았다. 그 믿음이 그들을 위로했고, 그들을 기뻐하게 했고, 그들을 영광스럽게 했다.

구약 이스라엘은 예수 그리스도 안에서 나타난 새 하늘과 새 땅인 교회 곧 하나님의 나라와 비교해서 옛 하늘이며 옛 땅이며 옛 나라다. 옛 하늘과 옛 땅인 구약 이스라엘에게 하나님의 율법 곧 계명이 주어졌고, 새 하늘과 새 땅인 신약 교회에게는 새 계명 곧 구약의 율법을 온전하게 하는 사랑의 율법이 주어졌다. "새 계명을 너희에게 주노니 서로 사랑하라 내가 너희를 사랑한 것 같이 너희도 서로 사랑하라"(요 13:34). "온 율법은 네 이웃 사랑하기를 네 자신같이 하라 하신 한 말씀에서 이루어졌나니"(갈 5:14). "사랑은 이웃에게 악을 행하지 아니하나니 그러므로 사랑은 율법의 완성이니라"(롬 13:10).

사랑의 새 계명을 순종하는 교회의 삶을 통해 인간의 범죄하고 부패한 본성은 하나님의 형상으로 새로워진다. 초대교회는 물건을 서로 통용했고, 재산과 소유를 팔아 각 사람의 필요를 따라 나누었으며, 날마다 마음을 같이해서 성전에 모이기를 힘썼으며, 함께 모여 떡을 떼며 기쁨과 순전한 마음으로 음식을 먹고 하나님을 찬미했다. 온 백성에게 칭송받았으며 주께서 구원받는 사람의 수를 날마다 더해 주셨다. 초대교회가 행한 사랑의 삶 안에서 하나님의 나라는 흥왕해 갔다(행 4:32~35).

교회의 기초인 사도들은 예루살렘 한 교회에 모여서 하나님의 나라를 위해 헌신했다. 주님의 몸 된 교회는 사랑으로 하나가 되었다. 주님의 몸 된 교회는 분열되지 않았다. 그러나 지금은 어떠한가? 주님께서 죽으시고 부활하시고 승천하신 후, 세상에서 많은 나라와 민족의 반목과 전쟁이 끊이지 않고 흥망성쇠가 반복되는 역사의 수레바퀴 가운데서 주님의 몸 된 교회도 나뉘고 나뉘어서 크고 작은 수백 개의 교단으로 분열되었다. 수백 개의 나라로 분열되었다. 그곳에서 목사들은 분열된 나라를 철통같이 방어하는 임금들이 되었다. 그리고 그 임금의 통제를 받는 교회는 형제 교회를 위해 내 것을 내 것이라 하지 않고 팔아서 나누어 주던 처음 사랑의 행위는 온데간데없고 인색하여 나누기 아까워한다. 사랑이 메말라 있다. 충만한 사랑 대신 탐욕 가득한 자기 소원의 꿈으로 충만해 있다.

사도 베드로는 구원받은 교회를 향해 새 하늘과 새 땅을 바라보라고 했다. 그리고 그 나라에서 점도 없고 흠도 없이 평강 가운데서 나타나기를 힘쓸 것을 당부했다. "우리는 그의 약속대로 의가 있는 곳인 새 하늘과 새 땅을 바라보도다 그러므로 사랑하는 자들아 너희가 이것을 바라보나니 주 앞에서 점도 없고 흠도 없이 평강 가운데서 나타나기를 힘쓰라"(벧후 3:13~14). 사도 베드로의 이 당부 속에서 지금 교회 시대는 주님의 재림으로 나타날 완전한 새 하늘과 새 땅이 아님을 알 수 있다.

사도 요한은 새 하늘과 새 땅 가운데서 새롭게 창조되는 거룩한 성 새 예루살렘이 하나님께로부터 하늘에서 내려오는 환상을 보았다. "또 내가 새 하늘과 새 땅을 보니 처음 하늘과 처음 땅이 없어졌고 바다도 다시 있지 않더라 또 내가 보매 거룩한 성 새 예루살렘이 하나님께로부터 하늘에서 내려오니 그 준비한 것이 신부가 남편을 위하여 단장한 것 같더라"(계 21:1~2).

그렇다. 예수 그리스도의 초림으로 나타난 하나님의 나라는 재림으로 완성된다. 회개에 합당한 열매를 맺지 못한 구약 이스라엘을 심판하시고 새 하늘과 새 땅의 나라인 교회가 예수 그리스도의 초림으로 나타났듯이, 재림의 그날에 지구가 파괴됨으로 새 하늘과 새 땅이 창조되는 것이 아니라, 처음 사랑의 행위를 잃어버린 교회를 심판하시고 처음 사랑의 행위로 열매 맺는 교회를 구속하심으로 완성된 하나님의 나라가 나타난다. 그날에 구속받은 하나님의 백성이 영광 가운데 나타날 것이다(롬 8:23; 골 3:4).

예수 그리스도께 나아오는 믿음,
예수 그리스도를 따르는 믿음

지금 교회 안에는 친구나 친지의 손을 잡고 예배당에 와서 담임 목사의 인도대로 믿겠다는 말을 따라만 해도 '구원받는 믿음'의 사람이라고 확증 받은 사람으로 넘쳐난다. 그러나 예수 그리스도께 나아오는 믿음과 예수 그리스도를 따르는 믿음은 비록 같은 믿음인 것 같지만 전혀 다른 믿음이다.

예수 그리스도께 나아오기 위해서는 잠시 잠깐의 감정적 결단을 통해서도 얼마든지 가능하다. 힘들고 고단한 인생에 대한 위로를 받으려고 예배당 건물을 언제든지 출입할 수는 있다. 그러나 예수 그리스도를 따르기 위해서는 순종이 요구된다. 순종은 하나님의 뜻을 행함이다. 그러므로 예수 그리스도께 나아오는 믿음이 아니라 예수 그리스도를 따르는 믿음이 우리를 구원에 이르게 하는 믿음, 행함과 함께하고 행함으로 온전해지는 참믿음이다(약 2:14~17, 22). 참믿음을 가진 자만이 구원에 이른다.

구약 이스라엘 백성은 아브라함의 혈통으로 태어난 자신들은 하나님께 선택받았다는 특권을 맹신했고, 신약 교회는 예수를 믿겠다는 결심만 해도 하나님께 선택받은 것으로 맹신한다. 여기에 견인 교리가 더해진다. 그 결과 구약 이스라엘 백성은 아브라함의 혈통적 자손으로 태어나기만 해도 무조건 구원받은 것으로 확신했고, 신약 교회는 세례 교인 명부에 이름을 올리고 예배당에 출입만 해도 무조건 구원받은 것으로 확신한다. 이 그릇된 자기 확신이 너무 강하다. 그들은 선택과 견인 교리를 임의대로 정의하고 맹목적으로 신봉한다. 그러다 보니 "주여! 주여!" 한다고 해도 하나님의 나라에 들어갈 수 없다(마 7:21)는 주님의 심판의 예언을 전하면, 믿음이 없어서 구원의 확신도 없는 사람이라고 오히려 책망을 한다.

이사야 선지자는 하나님께서 작정하신 영원한 구원의 섭리와 관련해서 하나님께서 약속하신 구원은 바닷가의 모래와 같이 많은 이스라엘 다수가 아니라, '남은 자'에게만 주어질 것이라고 했다. "남은 자 곧 야곱의 남은 자가 능하신 하나님께로 돌아올 것이라 이스라엘이여 네 백성이 바다의 모래 같을지라도 남은 자만 돌아오리니 넘치는 공의로 파멸이 작정되었음이라"(사 10:21~22).

이스라엘 다수가 아니라 남은 자만이 마지막까지 하나님의 사랑 안에 머문다. 그러므로 남은 자만이 하나님께서 준비하신 영원한 구원에 이른다. 하나님께서 끝까지 사랑으로 품고 보호하시는 백성은, 곧 견인하시고 구원하시는 백성은 이스라엘 집의 모든 사람이 아니라, '이스라엘 집의 남은 모든 자'다. "야곱의 집이여 이스라엘 집에 남은 모든 자여 내게 들을지어다 배에서 태어남으로부터 내게 안겼고 태에서 남으로부터 내게 업힌 너희여 너희가 노년에 이르기까지 내가 그리하겠고 백발이 되기까지 내가 너희를 품을 것이라 내가 지었은즉 내가 업을 것이요 내가 품고 구하여 내리라"(사 46:3~4).

오늘 우리는 예수 그리스도께 나아오는 믿음을 예수 그리스도를 따르는 믿음으로 착각한다. 그러나 '오른편과 왼편, 양과 염소, 기름을 준비하고 안 하고, 예복을 입고 안 입고'가 천국과 지옥을 결정하는 것처럼 나아오는 믿음과 따르는 믿음 또한 사소하게 보이는 그 차이 때문에 천국과 지옥이 결정 난다. 예수 그리스도께 나아오는 것은 아무런 희생 없이도 가능하다. 누구든지 이스라엘 사람이라면 성전 마당을 밟을 수 있다. 누구든지 입술로만 믿겠다고 말하면 예배당 건물은 출입할 수 있다.

주님께서 요구하시는 교회의 목적은 성전 마당만 밟는 사람들의 양적 성장이 아니며 예배당 건물만 출입하는 양적 부흥이 아니라, 주님께서 분부한 모든 것을 지켜 행하는 사람들의 질적 성장이며 부흥이다. 그러므로 주님께서는 세례만 주라고 하셨던 것이 아니라, 가르쳐 지켜 행하게 하라고 명령하셨다. "그러므로 너희는 가서 모든 민족을 제자로 삼아 아버지와 아들과 성령의 이름으로 세례를 베풀고 내가 너희에게 분부한 모든 것을 가르쳐 지키게 하라"(마 28:19~20 전).

주님께서 교회에게 분부한 모든 것을 지켜 행하는 사람이 예수 그리스도를 따르는 믿음의 사람이다. 이처럼 참된 믿음의 사람은 믿고 세례만 받은 사람이 아니라, 믿음으로 세례를 받고 주님의 모든 명령을 지켜 행하는 사람이다. 믿기만 하면 되는 것이 아니라, 믿고 행해야 한다. 우리를 구원하는 믿음은 행함으로 온전해진 믿음이기 때문이다. 우리를 구원하는 믿음은 행함과 함께 일하기 때문이다.

하나님의 넘치는 공의로 훼멸이 작정된 사람들은 누구인가? 행함이 없이 "주여! 주여!"만 했던 이스라엘이다. 믿기만 하면 무조건 천당 간다는 값싼 구원의 확신으로 오늘도 이 땅에서 믿음으로 인생의 꿈, 소원의 꿈을 디자인하는 교인들이다.

지금 교회 안에는 믿음으로 소원의 꿈을 디자인하며 저 천국에 자신이 들어갈 문패 달린 집이 있다고 확신하고 "주여! 주여!" 하는 사람이 바닷가의 모래와 같이 많다. 그러나 남은 자만이 하나님께로 돌아온다. 곧 남은 자만이 구원받는다. 남은 자들은 "주여! 주여!" 하며 예수 그리스도께 나아오기만 하는 자들이 아니라, 죽기까지 예수 그리스도의 계명을 지켜 행하는 사람들이다. 곧 예수 그리스도께서 어디로 인도하든지 따르는 사람이다(계 14:5).

주님께서 분명히 "주여! 주여!" 하는 사람이 아니라, 하나님의 뜻을 행하는 사람이 하나님의 나라에 들어간다고 말씀하셨는데도 지금 교회 안에는 믿기만 하면 천당 간다는 거짓말을 지어내는 목사들과 그 거짓말을 듣기 좋아하는 사람들이 한통속이 되어 멸망의 나락으로 달려가고 있다.

선지자 요나의 시대에 그 강퍅한 도성 니느웨를 회개하게 했던 하나님의 말씀은 "예수를 믿기만 하면 천국 갑니다." 하는 커피 전도가 아니라 사십 일 후면 니느웨가 무너지리라는 심판 예언이었다. 지금 교회 안에는 오로지 값싼 구원관과 무조건 축복관으로 대변되는 평강 타령의 가르침만이 복음의 진리로 선포되는 어둡고 캄캄한 시대다.

하나님께서는 당신을 찾지도 않고 구하지도 않은 사람들을 멸절하실 때, 반드시 당신을 배반하고 따르지 않는 사람 역시 심판하신다.

"여호와를 배반하고 따르지 아니한 자들과 여호와를 찾지도 아니하며 구하지도 아니한 자들을 멸절하리라"(습 1:6). 지금 하나님께서는 등불로 예루살렘 구석구석을 살피신다. "그때에 내가 예루살렘에서 찌꺼기같이 가라앉아서 마음속에 스스로 이르기를 여호와께서는 복도 내리지 아니하시며 화도 내리지 아니하시리라 하는 자를 등불로 두루 찾아 벌하리니"(습 1:12). 지금 하나님께서는 그 심령이 무릇 찌꺼기같이 가라앉아서 '여호와께서는 복도 내리지 않고 화도 내리지 않는다.' 하는 사람들, '설마 지옥 갈까?' 하는 사람들을 샅샅이 추적하고 계신다.

지금 하나님께서 등불로 두루 살피시는 대상은 세상이 아니라, 예루살렘 곧 교회다. 그러므로 요한계시록에서 주님께서 다니시는 곳은 촛대 사이, 곧 교회 사이다(계 1:13; 2:1). 지금 주님께서는 교회 사이를 두루 살피시며 처음 사랑의 행위를 잃어버리고 행위의 온전함이 없는 미지근한 신앙인들을 찾아내신다(계 2:5; 3:2, 15~16). 그리고 그날에 그들을 당신의 입에서 미련도 없이 토하여 내치실 것이다.

'가라앉은 찌꺼기'는 이스라엘 백성이 하나님께 대한 처음 사랑의 감동을 잃어버리고 나태해졌음을 의미한다. 지금 교회도 심령 깊은 곳에 하나님과 영혼과 영원에 대한 무관심이 찌꺼기처럼 나른하게 내려앉아 있다. 그 결과 주님께서는 촛대를 옮기실 것이고, 도둑같이 임하실 것이며, 당신의 입에서 메스꺼운 음식을 토하듯이 토하여 내치실 것이다.

우리 심령의 깊은 곳으로부터 '영원'에 대한 무관심의 찌꺼기가 뿌리 깊게 내려앉아 꼼짝 못 하게 되면 우리는 죽음과도 같은 캄캄한 잠에 빠지게 될 것이고 그 결과 이 밤에라도 도둑같이 오시는 신랑의 소리를 결코 듣지 못하게 될 것이다. 그래서 우리는 주님으로부터 "나는 너를 도무지 모른다." 하시는 심판을 받게 될 것이다. 이 세상의 죄악에 종지부가 찍히는 날, 그래서 이 세상의 검은색이 멸절되는 날, 우리의 회색도 멸절될 것이다.

우리는, 구약 예루살렘의 영광이 신약 교회의 영광을 예표하는 것으로 해석한다. 그러면서도 구약 예루살렘의 심판을 신약 교회의 심판으로는 절대로 해석하지 않는다. 천문학적인 건축비가 소요되는 예배당 건물을 건축할 때는 구약 솔로몬 성전의 영광을 적용하면서도 솔로몬 성전의 철저한 파멸의 의미를 신약 교회에 적용하지는 않는다.

단언하건대, 그 옛날 등불로서 예루살렘을 살피셨던 하나님께서는 지금 불꽃 같은 눈으로 교회 사이를 다니시면서 교회를 감찰하신다. 하나님께서는 당신의 교회를 철저히 탐색하고 계시며, 그 탐색의 결과 교회 가운데서 처음 사랑의 행위를 잃어버리고, 행위의 온전함이 없고, 차지도 않고 뜨겁지도 않은 사람들을 철저하게 심판하실 것이다.

오늘 우리는 입만 열었다 하면 하나님은 너무나 사랑이 많으신 분이시기 때문에 우리를 무조건 구원하시고 무조건 복 주신다고 말한다. 예수 그리스도는 너무나 좋으신 분이시기 때문에 그분 안에서는 다시는 정죄도 없고 심판도 없다고 한다. 그분의 십자가는 너무나 큰 사랑이시기 때문에 과거의 지은 죄, 앞으로 지을 모든 죄를 용서해 주셨고 나아가서 이 세상에서 우리를 무너뜨리려는 그 어떤 가난의 세력도 실패의 세력도 물리쳐 주시고 우리로 잘된 인생, 성공한 인생을 살게 해 주신다고 맹신한다.

주 예수 그리스도를 믿으면 죄를 용서받고 구원받음을 우리는 믿어야 한다. 그러나 이 사실을 믿을 뿐만 아니라, 또한 주님께서 말씀하신 대로 "주여! 주여!" 한다고 모두가 하나님 나라에 들어가는 것이 아니며 주의 이름으로 선지자 노릇을 한다고 모두 구원받을 하나님의 종이 아님도 믿어야 한다.

주의 날은 임박했고 그날은 크고 무서운 날이 될 것이다(암 5:18). 미래의 심판은 모든 것의 마지막이 될 것이다. 천국의 문, 곧 구원의 문은 한 번 닫히면 두 번 다시 열리지 않는다. 아무리 함께 밤을 새워 등을 들고 있었다고 할지라도 기름을 준비하지 않은 사람에게는 오로지 그 한 가지 이유로 구원의 문은 철저하고 냉정하게 닫힌다. 그날에 밤이 맞도록 등이라도 들고 신랑을 기다렸던 처녀들에게는 너무나 억울하고 허무한 날이 될 것이다.

지금 여러 감정적 동기로 예수 그리스도께 나아온 많은 사람이 희희낙락하며 신바람 나서 "주여! 주여!" 하고 있다. 그들은 신바람 나게 "주여! 주여!" 하는 것을 마치 자기를 부인하는 십자가를 지고 예수 그리스도를 따라가는 것으로 착각한다. 그러나 주님을 따르는 것은 하나님의 뜻을 행함이다. 예수 그리스도께 나아와서 아무리 열심히 "주여! 주여!" 해도 주님을 따르는 믿음을 소유하지 않으면 곧 하나님의 뜻을 행하지 않으면 주의 날에 가장 억울하고 가장 비참한 사람으로 버림받을 것이다.

주님을 따르는 믿음의 사람은 세상에 속한 꿈을 하나님의 영광을 위해 디자인한다고 위선을 떨지 말고 '처음 사랑의 행위'(행 4:32~35)와 '제자도'(눅 14:26~27, 33)를 힘써 행하는 좁은 문으로 들어가야 한다.

하나님과 교회의 진실한 결혼

호세아 2:19~20에는 이스라엘과의 결혼을 향한 하나님의 열망이 기록되어 있다. 하나님은 당신의 택하신 백성 이스라엘과의 영원한 결혼을 꿈꾸신다. 그 결혼은 공의와 정의와 은총과 긍휼과 진실함에 기초한다. "내가 네게 장가들어 영원히 살되 공의와 정의와 은총과 긍휼히 여김으로 네게 장가들며 진실함으로 네게 장가들리니 네가 여호와를 알리라"(호 2:19~20).

타락한 인간들의 결혼에도 까다로운 조건이 있다. 법관과 윤락녀, 교수와 문맹 처녀, 의사와 가난한 여공 간의 결혼이 쉽게 이루어지겠는가? 신분의 차이, 지위의 차이, 수입의 차이, 학력의 차이 등, 그 차이가 클수록 그 결혼은 성립되기 어렵다. 하물며 지존하신 영광의 하나님과 비천한 죄인의 결혼이 어떻게 성립될 수 있겠는가? 빛과 어둠, 거룩함과 추함, 영원과 시간, 생명과 죽음은 결단코 하나가 될 수 없다. 그런데도 이 결혼은 하나님의 공의와 정의와 은총과 긍휼히 여김과 진실함에 기초를 두고, 하나님께서 열망하시는 영원한 결혼을 향해 지금도 진행되고 있다.

하나님의 은총과 긍휼로 '하나님의 의'이신 '예수 그리스도'로 말미암아 하나님의 생명에 연합된 교회는 장차 영생을 통해 하나님과의 영원한 결혼에 다다르게 된다. 너무나 불공평한 결혼, 그런데도 하나님의 의와 은총과 긍휼에 기초하고 있는 이 파격적인 결혼을 유지하게 하는 최후의 조건은 진실함이다. 하나님께서는 진실함으로 이 결혼에 대한 약속의 성취를 보증하셨다. 그러므로 하나님의 신부로 선택받은 교회, 곧 구원받은 교회는 하나님의 진실함에 진실함으로 응답해야 한다. 법관이 윤락녀와, 교수가 문맹 처녀와, 의사가 가난한 여공과 설령 조건의 차이를 초월해서 결혼했다고 할지라도 신분이 낮고 가난한 신부가 진실함을 잃어버린다면, 그 결혼은 결국 파경에 이른다. 그러므로 성경은 계속해서 마음과 뜻과 성품과 힘을 다해 하나님을 진실하게 사랑할 것을 명령한다.

마음과 뜻과 성품과 힘을 다해 하나님을 사랑하는 것은 하나님의 계명을 준행하는 일이다. 곧 하나님의 말씀에 순종함이다. 하나님을 사랑함과 하나님의 말씀을 준행함은 언제나 하나이다. "이스라엘아 네 하나님 여호와께서 네게 요구하시는 것이 무엇이냐 곧 네 하나님 여호와를 경외하여 그의 모든 도를 행하고 그를 사랑하며 마음을 다하고 뜻을 다하여 네 하나님 여호와를 섬기고 내가 오늘 네 행복을 위하여 네게 명하는 여호와의 명령과 규례를 지킬 것이 아니냐"(신 10:12~13). "내가 오늘 너희에게 명하는 내 명령을 너희가 만일 청종하고 너희의 하나님 여호와를 사랑하여 마음을 다하고 뜻을 다하여 섬기면"(신 11:13). "너희가 나를 사랑하면 나의 계명을 지키리라"(요 14:15). "예수께서 대답하여 이르시되 사람이 나를 사랑하면 내 말을 지키리니 내 아버지께서 그를 사랑하실 것이요 우리가 그에게 가서 거처를 그와 함께 하리라"(요 14:23).

정결한 신부만이 시온산에서 어린 양 예수 그리스도와 함께 새 노래를 부르게 된다. "또 내가 보니 보라 어린 양이 시온산에 섰고 그와 함께 십사만 사천이 서 있는데 그들의 이마에는 어린 양의 이름과 그 아버지의 이름을 쓴 것이 있더라 내가 하늘에서 나는 소리를 들으니 많은 물소리와도 같고 큰 우렛소리와도 같은데 내가 들은 소리는 거문고 타는 자들이 그 거문고를 타는 것 같더라 그들이 보좌 앞과 네 생물과 장로들 앞에서 새 노래를 부르니 땅에서 속량함을 받은 십사만 사천밖에는 능히 이 노래를 배울 자가 없더라 이 사람들은 여자와 더불어 더럽히지 아니하고 순결한 자라 어린 양이 어디로 인도하든지 따라가는 자며 사람 가운데에서 속량함을 받아 처음 익은 열매로 하나님과 어린 양에게 속한 자들이니 그 입에 거짓말이 없고 흠이 없는 자들이더라"(계 14:1~5).

새 노래를 부르는 '14만 4천'(상징적인 수)은 순결한 신부들이며 어린 양이 어디로 인도하든지 따라가는 자들이다. 신부가 가진 순결함의 증거는 신랑 되신 예수 그리스도께서 어디로 인도하든지 따라가는 데 있다. 이처럼 순결함과 순종은 함께한다. 곧 진실한 사랑과 순종은 하나이다. 신부 된 교회의 정절은 하나님을 진실하게 사랑함으로써 지켜진다. 그리고 그 사랑의 진실함은 계명을 지킴, 곧 말씀에 대한 순종으로만 입증된다.

순결한 신부는 신랑이신 예수 그리스도를 진실하게 사랑하는 자들이다. 그러므로 그들은 진실한 믿음을 가진 자들이다. 그런데 진실한 믿음 또한 순종과 함께 있다. "성도들의 인내가 여기 있나니 그들은 하나님의 계명과 예수에 대한 믿음을 지키는 자니라"(계 14:12).

신부 된 교회와 신랑 되신 예수 그리스도의 결혼은 영생을 통해서 완전해지고 완성된다. 그러므로 신부 된 교회에게 주어진 믿음의 싸움은 영생을 목적으로 한다. "오직 너 하나님의 사람아 이것들을 피하고 의와 경건과 믿음과 사랑과 인내와 온유를 따르며 믿음의 선한 싸움을 싸우라 영생을 취하라 이를 위하여 네가 부르심을 받았고 많은 증인 앞에서 선한 증언을 하였도다"(딤전 6:11~12). 그러므로 하나님께 진실한 믿음의 교회는 이 땅의 인생 문제를 해결하고 응답받기 위해 꿈을 디자인하고 긍정을 염불하며 사생결단하는 것이 아니라, 영생에 이르기 위해 날마다 정욕과 탐심을 십자가에 못 박는다. 정욕과 탐심을 십자가에 못 박음으로 믿음의 교회는 더욱더 의로워질 수 있고 경건해지며 사랑하며 온유해진다. 영생을 바라보는 교회에게는 바로 이 믿음의 선한 싸움이 인내의 과정이다.

하나님께서는 음행하는 구약 이스라엘을 향해 그들이 당신을 모른다고 하셨다. "에브라임은 내가 알고 이스라엘은 내게 숨기지 못하나니 에브라임아 이제 네가 음행하였고 이스라엘이 더러워졌느니라 그들의 행위가 그들로 자기 하나님에게 돌아가지 못하게 하나니 이는 음란한 마음이 그 속에 있어 여호와를 알지 못하는 까닭이라 이스라엘의 교만이 그 얼굴에 드러났나니 그 죄악으로 말미암아 이스라엘과 에브라임이 넘어지고 유다도 그들과 함께 넘어지리라 그들이 양 떼와 소 떼를 끌고 여호와를 찾으러 갈지라도 만나지 못할 것은 이미 그들에게서 떠나셨음이라 그들이 여호와께 정조를 지키지 아니하고 사생아를 낳았으니 그러므로 새 달이 그들과 그 기업을 함께 삼키리로다"(호 5:3~7).

구약 이스라엘 백성은 하나님께서 이미 그들에게서 떠나가셨음에도 양 떼와 소 떼를 이끌고 여호와를 만나기 위해 금송아지 형상이 새겨진 단과 벧엘의 성전을 출입했다. 하나님을 만나러 간다고 하면서 금송아지를 만나러 갔던 것이다. 그들은 금송아지 형상이 그들을 애굽에서 인도해 낸 구원의 하나님이라고 믿었다. 그러나 그들이 하나님을 만나러 간다고 찾았던 금송아지는 하나님이 아닌 '다른 신'이었다. 그들은 다른 신을 하나님으로 섬기는 음란을 행했다. 그들은 하나님이 아닌 다른 신 금송아지를 섬기는 사생자를 출산했다.

기원전 930년 통일 왕국 이스라엘이 북이스라엘과 남유다로 분열된 후, 북이스라엘의 시조 여로보암 왕은 예루살렘의 성전을 본떠서 단과 벧엘에 성소를 만들었다. 북이스라엘은 그곳을 출입하며 여로보암 왕이 그들의 하나님이라고 만들었던 금송아지 형상을 호세아 시대까지 2백여 년 동안 섬겨 왔다. 결국, 북이스라엘이 금송아지를 하나님이라고 섬겼던 2백여 년 동안의 제사 의식 곧 예배 의식이 바로 여호와께 정조를 지키지 않고 사생자를 출산해 온 죄악이다. 그렇다. "하나님, 하나님!" 하며 살다 갔던 북이스라엘 백성은 하나님 보시기에 사생자들이다. 하나님 아닌 다른 신을 섬기는 행위는 하나님을 알지 못하는 행위이다.

하나님께서는 뜨거운 제의 문화에 함몰돼 있던 북이스라엘에게 제사와 번제보다도 인애(仁愛)를 원하시고 당신을 알기를 원하셨다. "나는 인애를 원하고 제사를 원하지 아니하며 번제보다 하나님을 아는 것을 원하노라"(호 6:6). 그러므로 아무리 열심히 예배를 드려도 인애의 삶이 없으면 하나님을 모르는 것이다. 하나님을 아는 백성은 "하나님! 하나님!" 하며 양 떼와 소 떼를 이끌고 부지런히 성전을 출입하는 사람이 아니다. 열심히 번제와 제사를 드리는 사람도 아니다. 하나님을 아는 백성은 다른 신을 섬기지 않고 하나님만을 섬기며 그 하나님의 명령에 온전히 순종해서 인애의 삶, 곧 변함없는 사랑의 삶을 결실하는 사람이다. 결국, 북이스라엘은 아무리 열심히 제사와 번제를 드려도 하나님을 모르는 백성이었다. 그들에게 인애의 삶이 없었기 때문이다. 인애는 율법의 영원한 명령인 사랑이다. 구체적으로 이 사랑은 안식년법과 희년법을 순종하는 것이다(출 21:1~6; 레 25:1~7; 신 15:1~18; 렘 34:8~22).

신약 교회는 구약 이스라엘 백성처럼 '다른 신' 금송아지 형상을 섬겨서가 아니라, '다른 예수와 다른 복음과 다른 영'을 용납함으로 음란한 여자, 음란한 신부가 된다. 사도 바울이 목회하던 시대부터 고린도 교회 안에 다른 예수와 다른 복음과 다른 영이 유입되었다. 고린도 교회는 그 다른 예수와 다른 복음과 다른 영을 용납했다. 그들을 향해 사도 바울은 예수 그리스도의 정결한 신부가 되지 못할 것이라고 경고했다. "내가 하나님의 열심으로 너희를 위하여 열심을 내노니 내가 너희를 정결한 처녀로 한 남편인 그리스도께 드리려고 중매함이로다 그러나 나는 뱀이 그 간계로 하와를 미혹한 것 같이 너희 마음이 그리스도를 향하는 진실함과 깨끗함에서 떠나 부패할까 두려워하노라 만일 누가 가서 우리가 전파하지 아니한 다른 예수를 전파하거나 혹은 너희가 받지 아니한 다른 영을 받게 하거나 혹은 너희가 받지 아니한 다른 복음을 받게 할 때에는 너희가 잘 용납하는구나"(고후

11:2~4).

고린도 교회가 다른 복음과 다른 예수와 다른 영을 용납한 죄악은 예수 그리스도의 정결한 신부가 될 수 없는 음행 죄이다. 다른 복음과 다른 예수와 다른 영을 용납한 죄악은 하와가 뱀에게 미혹을 받아 선악과를 먹음으로 모든 사람을 죄인 되게 한 죄와 같은 죄이다. 곧 작은 죄가 아니다. 매우 큰 죄악이다.

사도 요한은 하나님의 계명을 지키지 않는 자는 하나님을 모르는 자라고 책망했다. "우리가 그의 계명을 지키면 이로써 우리가 그를 아는 줄로 알 것이요 그를 아노라 하고 그의 계명을 지키지 아니하는 자는 거짓말하는 자요 진리가 그 속에 있지 아니하되 누구든지 그의 말씀을 지키는 자는 하나님의 사랑이 참으로 그 속에서 온전하게 되었나니 이로써 우리가 그의 안에 있는 줄을 아노라 그의 안에 산다고 하는 자는 그가 행하시는 대로 자기도 행할지니라"(요일 2:3~6).

하나님을 아는 교회, 곧 구원받은 교회는 반드시 예수 그리스도께서 명령하신 사랑의 계명을 주님처럼 지켜 행해야 한다. 주님께서 교회를 위해 베푸신 사랑은 목숨 버리신 사랑이다. 그 목숨 버리신 사랑에 보답하기 위해 교회는 목숨보다 중요하지 않은 재물로 넘치는 사랑의 삶을 살아야 한다. "그가 우리를 위하여 목숨을 버리셨으니 우리가 이로써 사랑을 알고 우리도 형제들을 위하여 목숨을 버리는 것이 마땅하니라 누가 이 세상의 재물을 가지고 형제의 궁핍함을 보고도 도와 줄 마음을 닫으면 하나님의 사랑이 어찌 그 속에 거하겠느냐"(요일 3:16~17).

초대교회는 이 사랑의 계명에 순종해서 목숨보다 중요하지 않은 자기 재물을 자기 것이라 하지 않고 아낌없이 형제들에게 나누었다(행 4:32~35). 초대교회는 "주여! 주여!"만 한 것이 아니라, 죽을힘을 다해 사랑의 계명을 지켜 행했다. 바로 이들이 하나님을 아는 주의 백성이다.

구약 이스라엘 백성이 아무리 양 떼와 소 떼를 이끌고 뜨거운 제사를 드렸다고 한들 그들이 하나님이 아닌 다른 신, 곧 금송아지를 하나님이라고 섬기고, 그들의 삶 속에 인애가 결실되지 않는다면 그들은 하나님을 아는 것이 아니다. 하나님을 모르는 음란한 백성이다. 음란한 아내인 그들은 하나님의 철저한 심판을 피할 수 없었다. 마찬가지로 신약 교회가 열린 예배니, 축제 예배니, 미스바 성회니, 회개의 성회니 하며 뜨거운 제사를 아무리 드린들 무엇하겠는가? 그들이 다른 예수와 다른 복음과 다른 영을 용납하고, 그들의 삶 속에 처음 사랑의 행위(행 4:32~35; 계 2:5)가 없다면 그들은 단지 음란한 아내일 뿐이다.

장차 주님께서는 시끄러울 정도로 "주여! 주여!" 하는 교회를 향해 "나는 너를 도무지 모른다. 불법을 행하는 자들아, 내게서 떠나가라!" 하시며 당신의 입에서 토하여 내치실 것이다. 여기서 '불법'은 사회 규범을 파괴하고 교도소에 들어가는 범법 행위 정도를 말하는 것이 아니다. 아무리 열심히 "주여! 주여!" 해도 다른 복음과 다른 예수와 다른 영을 용납하는 것, 그리고 처음 사랑의 행위를 회복하지 않는 것이 바로 교회가 하나님 앞에서 범하는 가증한 불법이다.

지금 교회는 초대교회가 보여 주었던 처음 사랑의 행위는 눈곱만큼도 없으면서도 다른 복음과 다른 예수와 다른 영을 잘도 용납하는 가짜 제자들을 수도 없이 양산하고 있다. 곧 하나님을 알지 못하는 사생자를 무한정 출산하고 있다.

예수 그리스도와의 진실한 결혼을 향해 나아가는 신부 된 교회는 다른 예수와 다른 복음과 다른 영을 용납해서는 안 된다. 그리고 다른 예수와 다른 복음과 다른 영을 전하는 교회 안의 거짓 선지자들을 하나님의 종으로 인정해서도 안 된다. 그리고 이제 남은 생을 사업 성공의 망(亡) 꿈으로 살지 말고 물질 축복의 망상에 사로잡히지 말고, 아파트 장만의 꿈을 이루기 위해서가 아니라 내게 있는 것을 가난한 형제 교회와 가난한 형제 교우와 가난한 형제 선교사를 위해 아낌없이 나누는 삶을 위해 죽을힘을 다해야 한다.

약속의 본향, 그 소망의 도성

아브라함은 하나님께서 약속하신 땅 가나안을 바라보고 믿음의 여정을 떠났다(창 12:1). 여기서 약속의 땅 가나안은 약속의 나라 곧 하나님의 나라를 의미한다. 그러므로 믿음의 여정은, 아브라함이 약속의 가나안을 바라보고 떠났듯이 교회가 약속의 나라를 바라보고 죄악 된 세상을 떠나는 것이다.

약속의 땅 가나안을 바라보고 믿음의 여정을 떠났던 아브라함은 그 땅을 밟으며 100여 년 나그네 세월을 순례자로 살면서 그곳에 자신의 묏자리 외에 단 한 평의 땅도 소유하지 못했다. 그러므로 그가 바라본 것은 이 땅에서 주어지는 부와 성취가 아니라 눈에는 보이지 않지만, 약속의 영역으로 남아 있는 하늘에 속한 본향의 유업이다. "이 사람들은 다 믿음을 따라 죽었으며 약속을 받지 못하였으되 그것들을 멀리서 보고 환영하며 또 땅에서는 외국인과 나그네임을 증언하였으니 그들이 이같이 말하는 것은 자기들이 본향 찾는 자임을 나타냄이라 그들이 나온바 본향을 생각하였더라면 돌아갈 기회가 있었으려니와 그들이 이제는 더 나은 본향을 사모하니 곧 하늘에 있는 것이라 이러므로 하나님이 그들의 하나님이라 일컬음 받으심을 부끄러워하지 아니하시고 그들을 위하여 한 성을 예비하셨느니라"(히 11:13~16).

믿음으로 아브라함의 후손이 된 신약 교회 또한 믿고 바라보아야 하는 것은 이 땅에 속한 것이 아니라, 약속의 영역에 속한 것이다. 그러므로 사도 바울은 지금은 보이지 않지만 장차 나타날 영광을 인내로 기다리라고 했다. "우리가 소망으로 구원을 얻었으매 보이는 소망이 소망이 아니니 보는 것을 누가 바라리요 만일 우리가 보지 못하는 것을 바라면 참음으로 기다릴지니라"(롬 8:24~25). "우리가 잠시 받는 환난의 경한 것이 지극히 크고 영원한 영광의 중한 것을 우리에게 이루게 함이니 우리가 주목하는 것은 보이는 것이 아니요 보이지 않는 것이니 보이는 것은 잠깐이요 보이지 않는 것은 영원함이라"(고후 4:17~18). 또한 사도 바울은 땅의 것을 쳐다보지 말고 위의 것을 쳐다보라고 했고, 이 땅에 다시 나타나실 예수 그리스도를 기다리라고 했다. "위의 것을 생각하고 땅의 것을 생각하지 말라 이는 너희가 죽었고 너희 생명이 그리스도와 함께 하나님 안에 감추어졌음이라 우리 생명이신 그리스도께서 나타나실 그때에 너희도 그와 함께 영광 중에 나타나리라"(골 3:2~4). "모든 사람에게 구원을 주시는 하나님의 은혜가 나타나 우리를 양육하시되 경건하지 않은 것과 이 세상 정욕을 다 버리고 신중함과 의로움과 경건함으로 이 세상에 살고 복스러운 소망과 우리의 크신 하나님 구주 예수 그리스도의 영광이 나타나심을 기다리게 하셨으니"(딛 2:11~13). 그러므로 믿음의 본질은 땅에 소망을 두지 않고 위로부터 임하실 하나님을 기다리는 데 있다.

아브라함과 이삭과 야곱의 삶은 나그네의 길이다. 나그네의 길을 걷는 자는 현실에 안주하고 만족하는 정착의 옷을 벗어 버리고 보이지 않는 본향을 향해 먼 길을 떠나는 사람이다. 옛 관계와는 죽어버리고 미래를 향해 현재를 살며 예수 그리스도 안에서 다시 태어나는 사람이다. 현재의 고통 중에서도 과거를 돌아보지 않고 미래의 소망으로 광야의 길을 걷는 사람이다. 이는 곧 고귀한 것을 얻기 위해 낮고 천한 세속에서 떠남을 의미한다. 진리와 생명을 위해 세상에서 보이고 들리는 소란함으로부터 떠남을 의미한다. 신앙의 본분과 소명을 위해서 개인적 안락과 행복으로부터 떠남을 의미한다. 영원한 천국을 바라보고 일시적인 세상으로부터 떠남을 의미한다. 영생의 상급을 바라보고 믿음과 인내와 소망의 삶을 살아감을 의미한다.

히브리서 기자는 아브라함이 약속의 가나안을 바라본 것을 하나님께서 하늘에 예비하시고 약속하신 본향 곧 '한 성'을 바라본 것으로 해석하면서 아브라함은 그 한 성의 나타남을 멀리서 보고 환영했다고 말한다(히 11:13~16). 그런데 주님께서는 아브라함이 당신의 때를 볼 것을 바라보며 기뻐했다고 말씀하셨다. "너희 조상 아브라함은 나의 때 볼 것을 즐거워하다가 보고 기뻐하였느니라"(요 8:56). 아브라함은 믿음 안에서 약속의 땅 가나안을 바라보았고, 약속의 한 성을 바라보았고 결국, 그는 믿음 안에서 주님의 때 곧 주님으로 말미암는 구원의 시대를 바라본 것이다. 그러므로 아브라함이 바라보았던 더 나은 본향, 곧 하나님이 그들을 위해 준비하신 한 성은 건물이 아니라, 예수 그리스도로 말미암는 구원의 시대이다. 바로 이 구원의 시대가 예수 그리스도가 이 땅에 가져오신 약속의 나라 곧 하나님의 나라이다. 그런 의미에서 예수께서 하나님의 나라가 임했다고 했을 때, 그것은 곧 당신으로 말미암는 하나님의 구원이 임했다는 의미이다.

적자생존의 세계를 살아가는 우리는 항상 나의 자녀, 나의 가정, 나의 직장, 나의 사업, 나의 건강에만 골몰하며 일평생을 근심으로 살아간다. 그러다 보니 항상 내 인생 문제가 신앙의 중심이 되고 기도의 목적이 되며, 나아가서 이와 같은 인생 문제의 해결을 하나님의 축복으로 자랑한다. 그러다 보니 오늘 교회는 남보다 잘된 자신의 인생을 하나님의 축복, 하나님의 영광으로 자랑한다. 이처럼 자기 사랑에 함몰된 인생들을 향해 주님께서는 하나님의 나라와 의를 구하라고 하신다(마 6:25~33).

하나님의 나라와 의를 구하라는 것은 하나님께서 약속하신 가나안을 바라보라는 것이며, 약속하신 본향을 사모하라는 것이며, 약속하신 한 성을 환영하라는 것이며, 이는 다시 오시겠다고 약속하신 주님을 기다리라는 것이다. 이 소망의 끝에서, 이 기다림의 끝에서 약속의 한 성은 하늘로부터 이 세상에 나타난다. "또 내가 새 하늘과 새 땅을 보니 처음 하늘과 처음 땅이 없어졌고 바다도 다시 있지 않더라 또 내가 보매 거룩한 성 새 예루살렘이 하나님께로부터 하늘에서 내려오니 그 준비한 것이 신부가 남편을 위하여 단장한 것 같더라"(계 21:1~2).

거룩한 성 새 예루살렘이 나타남은 예수 그리스도께서 재림하신다는 것이다. 예수께서 재림하시는 그날에 믿음의 교회는 예수 그리스도 안에서 모든 염려와 수고를 그치고 하나님께서 허락하시는 영원한 생명 곧 영생 안에서 불안과 염려로 가득했던 시간과 공간을 넘어 하나님의 영원한 영광의 자유와 기쁨에 이를 것이다. "내가 들으니 보좌에서 큰 음성이 나서 이르되 보라 하나님의 장막이 사람들과 함께 있으매 하나님이 그들과 함께 계시리니 그들은 하나님의 백성이 되고 하나님은 친히 그들과 함께 계셔서 모든 눈물을 그 눈에서 닦아 주시니 다시는 사망이 없고 애통하는 것이나 곡하는 것이나 아픈 것이 다시 있지 아니하리니 처음 것들이 다 지나갔음이러라"(계 21:3~4).

그 날에 거룩한 성 새 예루살렘 안에서, 곧 재림하시는 예수 그리스도 안에서, 실낙원의 비애로 시작된 하나님의 구속사는 복낙원의 기쁨으로 대단원의 막을 내리게 된다. 그 날에 죽기까지 믿음으로 계명을 지킨 신실한 하나님의 백성(계 12:11; 14:12)만이, 정결한 신부만이 하나님과 영원한 결혼에 이른다. 그 날 곧 하나님께서 당신의 백성에게 영원히 장가드시는 한 날을 바라보며 호세아는 자신의 불행한 비극적 결혼 생활을 인내했다. "내가 네게 장가들어 영원히 살되 공의와 정의와 은총과 긍휼히 여김으로 네게 장가들며 진실함으로 네게 장가들리니 네가 여호와를 알리라 여호와께서 이르시되 그날에 내가 응답하리라 나는 하늘에 응답하고 하늘은 땅에 응답하고 땅은 곡식과 포도주와 기름에 응답하고 또 이것들은 이스르엘에 응답하리라"(호 2:19~22). 하나님께서 당신의 교회에게 공의와 정의과 은총과 긍휼히 여김과 진실히 여김으로 영원히 장가드시는 그날에 신실한 믿음의 교회만이 하나님께서 준비하신 영화에 다다를 것이다.

참된 믿음의 교회 곧 신부 된 교회는 결단코 이 땅의 문제 해결에 집착하지 않는다. 이 땅의 문제 해결 때문에 기도하지 않는다. 이 땅의 문제를 꿈으로 디자인하지 않는다. 이 땅에서 자기 소유로 등기하는 것에 골몰하지 않는다. 더 나은 본향 곧 약속의 한 성을 바라보기 때문이다. 약속의 주님을 기다리기 때문이다. 그러므로 새 하늘과 새 땅을 바라보는 정결한 신부 된 교회는 오로지 그분 앞에 흠도 점도 나타나기 위해 힘쓸 뿐이다. 참된 교회는 성화를 힘쓴다. 영생을 바라보고 믿음의 선한 싸움을 힘쓴다(딤전 6:11~12). 그래서 더욱 거룩해지기 위해서 더욱 하나님의 말씀에 순종하는 진실한 신부가 되기 위해서 힘쓴다. 또한, 이를 위해 기도한다.

하나님께서는 잃어버린 에덴을 복원하실 것이다. 곧 거룩한 성 새 예루살렘을 단장하실 것이다. 하나님께서는 회복된 에덴 곧 거룩한 성 새 예루살렘 안에서 당신의 백성 가운데 보좌를 좌정하시고 당신의 영화로운 영원한 생명으로 동행하신다. 그 날에 아담의 범죄로 말미암아 막혔던 생명나무에 이르는 길이 회복되고 그 생명나무 길을 따라 열두 가지 열매가 결실될 것이다(계 22:2). 그 날에 당신의 백성은 당신의 얼굴을 뵈옵게 된다(계 22:4). 그렇게 얼굴과 얼굴을 마주 대하여 주께서 나를 아신 것 같이 우리도 온전히 주를 알게 될 것이다(고전 13:12).

에덴동산으로부터 강이 발원하여 동산을 적시고 모든 풍요와 생명의 근원이 되었듯이 그 날에도 수정같이 맑은 생명수의 강이 하나님과 및 어린 양의 보좌로부터 나서 길 가운데로 흐르고 그 강 좌우를 따라 생명나무에서 열두 가지 열매가 맺힐 것이며 생명나무 잎사귀들이 만국을 소성시킬 것이다(계 22:1~2). 그렇다. 그 날에 거룩한 성 새 예루살렘으로부터 발원되는 생명수는 만국을 소성시킨다. 결국, 장차 나타날 새 예루살렘 성은 재림하시는 예수 그리스도 안에서 완성되는 하나님의 나라, 곧 구원의 시대이다. 이 구원의 시대를 완성하고 성취하시기 위해 하나님은 지금도 쉬지 않고 일하신다. "나는 시온의 의가 빛같이, 예루살렘의 구원이 횃불같이 나타나도록 시온을 위하여 잠잠하지 아니하며 예루살렘을 위하여 쉬지 아니할 것인즉"(사 62:1).

믿음의 선진들이 바라보았던 '한 성', 곧 소망의 도성인 '거룩한 성 새 예루살렘'은 예수 그리스도 안에서 하나님께서 이루고자 하시는 '시온의 공의'이며 '예루살렘의 구원'이다. 하나님의 열심은 구속사 안에서 예수 그리스도로 말미암는 구원으로 나타났고, 예수 그리스도로 말미암아 나타난 하나님의 구원은 다시 오시는 예수 그리스도 안에서 그 완성에 이른다. 이 완성의 시점까지 하나님은 쉬지 않고 일하신다. 장차 완성되어 나타날 거룩한 성 새 예루살렘 곧 예수 그리스도 안에서 하나님께서 이루실 영원한 구원이 성령 안에서 계시된 환상이며, 믿음의 교회가 꿈꾸는 세계이며, 장차 이루어질 장래 일이다.

히브리서 11:13은 아브라함과 이삭과 야곱의 삶이 본향을 찾아가는 나그네의 삶이었다고 증언한다. 믿음의 사람 아브라함으로부터 시작된 나그네의 여정은 이후 그의 아들 야곱이 애굽의 바로 왕 앞에서 "내 나그넷길의 세월이 백삼십 년입니다. 내 나이가 얼마 못 되니 우리 조상의 나그넷길의 연조에 미치지 못하나 험악한 세월을 보내었습니다."라는 고백을 뒤로하고 땅에서의 파란만장했던 믿음의 여정은 대단원의 막을 내린다.

아브라함과 이삭과 야곱으로 이어진 나그네 여정의 시작이 의미하는 바는 단절하고 떠나는 역사이다. 그것을 위해 하나님께서는 아브라함을 갈대아 우르에서 불러내셨다. 죄악 된 사회, 죄악 된 소유, 죄악 된 습관, 죄악 된 감정, 죄악 된 생각, 죄악 된 마음, 죄악 된 탐욕, 죄악 된 세상과의 분명하고도 확실한 단절을 통해서만 그들의 후손 된 믿음의 교회는 약속된 본향, 그 소망의 도성을 향해 믿음의 길을 재촉할 수 있다.

본토 친척 아버지 집을 등지고 떠나야 했던 아브라함 일족의 나그네 여정은 의식주의 모든 것과 지식, 명예, 재물, 인간관계의 포기를 전제한다. 주님의 말씀대로 부모나 형제나 자녀나 재물도 주님을 위해 모두 포기할 줄 아는 신앙이었음을 의미한다. 그런 의미에서 족장들의 생애야말로 약속의 말씀을 붙잡고, 또한 그 말씀의 힘으로 보이지 않는 미래를 위해 보이는 현재의 모든 것을 포기한 위대하고도 숭고한 신앙의 여정이다.

믿음의 족장 아브라함과 이삭과 야곱은 이 땅을 살다 갔지만, 그들의 소망은 하나님에게 있었다. 약속된 하늘의 본향에 있었다. 약속된 '한 성'에 있었다. 약속된 '거룩한 성 새 예루살렘의 나타남'에 있었다. 약속된 '메시아의 강림'에 있었다.

예수 그리스도로 말미암아 하나님의 나라가 임했다. 이 나라는 2천여 년 전 역사 속에 이미 임했던 실제이다. 그 하나님의 나라가 이 땅에 나타난 후, 믿음으로 말미암는 구원의 시대가 도래했다. 그러나 이 나라는 장차 완성을 바라보고 있다. 그 날에 장차 나타날 거룩한 성 새 예루살렘 안에서 하나님의 약속된 구원은 완성에 이른다. 영원에 이른다.

하나님께서 영원부터 영원까지
작정하신 꿈

하나님께서는 시온의 공의가 빛같이, 예루살렘의 구원이 횃불같이 나타나도록 지금도 쉬지 않고 일하신다. "나는 시온의 의가 빛같이, 예루살렘의 구원이 횃불같이 나타나도록 시온을 위하여 잠잠하지 아니하며 예루살렘을 위하여 쉬지 아니할 것인즉 이방 나라들이 네 공의를, 뭇 왕이 다 네 영광을 볼 것이요 너는 여호와의 입으로 정하실 새 이름으로 일컬음이 될 것이며 너는 또 여호와의 손의 아름다운 관, 네 하나님의 손의 왕관이 될 것이라"(사 62:1~3). 시온의 공의와 예루살렘의 구원을 위한 하나님의 열심은 그 날에 시온, 즉 예루살렘이 새 이름으로 일컬음을 받는 날 그 성취의 절정에 이른다. 그 날에 하나님께로부터 하늘에서 신부가 남편을 위해 단장함같이 거룩한 성 새 예루살렘이 내려올 것이다. "또 내가 새 하늘과 새 땅을 보니 처음 하늘과 처음 땅이 없어졌고 바다도 다시 있지 않더라 또 내가 보매 거룩한 성 새 예루살렘이 하나님께로부터 하늘에서 내려오니 그 준비한 것이 신부가 남편을 위하여 단장한 것 같더라"(계 21:1~2).

하나님께서 지금도 쉬지 않고 하시는 일은 죄인들의 인생 문제 해결이 아니라, 시온의 공의와 예루살렘의 구원을 완성하시는 것이다.

지금도 하나님께서는 죄인 구속을 위해서 일하신다. 새 예루살렘이 신부가 남편을 위해 단장함같이 완성되는 그날, 하나님께서 이스라엘(교회)에게 영원히 장가드시기를 열망했던 영원한 꿈이 마침내 성취될 것이다. 하나님께서 공의와 정의와 은총과 긍휼히 여김으로 예루살렘과 영원히 장가드시는(호 2:19~20) 바로 그날에 시온의 공의는 빛과 같이 예루살렘의 구원은 횃불과 같이 빛나게 된다.

거룩한 성 새 예루살렘이 하나님께로부터 하늘로서 내려오는 날, 하나님께서 약속하셨던 죄인 구속은 종국적 성취에 이르러 우리 한 사람 한 사람이 몸의 속량을 받아(롬 8:23) 영광 중에 나타나게 될 것이다(골 3:4). 이처럼 하나님께서는 죄인들의 인생 문제 해결을 위해서가 아니라 죄인들에게 작정하신 당신의 완전한 구속을 성취하시기 위해 지금까지 일하신다. 바로 이것이 '하나님의 나라와 의'다. 바로 이 시온의 공의와 예루살렘의 구원이 하나님께서 영원부터 영원까지 마음에 작정하신 영원한 꿈이다.

'하나님의 나라'를 통해서 시온의 공의는 빛같이 나타나며 예루살렘의 구원은 횃불같이 나타난다. 시온의 공의가 영원히 빛나는 날, 예루살렘의 구원이 영원히 횃불같이 타는 날, 예루살렘이 새 이름으로 일컬어지는 날, 거룩한 성 새 예루살렘이 하나님께로부터 하늘에서 내려오는 날, 죄인 구속은 완성되고 또한 하나님의 나라도 완성된다.

교회는 '이미' 임한 하나님의 나라 즉 이미 임한 구원을 받았으나 또한 '장차' 완성될 하나님의 나라 즉 구원의 완성을 하나님의 열심 안에서 꿈꾸며 바라보아야 한다. '이미'와 '아직' 사이에서 순례하는 교회는 완성될 하나님의 나라, 완성될 하나님의 구원을 바라보고 그 구원의 절정인 영생에 이르기 위해 믿음의 선한 싸움을 싸워야 한다. "오직 너 하나님의 사람아 이것들을 피하고 의와 경건과 믿음과 사랑과 인내와 온유를 따르며 믿음의 선한 싸움을 싸우라 영생을 취하라 이를 위하여 네가 부르심을 받았고 많은 증인 앞에서 선한 증언을 하였도다"(딤전 6:11~12).

세상에서 부르심을 받은 교회는 장차 나타날 중하고도 영원한 영광인 영생을 바라보며 꽃의 쇠잔함과 같고 아침 안개의 사라짐과 같은 인생의 꿈을 좇지 말고 의와 경건과 믿음과 사랑과 인내와 온유를 좇아 믿음의 선한 싸움을 힘써야 한다. 바로 그것이 남편이신 하나님의 일에 신부 된 교회가 동참하는 것이다. 곧, 교회는 성화를 힘씀으로써 하나님의 나라와 의를 이루어 간다.

사도 베드로는 교회가 믿음의 삶 속에 해결의 열매, 응답의 열매가 결실되기를 축복하지 않고 성화의 열매가 결실되기를 축복했다. 그것은 성화의 열매가 없이는 하나님의 나라에 넉넉하게 들어갈 수가 없기 때문이다. "너희가 더욱 힘써 너희 믿음에 덕을, 덕에 지식을, 지식에 절제를, 절제에 인내를, 인내에 경건을, 경건에 형제 우애를, 형제 우애에 사랑을 더하라 이런 것이 너희에게 있어 흡족한즉 너희로 우리 주 예수 그리스도를 알기에 게으르지 않고 열매 없는 자가 되지 않게 하려니와 이런 것이 없는 자는 맹인이라 멀리 보지 못하고 그의 옛 죄가 깨끗하게 된 것을 잊었느니라 그러므로 형제들아 더욱 힘써 너희 부르심과 택하심을 굳게 하라 너희가 이것을 행한즉 언제든지 실족하지 아니하리라 이같이 하면 우리 주 곧 구주 예수 그리스도의 영원한 나라에 들어감을 넉넉히 너희에게 주시리라"(벧후

1:5~11).

　사도 베드로는 교회가 '구원의 완성에 다다름'을 '영원한 나라에
들어감'이라고 했다. 그런데 성화의 열매가 없는 사람은 영원한 나라
에 들어갈 수 없다. 이는 곧 구원받지 못함을 의미한다. 주님께서도
하나님의 나라에 들어가는 사람은 "주여! 주여!" 하는 사람이 아니라
하나님의 뜻을 행하는 사람이라고 하셨다(마 7:21).

　사도 베드로는 위의 본문 10절에서 '너희가 이것을 행한즉' 실족
하지 않는다고 했다. 부르심과 택하심을 굳게 한다고 했다. 즉 행함을
통해 하나님 나라에 넉넉히 들어가게 된다고 했다. 그 역시 야고보 선
생과 마찬가지로 우리를 구원하는 '믿음'이란 '열매 맺는 삶', 즉 '행함
을 통해서 온전해지며 행함과 함께 있는 믿음'(약 2:22)이라고 말하
는 것이다. 믿음은 오로지 성화를 통해서 살아 있음을 증명한다. 열매
맺지 못하는 삶은 죽은 믿음이고, 죽은 믿음은 결단코 우리를 구원할
수 없다(약 2:14~17; 계 3:1~2). 죽은 믿음으로는 하나님의 나라에
결단코 들어갈 수 없다.

　하나님께서 시온의 공의가 빛같이 예루살렘의 구원이 횃불같이
나타나도록 쉬지 않으시듯이 어린 양 예수 그리스도의 신부 된 교회
는 성화의 열매를 결실하는 믿음의 선한 싸움을 싸워야 한다. 그래서
우리 주님께서 다시 오실 때, 아무 열매도 결실하지 못하는 '신앙의
겨울'과 신앙의 싸움을 그친 '신앙의 잠'에 들지 않도록 깨어 근신해
야 할 것이다.

믿음의 꿈, 그 기다림의 여정

하나님께서 아브라함에게 약속하신 믿음의 꿈은 '씨'와 '기업'이다. 하나님께서는 먼 훗날 아브라함의 후손이 하늘의 별과 같고 바닷가의 모래와 같이 많아질 것과 가나안 동서남북의 영역이 그의 후손에게 주어질 것을 믿게 하시려고 사라의 죽은 태를 여시고 독자 이삭을 믿음의 증표로 허락하셨다. 그러므로 아브라함이 바라본 믿음의 꿈은 독자 이삭 한 사람이 아니라, 한 사람 독자 이삭의 기적을 통해 많은 백성이 아브라함의 후손이 되고 그들이 가나안 땅 일경을 차지함으로 성취된다.

아브라함은 자신이 하나님께 받은 믿음의 꿈이 성취되는 것을 보지 못하고 누리지 못하고, 멀리서 보고 환영하는 순례의 길을 떠났다. 그의 후손이 가나안 일경을 기업으로 차지하기까지는 430여 년의 세월이 흘러야 했기 때문이다.

아브라함은 불가능할 것 같았던 이삭의 출생을 이루신 하나님의 능력 안에서 먼 훗날 자신이 나그네로 밟고 있는 가나안의 일경이 많은 후손의 기업으로 반드시 허락될 것을 믿었다. 혈혈단신으로 부름을 받았던 아브라함에게 이 약속의 성취는 불가능할 것처럼 보였지만, 독자 이삭의 출생을 기적적으로 체험한 후, 먼 훗날 성취될 하나님의 약속을 믿음 안에서 바라보고 하나님의 말씀에 순종하여 마지막 순간까지 가나안 땅에서 나그네로 살아갔다. 이후 이 믿음의 꿈을 전승받은 아들 이삭과 손자 야곱도 결단코 안락한 본토로 돌아가지 않았다. 그들은 토착민에게 쥐도 새도 모르게 죽임을 당할지도 모를 위험천만한 가나안 땅에 장막을 치고 이방인 나그네로 거하며 약속의 성취를 멀리서 보고 환영했다.

믿음의 조상 아브라함에게 약속된 믿음의 꿈인 '씨'와 '기업', 즉 많은 후손과 가나안 땅에서의 정착은 이후 선지자들에 의해 약속의 아들 이삭이 예표했던 그 실체이신 예수 그리스도와 그분이 가져오실 하나님의 나라, 곧 영구한 기업의 꿈으로 승계된다. 그래서 이사야 선지자로부터 말라기 선지자까지 모든 선지자가 하나같이 씨와 기업, 즉 '예수 그리스도'와 '하나님의 나라'를 설파하고 약속의 메시아가 이 땅에 오실 그날을 대망하며 다시 700여 년의 구속사가 흘러간다. 아브라함에게 약속된 씨와 기업의 약속이 성취되는 데 430여 년의 세월이 흘러가야 했듯이 이사야 선지자로부터 시작된 이 믿음의 꿈이 성취되기까지 또한 700여 년의 세월이 흘러가야 했다.

이 꿈의 전령들인 선지자들과 이 꿈에 믿음으로 화답했던 이스라엘의 '남은 자'들 또한 이 꿈의 성취를 바라보며 믿음의 길을 재촉했다. 그래서 대다수 거짓 선지자와 이스라엘 백성이 밭농사와 목축업의 꿈 즉 이 땅에서의 풍요와 다산의 꿈을 먹고 마실 때, 선지자들과 믿음의 남은 자들은 이 약속의 성취를 바라보며 핍절과 고난의 생을 걸어갔다. 믿음의 선조들인 아브라함과 이삭과 야곱이 약속의 성취를 멀리서 보고 환영하며 이 땅의 장막에서 나그네로 살아갔듯이, 이 땅의 풍요와 다산이 주는 축복의 영역에서 도태되어 고난과 핍절의 생을 나그네로 살아갔던 것이다. 이 꿈의 여정 끝에서 약속의 씨, 약속의 기업에 대한 믿음의 꿈은 예수 그리스도의 이 땅에 오심과 그분으로 말미암은 지체들의 모임인 교회 시대를 통해 그 성취에 이른다.

믿음의 족장들이나 선지자들, 그리고 남은 자들은 이 땅에서의 10년 20년의 꿈을 먹고 살지 않았다. 그들은 자기 당대에서는 그 성취를 보지 못했지만, 장차 반드시 하나님의 약속대로 이루어질 믿음의 꿈인 하나님의 나라와 의의 성취를 바라보며 수백 년의 세월을 기다리고 기다리며 살았다. 그러므로 주님께서는 당대의 제자들에게 보고 듣는 너희가 복되다고 말씀하셨던 것이다. "내가 너희에게 말하노니 많은 선지자와 임금이 너희가 보는 바를 보고자 하였으되 보지 못하였으며 너희가 듣는 바를 듣고자 하였으되 듣지 못하였느니라"(눅 10:24).

하나님께서 주신 약속의 꿈은 10년 20년 후의 인생의 꿈이 아니라 천 년이 하루 같고 하루가 천년 같을지라도 틀림없이 성취되는 '씨'와 '기업'의 꿈이다. 그래서 믿음의 족장들에게는 수많은 후손과 그 후손이 가나안 일경을 차지하는 것으로 이 꿈은 성취되었고, 다시 가나안 땅을 차지한 수많은 이스라엘 백성에게는 메시아 예수 그리스도와 그가 가져오신 약속의 기업인 천국의 도래로 이 꿈은 성취된다. 그래서 약속된 가나안 지경 곧 하나님의 나라는 예수 그리스도 한 분을 머리로 모신 많은 지체의 모임인 신약 교회 세대로 성취되었다. 그러나 하나님께서 약속하신 믿음의 꿈은 여기서 끝난 것이 아니다.

이 땅에 이미 현존하는 하나님의 나라인 교회는 종국적인 하나님 나라의 성취인 천국의 완성을 향해 달려가야 하는 '이미'와 '아직'이라는 긴장 속에서 순례의 노정을 걷고 있다. 그러므로 믿음의 후손인 교회에게 하나님께서 주신 꿈은 이 땅에서의 10년 20년 후의 영향력 있는 인생이 아니다. 하나님께서 교회에 약속하신 믿음의 꿈은 예수 그리스도의 다시 오심과 그분 안에서 구속받은 신실한 신앙의 사람들을 상징하는 '14만 4천'의 수가 채워질 때, 곧 이들이 상속받을 '창세로부터 예비된 영원한 하나님의 나라'가 나타날 때, 곧 '하나님 안에 감추어져 있는 영원한 생명'이 영광 중에 나타날 때, 곧 '하늘로서 오는 처소'가 덧입혀지고 죽음이 생명에게 삼킨 바 될 때, 곧 부활의 첫 열매이신 예수 그리스도를 따라 모든 피조물의 열망대로 하나님의 아들들이 몸의 속량을 받고 나타날 때 성취된다(마 25:31~34; 골 3:3~4; 고후 5:1~4; 롬 8:19~23).

그러므로 이 교회 시대 가운데서 '씨'와 '기업'에 대한 믿음의 꿈을 가진 사람은, 이 땅에서의 10년 20년 후의 인생의 성취를 바라보지 않고 이 땅 위의 소유와 칭찬과 명성과 영향력에 연연하지 않고, 장차 나타날 중하고도 영원한 영광을 멀리서 보고 환영하며 죽기까지 자기를 부인하는 십자가를 진다.

이제, 예수 그리스도 안에서 이방인 교회 시대로 성취된 소망의 꿈은 어린 양이신 예수 그리스도와 14만 4천 명이 누릴 구속의 완성, 그 정점을 향해 나아가고 있다.

그런데 14만 4천은 시한부 종말론자들이나 이단들이 말하는 것처럼 실제 숫자가 아니다. 14만 4천은 구약에서 신앙의 남은 그루터기들과 신약에서 하나님의 뜻을 행하는 신앙의 이긴 자들을 상징한다. 일찍 죽임을 당한 어린 양이신 예수 그리스도께서 다시 오실 때, 이들은 모두 몸의 속량을 받고 부활과 변화의 영광에 참여하게 될 것이다. 그러므로 14만 4천은 이스라엘(육적, 영적) 가운데서 계명을 지키며 죽기까지 충성한 자들로서, 다시 오시는 예수 그리스도와 그분이 가져오시는 창세로부터 예비된 영원한 나라인 위대한 왕국의 제사장들이 되어 영원히 왕 노릇 하는 축복에 참여할 신실한 신앙의 사람들이다.

구약 이스라엘 백성의 태생의 기초는 열두 지파이고, 신약 교회 세대의 태생의 기초 즉 터는 열두 사도이다. 그러므로 14만 4천은 구약 12지파 곱하기 신약 12사도 곱하기 땅에서 구속함을 받은 충만한 만수(滿數) 천(千)의 의미를 담고 있다.

요한계시록은 이들 14만 4천에 대해서 다음과 같이 증언한다. "또 내가 보니 보라 어린 양이 시온산에 섰고 그와 함께 십사만 사천이 서 있는데 그들의 이마에는 어린 양의 이름과 그 아버지의 이름을 쓴 것이 있더라 내가 하늘에서 나는 소리를 들으니 많은 물소리와도 같고 큰 우렛소리와도 같은데 내가 들은 소리는 거문고 타는 자들이 그 거문고를 타는 것 같더라 그들이 보좌 앞과 네 생물과 장로들 앞에서 새 노래를 부르니 땅에서 속량함을 받은 십사만 사천 밖에는 능히 이 노래를 배울 자가 없더라 이 사람들은 여자와 더불어 더럽히지 아니하고 순결한 자라 어린 양이 어디로 인도하든지 따라가는 자며 사람 가운데에서 속량함을 받아 처음 익은 열매로 하나님과 어린 양에게 속한 자들이니 그 입에 거짓말이 없고 흠이 없는 자들이더라"(계

14:1~5).

우리 교회 세대가 가져야 하는 믿음의 꿈은 미래의 성공한 자화상, 부자 된 자화상이 아니라 예수 그리스도께서 어디로 인도하시든지 죽기까지 그 말씀대로 순종한 신앙의 이긴 자들이 되어 창세로부터 예비된 나라인 하늘에 있는 더 낫고 영구한 기업의 자손이 되는 것이다.

신약성경에서 꿈이 가장 절실했던 사람은 히브리 교회 교인들이었다. 그들은 예수 그리스도를 믿는다는 이유 하나로 자신들이 가진 모든 소유를 빼앗기기까지 했다. 그러나 그들이 가졌던 믿음의 꿈은 빼앗긴 산업을 배가로 돌려받는 만복의 꿈이 아니라 하늘에 있는 더 낫고 영구한 산업의 꿈이었고, 그들은 이 꿈을 이루어 주시기 위해 잠시 잠깐 후면 다시 오실 예수 그리스도를 대망했다. 이 열망의 꿈을 품고 세상으로부터는 갖은 박해를 견뎌야 했던 가난한 히브리 교회는 머지않아 예수 그리스도와 함께 14만 4천의 일원으로 잠시 잠깐의 잠으로부터 영원히 깨어나게 될 것이다.

고귀한 신앙의 여정

전승에 의하면 동방박사들의 이름은 카스파르(Caspar), 발타사르(Balthasar), 멜키오르(Melchior)라고 한다. 그들은 아라비아, 시리아, 메소포타미아 등지에 사는 이방인들로서 철학, 의학, 천문학을 주로 연구하던 사람이었다고 한다. 그들은 비록 이스라엘 태생은 아니었지만, 구약성경이 예언한 이스라엘의 메시아를 기다리는 사람들이었다. 그들은 메시아의 탄생을 유심히 탐구하는 것으로 그치지 않고 그 먼 길을 낮의 더위와 밤의 추위를 무릅쓰고 메시아를 경배하러 왔다.

물론 이스라엘의 종교 지도자들도 유대 땅 베들레헴에서 이스라엘을 다스릴 자가 출현할 것에 관한 정확한 지식은 갖고 있었다. "왕이 모든 대제사장과 백성의 서기관들을 모아 그리스도가 어디서 나겠느냐 물으니 이르되 유대 베들레헴이오니 이는 선지자로 이렇게 기록된바 또 유대 땅 베들레헴아 너는 유대 고을 중에서 가장 작지 아니하도다 네게서 한 다스리는 자가 나와서 내 백성 이스라엘의 목자가 되리라 하였음이니이다"(마 2:4~6). 그런데 이들과 달리 세례요한은 메시아에 관한 지식을 아는 데 머무르지 않고 그 메시아를 위해 세운 백성을 예비하는 선견적 사역에 자신의 생을 헌신했다. "그가 또 엘리야의 심령과 능력으로 주 앞에 먼저 와서 아버지의 마음을 자식에게, 거스르는 자를 의인의 슬기에 돌아오게 하고 주를 위하여 세운 백성을 준비하리라"(눅 1:17).

그 당시 이스라엘의 종교 지도자들은 율법의 중요 구절을 양피지에 기록해서 이마와 손목에 붙이고 감고 다니기까지 하면서 모세 오경을 통달했다고 자부했다. 그럼에도 그들은 메시아의 탄생에는 까막눈이었다. 이들과 비교하면 동방박사들의 행동은 놀라울 수밖에 없다. 여기서 우리는 하나님의 뜻과 목적과 계획에 너무나 동떨어져 있던 그 시대의 열띤 종교 행위의 단면을 엿보게 된다.

오늘날도 예수 그리스도의 다시 오심에 초점을 맞추지 않은 뜨거운 성경통독문화, 예배문화, 기도문화의 열기를 품은 신앙 운동이 결국에는 대형 예배당 건물 짓는 것으로 귀결되는 안타까운 현실을 본다. 말로는 요란하게 재림 예수 소망을 외치지만, 천년이 지나도 끄떡없을 대형 예배당 건물의 신축, 증축, 보수 공사는 그들 신앙의 소망이 어디에 있는지 단적으로 보여준다. 초현대식 매머드 예배당 건물 꼭대기에서 번쩍이는 붉은 십자가 사이에서, 초라한 구유에서 탄생하신 예수 그리스도의 이 땅에 임하심, 바로 그 하나님의 높고 깊은 섭리의 경륜을 되새겨 본다.

중세 천 년의 가톨릭교회는 너무나 종교적이었지만, 그 이면에서는 너무나 세속화되어 타락했듯이, 지금의 교회도 형식에서는 너무나 종교적이고 입술로는 너무나 요란한 신앙이지만, 그 이면에는 중세 가톨릭 못지않은 추악한 면모를 감추고 있다.

지금 교회는 신앙의 정로에서 이탈하고 말씀의 정로에서 탈선하여 좌로 우로 크게 치우쳐 이리 비틀 저리 비틀하고 있다. 음행의 포도주에 취해 수일, 수개월, 수년 후에 성취될까 말까 하는 내일의 인생길에 집중하느라 오늘 밤에라도 도둑같이 이 땅에 반드시 다시 오실 주님의 임하심을 전혀 고대하지 않는다. 이는 세속화된 종교 지도자들이 어리석은 백성의 눈과 귀를 오로지 내일의 '잘된 나'에 집중하게 했기 때문이다.

이방인들이었던 세 명의 동방박사는 예수님의 왕권을 상징하는 황금과 예수의 제사장직을 상징하는 유향과 예수님의 수난과 죽음을 상징하는 몰약을 들고 머나먼 동방에서 유대인의 왕을 경배하러 왔다. "내가 그를 보아도 이때의 일이 아니며 내가 그를 바라보아도 가까운 일이 아니로다 한 별이 야곱에게서 나오며 한 규가 이스라엘에게서 일어나서 모압을 이쪽에서 저쪽까지 쳐서 무찌르고 또 셋의 자식들을 다 멸하리로다"(민 24:17). 그들은 이 예언에 집중했고, 그것이 그들의 머나먼 여정을 이끌었다.

성경은 내일의 '잘된 나'를 예언하고 꿈꾸게 하는 것이 아니라, 오늘 이 밤에라도 도둑같이 다시 오실 샛별이신 예수 그리스도를 바라보게 한다. "또 우리에게는 더 확실한 예언이 있어 어두운 데를 비추는 등불과 같으니 날이 새어 샛별이 너희 마음에 떠오르기까지 너희가 이것을 주의하는 것이 옳으니라"(벧후 1:19).

동방박사 드린 예물은 쉽게 바쳐진 것이 아니다. 4~6백 마일, 2천 리의 길을 낙타로 3~4주 동안, 그것도 한낮의 더위와 차가운 밤이슬과 사막의 모래바람과 갈증을 견뎌야 하는 여정이었고, 사나운 동물과 강도의 위협이 도사리는 험난한 여정이었다. 그러므로 그들이 예수께 바쳤던 예물은 매우 귀한 것이다. 지금 우리는 작열하는 태양 아래 낙타를 타고 교회에 갈 필요도 없다. 집 앞까지 모시러 오는 대형 교회 버스에 몸을 맡기기만 하면 시원한 에어컨과 따뜻한 온풍기가 작동하는 예배당에 당도한다. 그리고 그곳에서 내 인생의 '내일'을 무조건적인 사랑으로 책임져 주시는 전능의 하나님을 알현하며 "복 주십시오." 하며 몇 푼의 헌금을 바친다.

'하나님의 나라'는 '하나님의 구원'이다. 그러므로 하나님의 나라에 들어감은 하나님의 구원에 들어감이다. 하나님의 나라는 '이미' 임했고, '아직' 완성을 기다린다. 예수 그리스도의 초림으로 이미 임한 하나님의 나라는 예수 그리스도의 재림을 통해 완성에 이른다. 곧 예수 그리스도의 재림으로 우리의 구원은 완성된다. "그리스도도 많은 사람의 죄를 담당하시려고 단번에 드리신 바 되셨고 구원에 이르게 하기 위하여 죄와 상관없이 자기를 바라는 자들에게 두 번째 나타나시리라"(히 9:28).

그러므로 가장 위대한 신앙인이었던 바울은 그토록 주님의 재림을 열망하며 두렵고 떨림으로 힘써 구원을 이루어 갔던 것이다. "내가 내 몸을 쳐 복종하게 함은 내가 남에게 전파한 후에 자신이 도리어 버림을 당할까 두려워함이로다"(고전 9:27). "나의 사랑하는 자들아 너희가 나 있을 때뿐 아니라 더욱 지금 나 없을 때에도 항상 복종하여 두렵고 떨림으로 너희 구원을 이루라"(빌 2:12). "모든 사람에게 구원을 주시는 하나님의 은혜가 나타나 우리를 양육하시되 경건하지 않은 것과 이 세상 정욕을 다 버리고 신중함과 의로움과 경건함으로 이 세상에 살고 복스러운 소망과 우리의 크신 하나님 구주 예수 그리스도의 영광이 나타나심을 기다리게 하셨으니"(딛 2:11~13).

지금 교회는 이미 임한 하나님의 나라에만 안주하며 장차 임할 하나님의 나라를 전혀 열망하지 않는다. 장차 완성될 구원을 힘쓰지 않는다. 그러다 보니, 지금의 혼인 잔치판은 무당의 굿판이 되었다. 이 굿판은 사거리 길에서 닥치는 대로 초청해 온 사람들로 인산인해를 이룬다. 그러나 신랑이신 왕이 장차 입장하시는 날, 이 굿판에서 음행의 포도주에 취해 흥청망청하고 있는 교회는, '청함을 받은 자는 많지만 택함을 받은 자는 적다'는 주님의 심판 경고를 뼈저리게 체험하게 될 것이다. 그날에 그들은 바깥 어둠에서 슬피 울며 이를 갈게 될 것이다.

성령의 음성,
에베소 교회에 보내는 편지

"에베소 교회의 사자에게 편지하라 오른손에 있는 일곱 별을 붙잡고 일곱 금 촛대 사이를 거니시는 이가 이르시되 내가 네 행위와 수고와 네 인내를 알고 또 악한 자들을 용납하지 아니한 것과 자칭 사도라 하되 아닌 자들을 시험하여 그의 거짓된 것을 네가 드러낸 것과 또 네가 참고 내 이름을 위하여 견디고 게으르지 아니한 것을 아노라 그러나 너를 책망할 것이 있나니 너의 처음 사랑을 버렸느니라 그러므로 어디서 떨어졌는지를 생각하고 회개하여 처음 행위를 가지라 만일 그리하지 아니하고 회개하지 아니하면 내가 네게 가서 네 촛대를 그 자리에서 옮기리라 오직 네게 이것이 있으니 네가 니골라 당의 행위를 미워하는도다 나도 이것을 미워하노라 귀 있는 자는 성령이 교회들에게 하시는 말씀을 들을지어다 이기는 그에게는 내가 하나님의 낙원에 있는 생명나무의 열매를 주어 먹게 하리라"(계 2:1~7)

가이사 아우구스도 치세 때에 에베소 지역은 로마가 아시아의 수도로 정했을 만큼 문명의 중심지였고 무역의 중심지였다. 지금의 튀르키예 서쪽 지역에 있었던 에베소는 유명한 아데미 신전이 있을 만

큰 우상 숭배가 성행하던(행 19:24~41) 곳이었다. 그리고 로마 황제를 숭배하는 소아시아 지방의 중심지이기도 했다. 이처럼 문명의 중심지며 무역의 중심지였던 에베소 지역은 외적으로는 번영을 이루었지만 내적으로는 이방 문화의 빈번한 유입으로 에베소 교회가 신앙의 정절을 지키기가 어려운 환경이었다. 특히 이방 종교의 축제 때에는 음란한 성행위가 극심해서 성도들의 거룩한 삶을 파괴하는 원인이 되었다.

이제 에베소 교회의 사자에게 오른손에 일곱 별을 붙잡고 일곱 금촛대 사이에 다니시는 이로부터 편지가 보내졌다(1절). 주님께서는 에베소 교회에 권능의 하나님으로 나타나셔서 두 가지의 칭찬과 한 가지의 책망을 하신다. 이단을 배격하기 위한 에베소 교회의 열심(2, 6절)과 주님의 이름으로 받는 고난을 인내함과 주님의 이름을 위한 부지런함(3절)을 칭찬하셨고, 에베소 교회가 처음 사랑을 잃어버림(4절)을 책망하셨다. 그리고 그 잃어버린 처음 사랑을 회복하지 못하면 버림이 될 것을 경고하셨다(5절).

그러나 '이기는 자'에게는 낙원에 있는 생명나무의 열매, 곧 영생의 축복이 약속되었다(7절). '이긴 자'에게 약속된 복은 세상적인 복이 아니라 하늘의 하나님에게서 비롯되는 신령한 복이다. 사도 바울은, 신앙의 싸움이 인생의 문제 해결을 위한 싸움이 아니라 영생을 취하기 위한 싸움이라고 했다(딤전 6:12). 따라서 요한계시록 2:1~7의 에베소 교회에 보낸 편지에서 간과해서는 안 될 지점은 에베소 교회에 출석하는 교인이라고 해서 모두 다 영생을 받는 것이 아니라 신앙의 승리자만이, 이긴 자만이 영생의 복을 받는다는 말씀이다.

그 당시 에베소 교회는 이교 문화의 중심지에 살면서 신앙의 정절을 지키기 위해 다른 지역의 교회들보다 훨씬 더 인내해야 하는 신앙의 경주를 했다. 그들은 주변의 이단 종파와 이교의 위협과 도덕적인 타락과 영적인 어두움의 세력으로부터 신앙의 정절과 복음의 순수를 지키기 위해 끝까지 인내했다. 그들이 주님께 칭찬받았던 인내는 복음과 신앙의 진보를 위해 아무것도 하지 않고 그저 주어진 환경에 적응해 나가는 소극적인 인내가 아니라, 신앙을 지키기 어려운 여건 속에서도 적극적으로 끝까지 견디는 인내였다. 우리도 비록 음란하고 유혹 많은 세상에 살고 있지만 2천여 년 전의 에베소 교회처럼 반드시 복음과 신앙의 순수와 거룩함을 지켜 내야 한다.

또한, 에베소 교회는 자칭 사도라 하지만 아닌 자들, 곧 거짓 교사들의 잘못된 영과 교훈을 철저히 분별하고 용납하지 않음으로써 신앙의 정조를 지켰다(2절후). 거짓 선생들의 잘못된 가르침은 성도들의 신앙을 다 뒤엎어 버리고 기독교의 본질을 흐려 놓는다. 그런데도 위험하고 해로운 거짓 선지자들의 가르침을 분별하기 어려운 것은 거짓 선생들이 어두움의 영의 지배를 받고 있으면서도 빛의 대행자로 활동하기 때문이며(고후 11:14), 자신들조차도 자신의 정체를 알지 못하기 때문이다(마 7:22).

유한한 세상의 일에서도 속임 당하면 패가망신하고 견디지 못할 상처를 받게 되는데, 하물며 영원한 생명을 좌우하는 영적인 일에 속임 당하면 세상의 일시적 상처 정도가 아니라 영벌에 처하게 된다. 따라서 교회는 에베소 교회처럼 잘못된 영과 교훈을 가진 거짓 선생들에게 일절 관용이나 동정을 베풀지 말아야 한다. 교회에 필요한 것은 거짓 선생들의 잘못된 영과 교훈을 철저히 분별하고 용납하지 않는 신앙의 투철함이다.

에베소 교회는 니골라당의 행위(교훈)를 배격했고 주님께서는 당신도 니골라당의 행위를 미워한다고 하셨다. '니골라'는 원어로 '백성을 이김'이라는 의미이다. 이 의미를 이해하기 위해서는 바다에서 올라오는 일곱 머리 열 뿔 짐승이 '성도들과 싸워 이기게 된다'는 비극적인 예언의 말씀에 주목해야 한다. "내가 보니 바다에서 한 짐승이 나오는데 뿔이 열이요 머리가 일곱이라 그 뿔에는 열 왕관이 있고 그 머리들에는 신성모독 하는 이름들이 있더라 내가 본 짐승은 표범과 비슷하고 그 발은 곰의 발 같고 그 입은 사자의 입 같은데 용이 자기의 능력과 보좌와 큰 권세를 그에게 주었더라 그의 머리 하나가 상하여 죽게 된 것 같더니 그 죽게 되었던 상처가 나으매 온 땅이 놀랍게 여겨 짐승을 따르고 용이 짐승에게 권세를 주므로 용에게 경배하며 짐승에게 경배하여 이르되 누가 이 짐승과 같으냐 누가 능히 이와 더불어 싸우리요 하더라 또 짐승이 과장되고 신성모독을 말하는 입을 받고 또 마흔두 달 동안 일할 권세를 받으니라 짐승이 입을 벌려 하나님을 향하여 비방하되 그의 이름과 그의 장막 곧 하늘에 사는 자들을 비방하더라 또 권세를 받아 성도들과 싸워 이기게 되고 각 족속과 백성과 방언과 나라를 다스리는 권세를 받으니"(계 13:1~7).

바다에서 나온 한 짐승이 성도들과 싸워 이겼다는 것은, 전쟁이나 세상의 권세로 싸워 이겼다는 것이 아니다. 에베소 교회는 니골라당의 교훈을 미워함으로 이겼다(6절). 그러나 버가모 교회는 니골라당의 교훈을 용납했기 때문에 이기지 못했다(계 3:15). 버가모 교회에서는 니골라당의 교훈이 성도들과 싸워 이겼다는 것이다. 따라서 요한계시록 13:1~7에서 일곱 머리 열 뿔의 짐승이 성도들과 싸워 이기게 되는 환상은, 어리석은 교회가 거짓 영과 교훈으로 교회를 미혹하는 적그리스도 세력인 일곱 머리 열 뿔 가진 짐승의 교훈을 용납하게 될 것이라는 예언이다(요일 2:18~19).

사도들이 모두 이 땅을 떠난 후, 주님의 몸 된 교회는 그 예언대로 잘못된 영과 교훈을 가진 거짓 그리스도와 거짓 선지자에 의해서 끊임없이 침탈당했고 그 결과 많은 교회가 하나님의 말씀, 곧 진리의 자리에서 이탈했다. 결국, 니골라당의 교훈은 이후 교회 안에서, 바다에서 나오는 일곱 머리 열 뿔 가진 한 짐승의 역사로, 즉 잘못된 영과 교훈을 가진 거짓 그리스도와 거짓 선지자의 미혹의 역사로 나타난다.

그 예언대로 분별력을 상실한 많은 교회가 오늘날까지 다른 예수와 다른 복음과 다른 영을 잘도 용납하는 음행의 죄를 범해 왔다(고후 11:2~4). 결국, 잘못된 영과 교훈을 가진 거짓 그리스도와 거짓 선지자의 미혹이 많은 교회를 점령해서 이기고 이기려 한다.

니골라당의 교훈은 요한계시록 2:14~15에서 언급한 대로 교인에게 우상의 제물을 먹게 하고 음행하게 하는 변질된 교훈이다. 초대교회 당시 니골라당의 교훈을 가진 거짓 교사들은 교인들에게 "하나님의 자녀 된 우리는 이미 예수 그리스도의 피 공로로 결정적으로 용서를 받아 영혼이 깨끗해졌으니 육적으로 죄를 지어도 상관없다."라고 하며 믿음의 방종을 부추겼다. 결국, 헬라 철학의 영향으로 영육 이분법적 사고를 가졌던 니골라당은 행함과 함께하지 않는 믿음의 특권만을 강조한 거짓 교훈으로 성도들을 미혹했던 것이다.

에베소 교회는 사도 바울이 3차 전도여행 때 에베소 지역에서 3년 동안 머물며 복음을 전한 교회다(행 18:18~19, 20:17~35). 그런데 에베소 교회를 세운 바울은 말세를 경계하면서 경건의 말씀을 이익의 재료로 만드는 자들의 다툼이 일어날 것을 예언했다(딤전 6:5). 초대교회에 스며들어 교회로 진리의 자리를 떠나게 했던 니골라당의 교훈은 오늘날도 교회 안에서 믿음의 특권만을 강조하는 교훈으로 나타나서 경건한 하나님의 말씀을 이 땅에서의 무병장수와 만사형통의 꿈을 실현하기 위한 이익의 재료로 왜곡하고 있다. 오늘날 교회는 이와 같은 기복 신앙을 부추기는 거짓 선생들의 교훈을 잘도 용납함으로 사탄의 세력에게 삼킨 바 되었다.

에베소 교회는 외부로부터 자신들을 지키는 일에는 승리했다. 거짓 교사들의 잘못된 교훈을 드러냄으로 신앙의 교리도 지켰고 외부로부터 오는 어려움에 대해서 인내도 했다. 이렇게 그들은 교리의 정통은 지켜내었지만, 교리의 참된 의미를 실현하지 못하고 교리의 형식에만 집착한 형식적인 신앙에 사로잡혔다. "너의 처음 사랑을 버렸느니라"(4절). 처음 사랑의 행위는 살아 있는 하나님을 마음과 성품과 뜻과 힘과 목숨을 다해 사랑하는 헌신의 삶이다. 에베소 교회는 처음 사랑의 행위를 잃어버림으로 하나님과의 인격적인 교제를 상실했다. 사랑은 그리스도인들의 모든 은사를 합친 열매이다. 그러므로 우리의 사랑이 식는다는 것은 곧 은혜의 전사역이 쇠하게 되는 것을 의미한다. 여기서 유념할 것은 주님께서 에베소 교회를 책망하신 것이 그들에게 사랑의 행위가 없어서가 아니라, 처음 사랑의 행위에 비해 현재 그들의 사랑의 행위가 온전하지 못했기 때문이었다는 사실이다.

처음 사랑의 행위를 잃어버린 에베소 교회에게 '촛대가 옮겨진다'는 심판이 선고된다(5절). "주여! 주여!" 하는 에베소 교회의 촛대가 옮겨진다는 것은 그들이 낙원에 있는 생명나무 과실을 먹지 못하게 된다(7절)는 것을 의미한다. 결국, 에베소 교회는 "주여! 주여!"는 했지만, 하나님의 뜻대로 처음 사랑의 행위를 회복하지 못하면 심판을 받는다. 에베소 교회의 구원을 결정하는 것은 그들에게 사랑의 행위가 있는가 없는가의 문제가 아니다. 사랑의 행위가 있어도 그 사랑의 행위에 처음 사랑의 열정과 헌신이 있는가 없는가의 문제이다. 여기서 우리는 구원의 문이 얼마나 좁은지를 알 수 있다.

주님께서는 당신이 다시 다시 올 때 '믿음을 보겠는가?'라고 회의적으로 말씀하셨다. 그 종말을 사는 교회 세대에서 구원을 결정하는 믿음은 자기를 사랑하는 자만 사랑하고 선대하는 자를 선대하는 사랑, 받기를 바라고 꾸어 주는 사랑(눅 6:32~34)으로 "주여! 주여!" 하는 믿음이 아니라, 처음 사랑의 뜨거운 열정과 헌신을 가진 믿음이다. 그러므로 우리는 죽기까지 하나님의 계명을 지켜야 한다(계 12:11; 14:12). 예수 그리스도를 사랑하는 자는 그분의 계명을 지킨다(요 14;15, 21). 그분의 계명은 교회가 서로 사랑해야 한다는 것이다(요 15:12). 그러므로 우리가 회복해야 하는 처음 사랑의 행위는 내 것을 내 것이라 하지 않고 힘에 지나도록 형제와 더불어 나누는 사랑의 삶이다(행 4:32~35; 고후 8:1~5).

우리를 구원하는 믿음은 처음 사랑의 행위와 함께하는 믿음, 처음 사랑의 행위로 온전해진 믿음이다(약 2:22). 처음 사랑의 행위를 잃어버린 믿음은 결단코 우리를 구원할 수 없다(약 2:14). 우리를 구원하는 믿음은 죽은 믿음이 아니라 살아 있는 믿음이다(약 2:17). 우리의 믿음이 살아 있다면, 우리의 삶은 반드시 처음 사랑의 행위를 결실해야 한다.

에베소 교회를 책망하신 하나님의 기준에서 오늘날의 교회는 어떤가? 하나님과 이웃을 향한 뜨거운 사랑은 고사하고 그 옛날 에베소 교회가 주님으로부터 칭찬받았던 신앙의 덕목(자칭 사도라 하지만 아닌 자들의 거짓된 것을 드러냄, 주의 이름을 위한 수고와 인내와 부지런함) 중 하나라도 찾아보기 어려운 지경 아닌가? 오늘 우리는 처음 사랑의 행위는 고사하고 하나님 말씀을 가감해서 왜곡한 것조차도 분별하지 못하는 미혹에 빠져 있다. 또한 스스로 신앙의 부요한 자로 자처하며 신앙의 겨울과 신앙의 잠에 빠져 있다. 그나마 우리가 가지고 있는 신앙의 부지런함조차도 주를 위한 부지런함이 아니라 먹고 마시고 입고를 위해 새벽기도, 철야기도 열심히 하는 부지런함에 불과하다. 그리고도 우리의 구원을 장담할 수 있는가?

주님께서는 우리 교회에게 높은 수준의 신앙의 삶을 요구하신다. 예수 그리스도를 향한 우리의 사랑은 정체된 사랑이 아니라 성장하는 사랑이어야 한다. 꺼져가는 사랑이 아니라 나 자신조차도 태울 수 있는 불타오르는 사랑이어야 한다.

성령께서는 에베소 교회를 향해 처음 사랑의 행위를 회복하지 않으면 촛대가 옮겨진다고 하신다. 낙원에 있는 생명나무 열매를 결단코 먹을 수 없다고 경고하신다. 지금 에베소 교회를 향해 성령께서는 감정 회복, 기분 회복. 생각 회복, 찬송 회복, 기도 회복, 예배 회복을 요구하시는 것이 아니라 처음 사랑의 행위, 곧 사랑의 삶의 회복을 요구하신다. 믿음의 생명력을 발현하게 하고 온전하게 하는 행함을 요구하신다(약 2:14, 17, 22).

성령께서는 에베소 교회를 향해 문제 해결 받고 축복 응답받으라고 회개하라는 것이 아니다. 꿈을 이루고 영향력 있는 인생이 되라고 회개하라는 것도 아니다. 성령께서는 에베소 교회에게 그들 개인 인생의 목적 성취와 기도 응답을 위한 조건부 회개를 요구하시는 것이 아니다. 성령께서는 에베소 교회가 잃어버린 처음 사랑의 행위를 회복하기 위해, 그래서 낙원에 있는 생명나무 과실을 먹기 위한 오직 한 가지의 목적으로 회개할 것을 요구하신다.

오래전 모세 선지자가 모압 평지에서 선포한 마지막 고별 설교에서 이스라엘 백성을 향해 복과 저주, 생명과 사망의 두 가지 길 중 선택하라고 경고했듯이(신 30:15~20) 요한계시록은 에베소 교회를 향해 두 가지의 길, 즉 복과 저주, 생명과 사망의 길 중 선택하라고 경고한다. 약속된 복과 생명, 곧 낙원에 있는 생명나무 열매는 에베소 교회의 '이긴 자'만이 먹게 된다. 경고된 저주와 사망은 에베소 교회가 회개에 합당한 열매, 즉 처음 사랑의 행위를 회복하지 못하면 촛대를 옮기시겠다는 것이다. 그러므로 촛대가 옮겨진다는 심판의 의미는 하나님의 뜻대로 처음 사랑의 행위를 회복하지 못하는 "주여! 주여!"만 하는 에베소 교회가 종국에 낙원에 있는 생명나무 열매를 먹을 수 없게 된다는 것이다.

여기서 '촛대'는 교회를 상징한다(계 1:20). 촛대를 그 자리에서 옮긴다는 것은 하나님의 약속에서, 하나님의 축복에서, 하나님의 생명에서 제거당함을 의미한다. 사도 바울은 이방인 교회 세대가 이스라엘이라는 참감람나무에 접붙임이 되어 뿌리의 진액을 함께 받는 자가 되었음에도 두려워해야 하는 이유는, 하나님께서 원가지들인 이스라엘 백성조차도 아껴 보지 않고 심판하셨기 때문이라고 했다. 그러니 접붙임이 된 돌감람나무인 이방인 교회 세대는 당연히 아껴 보지 않으실 것임을 경고했다(롬 11:17~21). 예수 그리스도를 믿음으로 구원받은 이방인 교회 세대가 이처럼 도리어 두려워해야 하는 것은 그들이 받은 구원이 복종하여 두렵고 떨림으로 이루어 가야 하는 과정에 있기 때문이다(빌 2:12).

'이기는'의 헬라어 시제는 계속적 진행을 나타내는 현재분사형이다. 과거에 한 번 이긴 것만을 지칭하는 것이 아니라 계속해서 이기는 것을 의미한다. 계속해서 이긴다는 것은 처음 사랑의 행위를 계속해서 성장시켜 가야 함을 의미한다. '이기는 자'에게 주어지는 구원은 두렵고 떨림으로 이루어 가야 하는 과정에 있다. 참포도나무이신 예수 그리스도에게 믿음을 통해 붙어 있는 가지라 할지라도 열매를 맺지 못하면 그 가지는 종국에 잘려서 불 가운데 던져질 것이다(요 15:4~6).

본문 요한계시록 2:1~7은 분명히 과거 에베소 교회의 사자에게 편지했지만, 7절에서는 성령이 '교회'에게 하시는 말씀이 아니라 성령이 '교회들'에게 하시는 말씀이라고 복수형을 사용하고 있다. 그러므로 에베소 교회에 보내는 편지는 전 시대, 전 지역의 교회들을 향한 살아 있는 하나님의 말씀이다.

오늘날 교회의 사자들은 예수 믿으면 무조건 은혜로 구원받고, 죽어서는 천국 가고, 이 땅에서는 문제 해결 받고, 복 받고, 꿈을 이루고, 부자 되고, 성공하고, 영향력 있는 인생이 된다고 가르치기에 여념이 없다. 그러나 성령이 교회들에게 하시는 말씀은 처음 사랑의 행위를 잃어버린 자는 반드시 죽는다는 경고다. 낙원에 있는 생명나무 열매를 먹을 수 없다는 것이다.

때를 따라 양식을 나누어 주는 충성되고 지혜로운 종은 처음 사랑의 행위를 잃어버린 교회를 향해 회개를 촉구하고 심판을 경고해야 한다. 오늘날 교회의 사자들은 사치스럽고 휘황찬란한 예배당 건물로 목회 성공을 장담하고 있을 때가 아니다. 대기업 임원실 같은 회의실로, 그룹 회장실 같은 집무실로 권위를 과시하고 있을 때가 아니다. 오로지 자신이 교회를 향해 성령이 교회들에게 하시는 말씀을 가감 없이 전하고 있는가 없는가를 정직히 돌아보아야 한다. 그것은 이스라엘 백성의 수가 아무리 바닷가의 모래와 같을지라도 "인자가 다시 올 때에 믿음을 보겠느냐!" 하신 교회 세대 가운데서 '남은 자'만 돌아오고, 나머지는 하나님의 넘치는 공의로 파멸이 작정되었기 때문이다. "이스라엘이여 네 백성이 바다의 모래 같을지라도 남은 자만 돌아오리니 넘치는 공의로 파멸이 작정되었음이라 이미 작정된 파멸을 주 만군의 여호와께서 온 세계 중에 끝까지 행하시리라"(사 10:22~23).

구약의 종말에 세례요한은 구원받은 아브라함의 자손이라고 맹신하고 있던 이스라엘 백성을 향해 회개에 합당한 열매를 맺지 않은 나무마다 찍혀 불에 던짐을 당한다고 경고했다(눅 3:7~9). 회개에 합당한 열매는 구약 이스라엘 백성만이 맺어야 하는 열매가 아니다. 참감람나무인 구약 이스라엘이 꺾인 자리에 접붙임이 된 이방인 교회 세대, 오늘날 믿기만 하면 구원받았다고 자부하면서도 열매 맺지 못한 행함 없는 이방인 교회 세대도 들어야 하는 영원한 복음의 메시지다.

오늘 우리는 초대교회가 결실했던 처음 사랑의 행위(행 4:32~25; 고후 8:1~5)를 회복해야 한다. 바로 이것이 교회 세대가 결실해야 하는 회개에 합당한 열매이다.

성령의 음성,
서머나 교회에게 보내는 편지

"서머나 교회의 사자에게 편지하라 처음이며 마지막이요 죽었
다가 살아나신 이가 이르시되 내가 네 환난과 궁핍을 알거니와 실상
은 네가 부요한 자니라 자칭 유대인이라 하는 자들의 비방도 알거니
와 실상은 유대인이 아니요 사탄의 회당이라 너는 장차 받을 고난을
두려워하지 말라 볼지어다 마귀가 장차 너희 가운데에서 몇 사람을
옥에 던져 시험을 받게 하리니 너희가 십 일 동안 환난을 받으리라 네
가 죽도록 충성하라 그리하면 내가 생명의 관을 네게 주리라 귀 있는
자는 성령이 교회들에게 하시는 말씀을 들을지어다 이기는 자는 둘째
사망의 해를 받지 아니하리라"(계 2:8~11)

서머나 지역은 에베소처럼 에게해(Aegean Sea)를 끼고 있는 항구
도시로서 에베소, 버가모와 함께 당대 최고의 도시였다. 그러나 당대
최고의 도시가 가진 문명의 번성은, 그 속에 만연한 우상 숭배와 타락
한 문화로 인해 서머나 교회가 신앙의 정절을 지키는 데 오히려 장애
요소가 되었다.

당시 서머나 교회에는 두 큰 대적이 있었다. 황제 숭배를 강요하

는 로마의 세력과 율법주의의 전통 아래에서 기독교를 배척하는 유대인 세력이었다. 이 유대인들은 기원후 70년 예루살렘 멸망 이후 서머나에 정착한 사람들이었다. 성령께서는 이들을 '사탄의 회당'(9절)이라고 했다. 전해 오는 바로는 위대한 신앙인이었던 폴리갑을 화형에 처한 세력이 바로 이들, 자칭 유대인의 무리였다고 한다. 결국, 구약의 선민이 하나님의 나라를 대적하는 사탄의 회로 전락하는 것을 보면서 "원수가 집안 식구다." 하신 주님의 경고를 일면 실감하게 된다.

주님께서는 사도 요한을 통해 아시아의 일곱 교회에 편지를 보냈다(계 1:1). 그런데 일곱 교회 가운데서 서머나 교회와 빌라델비아 교회만이 책망 없이 신앙의 지조와 영적 부요함으로 칭찬(계 2:9; 3:8)하셨다. 그럼에도 주님께서는 유독 이 두 교회에만 환란을 예언하셨다(계 2:10; 3:10).

서머나 교회는 육적으로는 환난과 궁핍 가운데 있었지만 신앙적으로는 영적인 부요함이 있었다(9절). 이는 부요하여 부족한 것이 없다고 자부했으나 하나님 보시기에 가난하고 궁핍했던 라오디게아 교회(계 3:17)와는 대조되는 신앙의 모습이다.

오늘날 여의도 신학에 의하면, 서머나 교회는 신앙의 부요한 자 즉 영혼이 잘된 자였기에 육적으로도 이 땅에서 잘되고 부자 되고 성공한 인생을 살아야 하는 게 맞다. 그러나 서머나 교회는 현재도 가난하고 궁핍한데 앞으로도 십 일 동안의 환난까지 받아야 한다. 그리고 그 환란 가운데서 그들은 죽도록 충성해야 한다. 그러면 비록 현재는 가난하고 궁핍하지만 십 일 동안의 환난 가운데서 죽도록 충성까지 하면 마침내 범사가 잘되어 이 땅에서 꿈이 이루어질 것인가? 아니다.

서머나 교회에 약속된 축복은 '생명의 관(冠)'이다(10절). 서머나 교회는 환난과 궁핍 가운데서 신앙의 부요함을 이루어 영혼이 잘된 자들이었지만 이 땅에서는 범사에 궁핍했으며, 또한 십 일 동안의 환난 가운데서 죽도록 충성한 후에도 이 땅에서 범사의 꿈이 이루어지는 것이 아니라 생명의 면류관이 주어진다. 그렇다. 영혼이 잘된 자에게 하나님께서 허락하시는 잘되는 범사는 생명의 관을 받기 위한 이땅의 고난 가운데서의 인내와 충성의 부요함이다.

환난과 궁핍 가운데서 신앙의 부요함을 지켜내고 십 일 동안의 환난 가운데서 죽도록 충성한 후 받게 되는 종국의 축복이 생명의 관이라면 "주여! 주여!" 하는 모든 교인에게 영생이 주어지지 않는 것은 명약관화하다. 그렇다. 구원의 문은 좁은 문이다. "주여! 주여!" 한다고 영생의 선물이 호락호락 주어지지 않는다. 그러므로 사도 바울은 꿈을 이루고, 문제 해결 받고, 축복 응답을 받기 위해서가 아니라 영생을 얻기 위해 신앙의 싸움을 힘써 하라고 권면했던 것이다(딤전 6:11~12).

환난과 궁핍 가운데서도 믿음의 부요함을 지켰던 서머나 교회에 약속된 것은 이 땅에서의 복과 형통과 영광이 아니라 생명의 관이다. 생명의 면류관은 지금 이 땅에서는 보이지 않지만 장차 나타날 한없이 크고 영원한 영광이다.

주님께서는 서머나 교회에게 이 영원한 생명의 영광을 바라보고 환난을 이길 것을 당부하시며 환난 가운데서라도 죽도록 충성할 것을 명령하셨다. "너는 장차 받을 고난을 두려워하지 말라 볼지어다 마귀가 장차 너희 가운데에서 몇 사람을 옥에 던져 시험을 받게 하리니 너희가 십 일 동안 환난을 받으리라 네가 죽도록 충성하라 그리하면 내가 생명의 관을 네게 주리라"(10절).

사도 바울은 이 땅에서 꿈을 이루기 위해 우리가 환난을 받는다고 말하지 않고 하나님의 나라에 들어가기 위해 환난을 받게 된다고 했다. "제자들의 마음을 굳게 하여 이 믿음에 머물러 있으라 권하고 또 우리가 하나님의 나라에 들어가려면 많은 환난을 겪어야 할 것이라 하고"(행 14:22). 그렇다, 우리가 이 땅에서 환난을 받는 것은 역전 인생의 꿈을 이루기 위해서가 아니라 하나님의 나라에 들어가기 위해서다.

하나님의 말씀은 우리에게 이 땅에서의 환난을 인내함으로 연단을 이룬 자에게 보이지 않는 영광, 곧 생명의 영광을 소망하게 한다. "자녀이면 또한 상속자 곧 하나님의 상속자요 그리스도와 함께 한 상속자니 우리가 그와 함께 영광을 받기 위하여 고난도 함께 받아야 할 것이니라 생각하건대 현재의 고난은 장차 우리에게 나타날 영광과 비교할 수 없도다"(롬 8:17~18). "우리가 잠시 받는 환난의 경한 것이 지극히 크고 영원한 영광의 중한 것을 우리에게 이루게 함이니 우리가 주목하는 것은 보이는 것이 아니요 보이지 않는 것이니 보이는 것은 잠깐이요 보이지 않는 것은 영원함이라"(고후 4:17~18).

단언하건대, 이 세상은 참다운 믿음의 성도들을 정금같이 단련해서 제련해 내는 시련의 불도가니이지 잘살고 부자 되고 성공하고 꿈을 이루게 해 주는 곳이 아니다. 따라서 이 땅에서의 부와 성공과 형통과 영향력을 장담하는 교회의 사자들은 주인의 밭에 가라지의 씨앗을 뿌리는 원수의 하수인들이다.

보이는 이 세상은 세상에서 구원받은 교회의 영구한 기업이 아니다. 또한 보이는 이 세상의 모든 것은 육신의 정욕과 안목의 정욕과 이생의 자랑으로 하나님과 원수 된 것이다(요일 2:15~17). 그러므로 하나님과 원수 된 이 세상은 하나님의 사랑으로 택함을 받은 교회를 미워한다. "너희가 세상에 속하였으면 세상이 자기의 것을 사랑할 것이나 너희는 세상에 속한 자가 아니요 도리어 내가 너희를 세상에서 택하였기 때문에 세상이 너희를 미워하느니라"(요 15:19).

그러면 성도는 원수 된 이 세상을 어떻게 이기는가? 꿈을 이루고 영향력을 소유함으로써인가? 아니다. 성도는 오로지 죽기까지 하나님의 말씀을 지켜 행함으로 하나님과 원수 된 이 세상을 이긴다(계 12:11; 14:12). 그러므로 성도는 긍정의 힘으로 꿈꾸는 법을 배우지 말고 자기를 부인하는 십자가를 지고, 버리고(눅 14:33) 나누고(행 4:32~35) 못 박는(갈 5:24) 삶을 배워야 한다.

서머나 교회에게 보내는 편지에서 주님께서는 그들이 받는 환난과 궁핍을 아신다고 하셨다. '환난'의 헬라어 '들립시스'는 '압박받다'에서 유래된 말이다. 당시 서머나 교회는 예수를 믿는다는 이유로 세상 사람들에게 박해받고 있었다. '궁핍'의 헬라어 '프토케이아'는 신앙 때문에 직장을 잃거나 재산을 압류당하는 등 경제적 제재로 인해 어려움을 당한다는 의미이다. 그러므로 서머나 교회가 경험한 환난과 궁핍은 그들이 신앙을 지키기 위해서 세상으로부터 얼마나 갖가지의 불이익을 당하고 감수했던가를 증언한다. 결국 서머나 교회는 세상의 위로가 아니라, '죽었다가 살아나신 이'이신 예수 그리스도의 위로를 통해 이 땅에 있는 그들의 장막 집이 무너지면 손으로 지은 것이 아닌 하늘에 있는 영원한 집(고후 5:1)이 있음을 소망하며 환난과 핍박을 견뎠다.

보이는 것은 잠깐이요 보이지 않는 것은 영원하다. 영원한 하나님의 말씀인 성경은 보이는 소망이 아니라 보이지 않은 영원한 소망(롬 8:24)을 전한다. 성경은 이 땅에 있는 모든 것은 아버지 하나님에게서 온 것이 아니라고 증언한다(요일 2:16). 복음은 "땅의 것을 생각지 말라"(골 3:1~4)고 명령한다. 따라서 변화하는 세속적 가치를 말씀의 옷으로 치장한 교훈은 복음이 아니다. 아무리 긍정적 사고로 원대한 꿈을 가지게 한다고 할지라도 그 꿈이 이 땅에 속한 보이는 것이라면, 그것은 복음의 소망이 아니다.

서머나 교회는 초대 히브리 교회처럼 예수 그리스도를 믿는 신앙 하나를 지키기 위해 사회적 기회를 박탈당하고, 경제적 손해를 감수해야 했고, 심지어 갇힌 자가 되었다(히 10:32~34). 오늘 우리는 사회적 기회와 경제적 손실에 대해서 매우 민감하다. 그래서 우리는 그토록 물질문제 해결을 갈망하고 경제적 부의 꿈을 마음에 상상하며 '문제 해결! 문제 해결! 축복 응답! 축복 응답'을 입술로 긍정하고 시인한다.

서머나 교회는 환난과 궁핍을 감수하면서도 신앙의 부요를 지켜내었건만 오늘 우리는 물질적 부를 위해 신앙의 고귀한 가치를 헌신짝처럼 버리고 심지어는 경건의 말씀을 이익의 재료로 바꾸는 천인공노할 죄까지 범하고 있다(딤전 6:5). 책망과 바르게 함과 의로 교육하기에 유익한 경건의 말씀(딤후 3:16)을 문제 해결, 축복 응답이라는 이익의 재료로 바꾼 죄악은 그 어떤 경우에도 용서받을 수 없다. "내가 이 두루마리의 예언의 말씀을 듣는 모든 사람에게 증언하노니 만일 누구든지 이것들 외에 더하면 하나님이 이 두루마리에 기록된 재앙들을 그에게 더하실 것이요 만일 누구든지 이 두루마리의 예언의 말씀에서 제하여 버리면 하나님이 이 두루마리에 기록된 생명나무와 및 거룩한 성에 참여함을 제하여 버리시리라"(계 22:18~19).

죄인을 향한 예수 그리스도의 목숨 버리신 사랑을 받은 우리가 사랑의 빚진 자로서 초대교회처럼 사랑(행 4:32~25; 고후 8:1~5)하지는 못하면서 오히려 예수 그리스도의 십자가를 디딤돌로 삼아 이 땅에서 물질적 부를 꿈꾸고 있다면, 그런 신앙이 과연 주님께서 다시 오실 때 보고자 하시는 믿음이겠는가?

하나님의 뜻대로 예수 그리스도를 따르기 위해 소유를 버리지는 못하면서(눅 14:33) 오히려 경제적 이익에 집착하는 교회가 맺을 열매는 소돔의 포도나무고 고모라 밭의 소산이다. 그 결국은 뱀의 독이 되고 독사의 맹독이 될 뿐이다. "그들의 포도나무는 소돔의 포도나무요 고모라의 밭의 소산이라 그들의 포도는 독이 든 포도이니 그 송이는 쓰며 그들의 포도주는 뱀의 독이요 독사의 맹독이라"(신 32:32~33).

서기관과 바리새인들은 박하와 회향과 근채의 십일조까지 철저히 드리고도 율법의 더 중한 바 정의와 긍휼과 믿음이 없어서 뱀들이 되고 독사의 새끼가 되었다(마 23:23). 오늘 우리는 서기관과 바리새인들보다도 철저하지 못한 명목상의 십일조를 드리고 그 나머지로 처자식을 살찌우고 집 잔금을 맞추고 대출금 상환하느라 정신이 없다. 초대교회 성도들의 사랑의 삶은 고사하고 서기관들과 바리새인들보다도 못한 십일조를 드리면서 율법의 더 중요한 본질, 곧 정의와 긍휼과 믿음을 완전하게 하는 사랑의 계명을 실천하지 못하는 우리의 결국이 어떻게 심판과 상관없다고 장담할 수 있겠는가? 아무리 "주여! 주여!" 해도 하나님의 뜻을 행하지 않는 자는 하나님의 나라에 들어갈 수 없다(마 7:21).

하나님을 안다고 하면서도 온전한 사랑의 계명을 실천하지 못하고 내 것을 내 것이라고 하는 자가 바로 서기관과 바리새인들보다도 더 책망받을 자들이고 거짓말하는 마귀의 후손(요 8:44)들이다. 그들은 결국 심판을 면치 못할 것이다. "우리가 그의 계명을 지키면 이로써 우리가 그를 아는 줄로 알 것이요 그를 아노라 하고 그의 계명을 지키지 아니하는 자는 거짓말하는 자요 진리가 그 속에 있지 아니하되"(요일 2:3~4). "개들과 점술가들과 음행하는 자들과 살인자들과 우상 숭배자들과 및 거짓말을 좋아하며 지어내는 자는 다 성 밖에 있으리라"(계 22:15). 하나님의 청지기인 우리가 내 것을 내 것이라 하며 사랑의 계명을 지켜 행하지 않는다면 거짓말하는 자들이며 결국은 성 밖에서 슬피 울며 이를 갈게 될 것이다.

서머나 교회가 있던 도시는 부유했다. 그러나 교인들은 가난했다. 그런데도 주님께서는 그들에게 실상은 부유한 자라고 칭찬하셨다. 우리가 세상에서 누리는 육적 조건들이 반드시 우리 신앙의 믿음과 비례하는 것은 아니다. 부자 되고 성공한 신앙인이 반드시 믿음이 좋은 것도 아니다. 문제 해결 받고 만사형통하는 교인이라고 해서 반드시 하나님께서 찾으시는 믿음의 사람도 아니다. 반면에 어렵고 힘들게 사는 교인이라고 해서 믿음이 연약한 신앙인도 아니다. 인자가 다시 올 때 믿음을 보겠느냐 하는 세대에서 신앙인의 외적 조건이 주님께서 판단하시는 신앙의 척도는 아니다.

오늘날 비성경적인 설교들은 하나같이 꿈이 없는 자는 망한다고 떠들지만, 성경의 가르침은 먹을 것과 입을 것이 있는즉 족한 줄을 알고 부하려 하지 말 것을 명령하고 있다. "그러나 자족하는 마음이 있으면 경건은 큰 이익이 되느니라 우리가 세상에 아무것도 가지고 온 것이 없으매 또한 아무것도 가지고 가지 못하리니 우리가 먹을 것과 입을 것이 있은즉 족한 줄로 알 것이니라 부하려 하는 자들은 시험과 올무와 여러 가지 어리석고 해로운 욕심에 떨어지나니 곧 사람으로 파멸과 멸망에 빠지게 하는 것이라 돈을 사랑함이 일만 악의 뿌리가 되나니 이것을 탐내는 자들은 미혹을 받아 믿음에서 떠나 많은 근심으로써 자기를 찔렀도다"(딤전 6:6~10). 그런데도 지금 돈을 사랑하며 부하려 하는 "주여! 주여!" 하는 사람들은 거짓 선지자의 미혹을 받아 사탄에게 속한 천하만국 영광의 꿈을 먹고 산다. "주여! 주여!" 하는 그들의 예배는 마귀에게 절함이고 그들의 믿음은 마귀에게 "아멘!" 함이다. "그들은 하나님께 제사하지 아니하고 마귀에게 하였으니 곧 그들의 알지 못하던 신, 근래에 일어난 새 신, 너희 열조의 두려워하지 않던 것들이로다"(신 32:17).

오늘날 교회 안에 만연한 다른 복음, 다른 예수, 다른 영은 신약 교회 시대에 나타난 근래에 일어난 새 신(神)의 역사이다. 참된 성도에게 진정한 부는 소유의 넉넉함이나 이 세상이 추구하는 성취가 아니다. 성령 안에서의 의와 평강과 희락이다(롬 14:17). 성도에게 정작 중요한 것은 어떤 환경이나 조건이나 지위가 아니다. 얼마나 예수 그리스도를 더 알아 가고, 더 소유하고, 더 닮아 가는가 하는 것이다. 성경은, 예수 그리스도를 더 알아 가는 지혜와 예수 그리스도를 더 소유해 가는 부와 예수 그리스도를 더 닮아 가는 거룩함을 가르치고 있다.

서머나 교회가 받을 환난의 기간 '십 일'은 일설에 의하면 로마 황제들 가운데 극심하게 기독교를 박해했던 10명의 로마 황제를 상징한다고도 한다. 그러나 10일은 비교적 짧은 기간을 표현할 때 사용하는 히브리적 관용어다. 주님께서 혹독한 시련 가운데 있는 서머나 교회에게 그 환난의 기간을 10일이라고 표현하셨던 것은 그들이 받을 이 땅에서의 환난이 장차 그들이 누리게 될 중하고도 영원한 영광에 비하면 잠시 잠깐의 경한 것이기 때문이다. "우리가 잠시 받는 환난의 경한 것이 지극히 크고 영원한 영광의 중한 것을 우리에게 이루게 함이니 우리가 주목하는 것은 보이는 것이 아니요 보이지 않는 것이니 보이는 것은 잠깐이요 보이지 않는 것은 영원함이라"(고후 4:17~18).

만일 세상 사람이 서머나 교회가 장차 받을 환난을 경험한다면 그 고통을 10일이 아니라 10년, 100년으로 여기겠지만, 서머나 교회는 장차 나타날 중하고도 영원한 영광에 대한 소망이 너무나 컸기 때문에 자신들이 받게 될 이 땅에서의 극심한 환난의 시간을 '십 일'이라는 잠시 잠깐으로 여길 수 있는 것이다.

주님께서는 참된 믿음의 사람으로 하여금 환난을 겪지 않게 하시거나 피하게 하시는 것이 아니라 오히려 환난을 경험하게 하신다. 그리고 환난을 겪는 믿음의 사람들은 그 환난 가운데서 이 땅에서 보이는 영광을 꿈으로 그리지 않고 이 땅에서 보이지 않는 하늘에 간직된 영원한 소망을 멀리서 보고 환영한다. 참된 믿음의 사람들은 보이는 것을 바라지 않는다. "우리가 소망으로 구원을 얻었으매 보이는 소망이 소망이 아니니 보는 것을 누가 바라리요 만일 우리가 보지 못하는 것을 바라면 참음으로 기다릴지니라"(롬 8:24~25).

성령께서는 서머나 교회에게 '이기는 자'는 '둘째 사망의 해(害)'를 받지 않을 것이라고 하신다(11절). 둘째 사망의 해는 최후의 심판을 통해 불못의 저주에 들어가는 영벌을 의미한다. "또 내가 크고 흰 보좌와 그 위에 앉으신 이를 보니 땅과 하늘이 그 앞에서 피하여 간 데 없더라 또 내가 보니 죽은 자들이 큰 자나 작은 자나 그 보좌 앞에 서 있는데 책들이 펴 있고 또 다른 책이 펴졌으니 곧 생명책이라 죽은 자들이 자기 행위를 따라 책들에 기록된 대로 심판을 받으니 바다가 그 가운데에서 죽은 자들을 내주고 또 사망과 음부도 그 가운데에서 죽은 자들을 내주매 각 사람이 자기의 행위대로 심판을 받고 사망과 음부도 불못에 던져지니 이것은 둘째 사망 곧 불못이라 누구든지 생명책에 기록되지 못한 자는 불못에 던져지더라"(계 20:11~15).

인간은 육신의 죽음으로 첫째 사망을 맞이한다. 그 후에 백 보좌 심판 앞에 살아 나와 영원한 죽음을 맛보는 지옥의 형벌을 맞이하게 된다. 따라서 둘째 사망의 해를 받지 않는다는 것은 이 형벌에서 제외되어 영생으로 들어가게 됨을 의미한다. 그러므로 주님께서 우리에게 죽도록 충성하라고 말씀하신다. 그래야만 생명의 관, 곧 영생을 주님께 받을 수 있기 때문이다. "주여! 주여!" 한다고, 어느 정도의 충성을 한다고 모두가 다 둘째 사망의 해를 받지 않는 것이 아니다. 오로지 하나님의 뜻대로 죽도록 충성한 자만이 둘째 사망의 해를 받지 않고 영생에 이른다.

'둘째 사망의 해' 경고는 불신자 전도용으로 주어진 경고가 아니다. 세상 사람들에게 주어진 경고가 아니다. 환난과 궁핍 가운데서 믿음의 부요를 지켜 낸 서머나 교회에게 주어진 경고다. 따라서 오늘 우리는 예배당에 나와서 "주여! 주여!" 하고 있다고 우리의 구원을 너무 맹신하며 안주할 것이 아니라 더욱더 충성하는 삶을 살기 위해 적당히가 아닌 아니라 죽도록 힘을 써야 한다.

주님께서는 이 세상을 떠나가실 때 제자들에게 돈이나 부동산이나 세상의 직책이나 세상의 명예를 남기지 않으셨다. 아파트 분양권을 남기신 것도 아니다. 하나님 말씀의 도면 속에 헛되고 헛된 천하만국의 영광을 얻을 보물 지도를 숨겨 두신 것도 아니다. 오로지 영생을 얻기 위한 구원의 좁고 협착한 길, 곧 십자가의 제자도를 남겨 두셨다. "무릇 내게 오는 자가 자기 부모와 처자와 형제와 자매와 더욱이 자기 목숨까지 미워하지 아니하면 능히 내 제자가 되지 못하고 누구든지 자기 십자가를 지고 나를 따르지 않는 자도 능히 내 제자가 되지 못하리라"(눅 14:26~27). "이와 같이 너희 중의 누구든지 자기의 모든 소유를 버리지 아니하면 능히 내 제자가 되지 못하리라"(눅 14:33).

성령의 음성,
버가모 교회에게 보내는 편지

"버가모 교회의 사자에게 편지하라 좌우에 날 선 검을 가지신 이가 이르시되 네가 어디에 사는지를 내가 아노니 거기는 사탄의 권좌가 있는 데라 네가 내 이름을 굳게 잡아서 내 충성된 증인 안디바가 너희 가운데 곧 사탄이 사는 곳에서 죽임을 당할 때에도 나를 믿는 믿음을 저버리지 아니하였도다 그러나 네게 두어 가지 책망할 것이 있나니 거기 네게 발람의 교훈을 지키는 자들이 있도다 발람이 발락을 가르쳐 이스라엘 자손 앞에 걸림돌을 놓아 우상의 제물을 먹게 하였고 또 행음하게 하였느니라 이와 같이 네게도 니골라 당의 교훈을 지키는 자들이 있도다 그러므로 회개하라 그리하지 아니하면 내가 네게 속히 가서 내 입의 검으로 그들과 싸우리라 귀 있는 자는 성령이 교회들에게 하시는 말씀을 들을지어다 이기는 그에게는 내가 감추었던 만나를 주고 또 흰 돌을 줄 터인데 그 돌 위에 새 이름을 기록한 것이 있나니 받는 자 밖에는 그 이름을 알 사람이 없느니라"(계 2:12~17)

당대의 소아시아에서 에베소, 서머나와 함께 제일가는 도시였던 버가모는 제우스 신전, 아에스쿨라피우스 신전, 아테네 신전, 디오니

199

소스 신전 등이 있는 우상 숭배의 본거지로 에베소, 서머나 지역보다도 황제 숭배를 위한 신전이 가장 먼저 건립될 정도로 성도들의 신앙생활에 위험 요소가 많은 지역이었다. 버가모 지역은 과연 주님의 평가대로 '사탄의 권좌'가 있는 곳이었다. 이렇듯 우상 숭배와 사치와 교만과 타락이 최고조에 달한 버가모 지역의 도덕적인 분위기에 편승해서 버가모 교회가 처한 위기는 심각했다.

버가모 교회에는 우상의 신전에서 거행하는 제사와 그 제사 후에 행해지는 축제에 참석하지 않는 사람들도 있었지만, 우상을 숭배하고 그 축제에 참석하는 것도 모자라 다른 교인들을 그 올무에 끌어들이는 사람도 있었다. 그들이 바로 발람의 교훈을 따르는 사람들이다. 발람은 구약성경 민수기 22~25장과 31장 8~16절에 등장하는 인물로서, 십볼의 아들인 모압 왕 발락의 돈을 받고 이스라엘을 유혹해서 모압 여인들과 음행하게 했던 장본인이다. 이스라엘 민족은 요단강을 건너기 직전, 마지막 유영지였던 싯딤에서 발람의 꾀에 빠져 모압 여인들과 음행하고, 모압 여인들이 섬기는 우상 바알브올에게 절을 하고, 우상에게 제사한 음식을 먹었다. 그 결과 수만 명이 하나님의 징벌을 받아 죽고 말았다. "보라 이들이 발람의 꾀를 따라 이스라엘 자손을 브올의 사건에서 여호와 앞에 범죄하게 하여 여호와의 회중 가운데에 염병이 일어나게 하였느니라"(민 31:16).

이처럼 구약에서 발람이 모압 왕 발락으로부터 불의한 삯을 받고 우상의 올무를 놓아 이스라엘 백성을 유혹했듯이, 버가모 교회에도 니골라당의 교훈을 좇는 사람들이 신실한 신앙의 길을 가고자 하는 형제 교인들에게 그리스도인은 이미 구원받았으므로 우상 제의에 참여해도 절대로 구원을 잃지 않는다고 미혹했다. 미혹된 동료 교인들을 이방의 제사에 참석하게 하고, 우상의 제물을 먹게 하고, 연회에도 참석해서 행음하게 했다. 그들의 잘못된 교훈으로 동료 교인들을 미혹하여 타락시킨 니골라당 무리야말로 "사람의 원수가 자기 집안 식구라."고 하신 주님의 말씀대로 교회의 원수. 버가모 교회 안에서 니골라 당의 교훈을 따르는 무리는 생명 길을 달려가야 하는 교인들이 바른 신앙을 굳건하게 지키지 못하도록 그릇된 교훈으로 미혹해서 사망으로 이끌었다.

오늘날 교회 안에서도 하늘에 속한 신령한 복(엡 1:3; 벧후 1:3)을 땅에서 먹고 마시고 입는 세속적 축복 개념으로 변질시킨 기복주의자들은 하나같이 "예수 잘 믿어 부자 됩시다. 구하고 찾고 두드려서 문제 해결 받읍시다. 긍정적인 사고를 해야 문제 해결을 받습니다. 꿈을 가지고 그 꿈이 이루어질 줄 믿으십시오. 그러면 그 꿈이 이루어집니다."라며 그들의 복술 신앙을 교회 안에 퍼뜨려서 영과 진리로 예배하는 믿음의 길을 가야 하는 형제 교인들의 영을 미혹하고 있다. 그들은 마치 그 옛날 발람의 교훈, 니골라 당의 교훈을 가진 무리가 동료 교인들의 손을 끌고 우상 제의에 참여시켜 음행하게 했던 것처럼 자신들도 세속화된 교훈 곧 음행의 포도주를 마시고 동료 교인들도 마시게 하여 함께 취해 비틀거리고 있다.

오늘날 교회 안에서 어떤 교인의 신앙이 조금 뜨겁다 싶어 눈여겨보면 늘 "문제 해결! 문제 해결! 복! 복!" 하는 사람인 경우가 많다. 그래서 앞에서도 복, 복, 문제 해결이고, 뒤에서도 복, 복, 문제 해결이고, 옆에서도 복, 복, 문제 해결이다. 그런데도 그들의 신앙이 열정적이고 뜨거워 보이는 것은 거짓 선지자들이 하늘에서 끌어 내리는 불로(계 13:13, 19:20) 세속의 꿈을 향한 욕망을 후끈 달아오르게 했기 때문이다.

집안 원수들은, 주님께서 다시 오실 때 거룩함에 흠도 점도 없이 티나 주름 잡힌 것 없이 나타나기 위한 신앙의 싸움(엡 5:27; 딤전 6:11~12; 벧후 3:14)을 해야 하는 교우들에게 구원을 이미 떼 놓은 당상으로 생각하게끔 안심시키고, 십자가의 승리를 미래의 '잘된 나'가 되기 위한 디딤돌로 활용할 것을 구변을 다해 설파한다. 그들은 힘든 십자가의 좁은 길을 신바람 나는 아스팔트 대로로 포장하고 교인들로 과속 질주하게 해서 진리의 이정표를 발견하지 못하도록 맹인으로 만들어 버린다. 결국, 진리에 맹인 된 교인을 천 길 낭떠러지로 추락하게 한다.

오늘날 "주여! 주여!" 하는 많은 사람이 주님의 십자가를 스포츠카에도 싣고 가고, 그랜저에도 싣고 가고, 봉고에도 싣고 가고, 포터 트럭에도 싣고 가는 아주 편리한 세상이 되었다. 그러다 보니 하나님의 뜻을 행하고자 하는 믿음의 성도들이 주님의 멍에를 메고 좁은 십자가 구원의 길을 묵묵히 걸어가기가 너무나 힘이 든다. "우리는 예수를 믿었으니 무조건 천국 간다."는 호언장담의 소리가 여기저기서 들려온다. 과연 그럴까?

예수 그리스도께서는 버가모 교회가 가진 신앙의 열정을 칭찬하셨다. 사탄의 위가 있는 곳에서도 그들은 믿음을 지켰고, 안디바 사건 때도 순교의 믿음을 고수했기 때문이다. 유대 전승에 의하면 안디바는 버가모 교회의 감독으로서 도미티아누스 황제 때 황제 숭배를 거부하다가 체포당했고 벌겋게 달구어진 놋쇠로 만든 황소 위에 얹혀 타 죽었다고 전해진다. 그러나 버가모 교회가 받은 칭찬이 그들이 다른 의무를 불이행한 것, 곧 우상 제의에 참석하고 거짓 교훈을 용납한 것에 대한 면죄부가 될 수는 없었다. 어느 한 가지의 의무를 충실히 지켰다고 해서 다른 의무를 지키지 않아도 된다는 것이 아니라, 반드시 다 지켜야 한다는 것이 하나님의 법이다(신 28:1, 15, 58; 계 12:11; 14:12).

시대와 지역을 초월해서 교회 안에는 참된 신앙을 지키려는 의인들과 거짓 신앙을 심으려는 양의 탈을 쓴 이리가 공존한다. 그러므로 참된 교회는 외부에서 들어오는 가시적인 핍박도 이겨내야 할 뿐만 아니라, 내부에서 살며시 일어나는, 즉 '죽었던 상처가 낫게 되는 짐승의 역사'(계 13:3)에 경각심을 갖고 대처해야 한다.

버가모 교회는 순교의 전통을 가졌음에도, 교묘히 교인들을 꾀어 우상을 섬기게 하는 이단 사상을 가진 자들을 용납하고 있었다. 주님께서는 그런 거짓 선지자의 미혹을 방치한 버가모 교회를 책망하고 회개를 촉구하신다. 아무리 순교의 전통을 가졌다고 할지라도 교회 안에 왜곡된 교리를 가르치는 거짓 선지자를 용납한다면 주님의 심판을 피할 수 없다. 버가모 교회에 '좌우에 날 선 검을 가지신 이'로 자신을 계시하신 주님께서는 당신의 '입의 검'으로 그들과 싸우겠다고 하셨다(12, 16절). 주님의 '입의 검'은 심판의 검이다(계 19:15). 거짓 선지자들의 잘못된 교훈에 미혹되고도 돌이키지 않은 버가모 교회는 축복의 주님, 구원의 주님을 맞이하는 것이 아니라 심판의 주님을 맞이하게 될 것이다. 버가모 교회가 가진 순교의 전통이 그들을 구원할 수 있는 것이 아니다.

하나님께서는 시종일관 우리에게 꿈을 주시고, 자신감을 주시고, 응답해 주시고, 해결해 주시는 것이 아니라 회개하라고 명령하신다. "그러므로 회개하라"(16절). 이 한 구절의 말씀 속에 버가모 교회를 향한 하나님의 모든 요구가 들어 있다. 회개야말로 신앙의 의로운 길에서 떠난 모든 사람이 행해야 할 유일한 의무이다. 유념해야 할 것은 거짓 선지자의 미혹을 용납하는 것도 회개해야 할 신앙의 죄악이라는 사실이다. 거짓 선지자를 용납하는 것은 불의를 용납하는 것이고, 의로운 길을 떠나 타락하는 것이기 때문이다.

버가모 교회는 과거에 가졌던 순교 신앙의 의로써 무조건 구원받는 것이 아니라, 지금 주님에게서 들리는 명령의 준수 여부로 구원을 받는다. '이기는 그에게는'이라는 단서는 세상 사람들에게가 아니라 버가모 교회를 향해 이기라고 하신 것임을 명심해야 한다.

'이기는 자'에게 상급으로 약속된 '감추었던 만나'와 '흰 돌'과 그 돌 위에 기록된 '새 이름'은 모두 영적인 것으로 영생을 상징한다. 하나님께서 우리에게 약속하신 상급의 복은 이 땅의 보이는 분깃이 아니다. 이 땅의 보이는 성공이 아니다. 이 땅의 보이는 부가 아니다. 이 땅의 보이는 영광이 아니다. "우리가 소망으로 구원을 얻었으매 보이는 소망이 소망이 아니니 보는 것을 누가 바라리요 만일 우리가 보지 못하는 것을 바라면 참음으로 기다릴지니라"(롬 8:24~25). 그러나 오늘날 교회 여기저기와 광야와 골방에서까지 선지자 노릇을 하는 거짓 선생들은 하나님께서 약속하신 상급의 복을 모두 보이는 소망으로 바꾸어 버렸다. 이처럼 보이지 않는 소망을 보이는 소망으로 만드는 것이 하나님의 말씀을 가감하는 죄악이다.

'흰 돌'은 고대 경기장에서 우승자의 이름을 새겨 주던 기념 돌이다. 이처럼 주님께서는 구원을 경기장에서 우승하는 것으로 말씀하신다. 경기에 참여하는 모든 사람이 우승할 수 있는 것이 아니듯이 "주여! 주여!" 하는 모든 사람이 구원받을 수 있는 것이 아니다. 또한 경기에 참여하는 사람이 아무리 많아도 우승자는 한 명에 불과하듯이 구원의 문은 많은 사람이 왕래할 수 있는 넓은 문이 아니라 좁은 문이다. 그러므로 우리의 구원은 달려감을 통해서, 싸움을 통해서, 경주를 통해서 완성된다(딤전 6:11~12).

사도 바울은 빌립보 교회를 향해 두렵고 떨림으로, 그리고 복종함으로 구원을 이루어 가라고 했다(빌 2:12). 두렵고 떨림으로 구원을 이루어 가라는 것은 우리가 구원을 향해 신앙의 경주에 힘써야 함을 교훈하는 것이며, 복종하라고 하는 것은 말씀에 대한 순종을 요구하는 것으로서 믿음으로만 구원을 받는 것이 아니라 행함과 함께하고 행함으로 온전해진 믿음(약 2:14~17, 22)으로 구원받음을 의미한다.

고대 사회에서 이방 신전은 시민들의 유일한 만남의 장이고, 유일한 축제의 장이고, 유일한 교제의 장이고, 정보의 교환과 정보의 취득까지 가능한 곳이었다. 그러므로 버가모 교회가 그러한 즐거움과 유익을 포기하고, 보이지 않는 주님의 재림을 소망하며 교회를 향해 어두운 뒷골목을 몸을 숨기고 들어설 때 시시로 망설여지지 않았겠는가? 그 당시 버가모 교회가 이방의 신전을 등진다는 것은 문화생활의 전부를 포기하는 것이나 다름없었다. 오늘날이야 과학 문명의 혜택으로 텔레비전을 시청하거나 인터넷을 하면서 얼마든지 혼자서도 즐겁게 시간을 보낼 수 있다. 굳이 이방 신전에 가지 않고 예배당에만 가도 충분하다. 예배당 안에 많은 편의 시설이 제공되고, 휴식 공간도 있으며, 교제의 공간도 있으며, 목사님으로부터 재밌는 설교도 들을 수 있고, 심지어 성공담과 출세 간증도 들으면서 인생의 활력을 회복할 수 있고 만복의 전당 예배당에 가서 얼마든지 무병장수와 만사형통을 빌며 힐링의 시간을 가질 수 있기 때문이다. 이미 많은 교회가 고대 사회의 이방 신전이 담당했던 역할을 충분히 감당하고 있다.

오늘 교회는 다양한 요소들에 의해 하나님께는 반쪽 신앙만을 드린 채 거리낌 없이 '믿음의 의'를 맹신하며 살아가고 있다. 그러니 누가 처자와 소유를 미워하면서까지(눅 14:26~27), 모든 소유를 버리면서까지(눅 14:33) 가야 하는 좁고 협착한 제자도를 따르려 하겠는가?

오늘 교회는 틀림없는 천국행을 맹신하면서 '믿음의 의'를 남용하며 힘든 십자가 경건의 길을 포기했다. 그래서 끝없이 하나님의 형상을 닮아 가려는 성스러운 열정과 투쟁을 포기한 채 신기루와 같은 이 땅에 속한 천하만국 영광을 꿈꾸며 신앙의 대로를 왕래하고 있다.

오늘 교회는 제자도를 행하지 않고도 예수를 믿기만 하면 무조건 천국을 간다는 맹신적 가르침의 홍수 속에서 구원을 '이겨야 하는 신앙의 싸움'으로 생각하지 않고, '떼 놓은 당상'으로 여긴다. 그래서 무병장수와 만사형통을 마음껏 축복해 주는 예배당, 만복을 마음껏 기원할 수 있는 예배당 건물을 열심히 드나들며 마치 자신은 이 땅에서 천국을 이미 소유한 양 자신만만해한다. 이와 같은 맹신 속에서 좁고 협착한 제자도를 잃어버리고 하나님 말씀의 길을 벗어나 좌로나 우로나 치우쳐 이리 비틀 저리 비틀하고 있는 것은 예수를 믿기만 하면 틀림없는 천국행이라고 장담하는 거짓 선생들의 거짓 교훈 때문이다.

지금은 이들 거짓 선생의 가르침에 대한 철저한 분별이 필요할 때이다. 그들의 감언이설과 같은 설교가 다시는 교회를 노략질하지 못하게 분별해야 한다. 주님의 재림을 사모하는 사람은 신앙의 겨울을 만나서도 안 되고, 신앙의 안식을 누려서도 안 된다(마 24:20). 오로지 푯대를 향해 달려가야 한다.

성령의 음성,
두아디라 교회에 보내는 편지

"두아디라 교회의 사자에게 편지하라 그 눈이 불꽃 같고 그 발이 빛난 주석과 같은 하나님의 아들이 이르시되 내가 네 사업과 사랑과 믿음과 섬김과 인내를 아노니 네 나중 행위가 처음 것보다 많도다 그러나 네게 책망할 일이 있노라 자칭 선지자라 하는 여자 이세벨을 네가 용납함이니 그가 내 종들을 가르쳐 꾀어 행음하게 하고 우상의 제물을 먹게 하는도다 또 내가 그에게 회개할 기회를 주었으되 자기의 음행을 회개하고자 하지 아니하는도다 볼지어다 내가 그를 침상에 던질 터이요 또 그와 더불어 간음하는 자들도 만일 그의 행위를 회개하지 아니하면 큰 환난 가운데에 던지고 또 내가 사망으로 그의 자녀를 죽이리니 모든 교회가 나는 사람의 뜻과 마음을 살피는 자인 줄 알지라 내가 너희 각 사람의 행위대로 갚아 주리라 두아디라에 남아 있어 이 교훈을 받지 아니하고 소위 사탄의 깊은 것을 알지 못하는 너희에게 말하노니 다른 짐으로 너희에게 지울 것은 없노라 다만 너희에게 있는 것을 내가 올 때까지 굳게 잡으라 이기는 자와 끝까지 내 일을 지키는 그에게 만국을 다스리는 권세를 주리니 그가 철장을 가지고 그들을 다스려 질그릇 깨뜨리는 것과 같이 하리라 나도 내 아버지께 받은 것이 그러하니라 내가 또 그에게 새벽 별을 주리라 귀 있는 자는 성령이 교회들에게 하시는 말씀을 들을지어다"(계 2:18~29)

두아디라 교회에 보낸 편지의 목적은 재림의 주님을 기다리는 교회가 '심판의 주'로 오실 그분 앞에 어떤 모습으로 존재해야 하는지를 보여 주려는 데 있다.

본문 요한계시록 2:18~29은 '심판의 주'로 오실 주님을 '그 눈이 불꽃 같고 그 발이 빛난 주석과 같은 하나님의 아들'로 계시한다(18절). 그러므로 교회는 그 눈이 불꽃 같아서 감춰질 것이 없고, 드러나지 않을 것이 없는 주님의 통찰 앞에 자신의 신앙을 다시 점검해야 한다.

본문의 편지는 비록 두아디라 교회를 수신으로 하고 있지만 전 시대, 전 지역의 모든 교회를 향한 주님의 경고이다. 본문 23절에서 주님께서는 "내가 사망으로 그의 자녀를 죽이리니 모든 교회가 나는 사람의 뜻과 마음을 살피는 자인 줄 알지라."고 하셨다. 그러므로 사람의 뜻과 마음을 살피셔서 각 사람의 행위대로 갚으시는 하나님의 심판을 두아디라 교회만이 아니라 '모든 교회'가 명심해야 한다.

두아디라 지역은 그 당시 수도 방위 수비대가 항상 주둔하고 있던 교통의 요충지였다. 그래서 상공업이 발달했던 지역으로 특히 염색 산업이 번창했다. 이 산업 발달은 동업 조합을 형성시켰고, 조합은 조합원 간의 친목이라는 명목 아래 우상 숭배와 음행이 성행하는 모임이 되었다. 친목의 식탁에는 으레 우상에게 바쳐졌던 제물이 올라왔으며 식사 이후에는 부정한 성행위까지 동반되었다. 이를 거부하고 동참하지 않을 때는 조합원의 권리에 엄청난 제약과 불이익이 가해졌다. 이런 환경 속에서 두아디라 교회에는 모범적인 신앙의 열심과 자세를 지녔던 신실한 자들이 있었던 반면, 경제적 이권을 유지하기 위해서 우상을 섬기고 행음하는 자들도 있었다.

이런 분위기에 편승해서 자칭 선지자 이세벨이 들어와서 교인들에게 '믿음의 의'를 남용하게 하는 교훈을 퍼뜨리고 있었다. 그 교훈의 핵심은 '우리는 예수 그리스도의 보혈로 이미 구원을 받았기 때문에 육체로는 어떻게 살든 상관이 없다.'는 것이었다. 자칭 선지자인 여자 이세벨의 교훈으로 인해서 두아디라 교회 안에는 윤리적 타락이 급속히 번지게 되었다(20절). 결국, 두아디라 교회는 신앙적으로 성실한 면(사랑, 믿음, 섬김, 인내)은 가지고 있으면서도 잘못된 가르침으로 인해 세상과 타협하며 세속화되어 갔다.

여기서 우리가 주목해야 할 것은 그 당시 두아디라 교회가 주님으로부터 사랑과 믿음과 섬김과 인내의 행위에 대해서 특별히 칭찬받은 교회였다는 사실이다. "네 사업과 사랑과 믿음과 섬김과 인내를 아노니 네 나중 행위가 처음 것보다 많도다"(19절). 두아디라 교회는 '주님의 나라와 의'와 관련된 믿음의 선한 사업에 특출한 열심을 보였다.

'섬김'은 헬라어로 '디아코니아'인데 '구제한다'는 의미다. 구제는 사랑의 행위이다. 두아디라 교회가 가진 사랑의 행위는 말과 혀로만 하는 사랑이 아니라 행동하는 섬김의 사랑이었다. 그리고 '인내'는 그리스도를 바라보면서 그 소망 가운데 이 세상의 고난을 참아 내는 것을 말한다. 그러므로 인내는 소망의 개념과 일치한다. 따라서 두아디라 교회가 주님으로부터 받은 칭찬을 요약하면 바로 넘치는 믿음과 소망과 사랑이다.

두아디라 교회는 기독교의 3대 덕목인 믿음과 소망과 사랑을 철저하게 실천하는 교회였고, 나아가 그러한 행위가 나날이 처음보다 많아지는 열심 있는 교회였다. 그러나 이처럼 훌륭한 교회였던 두아디라 교회가 왜 주님으로부터 책망을 받은 것일까? 그것은 그들이 이세벨의 세속화된 잘못된 교훈에 "아멘! 아멘!" 했기 때문이다.

여기서 우리는 두아디라 교회와 에베소 교회의 대조되는 모습을 발견하게 된다. 에베소 교회는 잘못된 교훈들과 거짓 선지자들을 확실히 배척했지만(계 2:2) 처음 사랑을 잃어버림으로 책망을 받았고(계 2:4), 반대로 두아디라 교회는 믿음과 소망과 사랑이 날마다 성장해 갔음에도 거짓 선지자 이세벨과 그의 교훈을 분별하지 못하고 용납함으로 책망을 받았다는 사실이다(20절). 그러므로 우리는 예수 그리스도께서 우리 교회를 향해 얼마나 높은 수준의 신앙을 요구하시는지를 명심해야 한다. 지금은 "교회에 나왔으니 구원받았습니다. 이제 축복받읍시다. 꿈은 이루어집니다."라고 염불하고 있을 때가 아니다.

오늘 수없이 많은 교회 가운데서 두아디라 교회처럼 "믿음과 소망과 사랑의 나중 행위가 처음보다 많도다."라는 칭찬을 들을 수 있는 교회가 과연 몇이나 되겠는가? 설령 "믿음과 소망과 사랑의 행위가 처음 것보다 많다."는 칭찬을 주님께 들었다 할지라도 두아디라 교회가 자칭 선지자 이세벨을 용납했듯이 오늘 우리가 거짓 선지자들의 잘못된 교훈에 "아멘! 아멘!" 하고 있다면 우리 역시 눈이 불꽃 같고, 그 발이 빛난 주석 같은 하나님 아들의 심판을 피할 수가 없다.

변질한 복음을 용납하며 사탄에게 속한 천하만국 영광을 믿음의 꿈으로 염불하고 행음하는 신앙인은 결단코 구원받을 수 없다. 그것은 이 세상에 속한 모든 것이 하나님과 원수 된 육신의 정욕과 안목의 정욕과 이생의 자랑이기 때문이다(요일 2:15~17). 아무리 하나님의 나라와 영광을 위한다는 명목으로 구한다고 할지라도, 하나님과 원수 된 세상의 부와 명예와 영향력을 믿음의 꿈으로 디자인하고 구한다면 그는 우상을 자기 마음에 들여놓은 사람이다. 그가 말하는 '성령의 음성 듣기'는 '자기'를 위해 하나님께 미래의 길흉화복을 묻는 것에 불과하다(겔 14:7). 이 죄악은 그 어떤 경우에도 용서받을 수 없다(겔 14:8).

그 옛날 두아디라 교회는 교회에 가만히 들어온 이세벨의 교훈 곧 '사탄의 깊은 것'을 분별하지 못하는 영적 어두움에 사로잡혀 있었지만 그래도 믿음과 소망과 사랑의 행위는 넘쳐났다. 그러나 오늘 교회는 처음 사랑의 행위(행 4:32~35; 고후 8:1~5)도 없으면서 세속의 교훈에 함몰되어 이 땅의 부요와 성공과 영향력의 꿈에 도취해 있으니 그 결국이 어떻게 되겠는가? 비록 우리가 믿음과 소망과 사랑이 넘쳐나는 행위를 가지고 있다고 할지라도 안주할 것이 아니라 더욱더 근신하며 두렵고 떨림으로 구원을 이루어 가야 한다(벧전 1:13; 빌 2:12). 무엇보다도 하나님의 말씀으로 포장한 세속의 교훈을 분별하고 용납하지 말아야 한다. 지금 교회 안에는 성경에도 없는 이 땅에서 먹고 마시고 입고의 문제를 구하고 찾고 두드리는 이방인의 교훈이 마치 하나님의 말씀인 양 여기저기 광야와 골방에까지 활개 치며 돌아다니고 있다.

신실한 믿음의 교회는 '사탄의 깊은 것'의 정체를 분별해서 그 실체를 뿌리 뽑고 내어 쫓는 '하나님의 나라와 의'를 이루기 위해 하나님의 성전(聖戰)에 동참해야 한다. 광명한 천사의 옷을 입고 나오기에 인격도 고결해 보이고, 품격 있는 성직자 같아 보이고, 명문 신학교 학위를 가지고 있기에 대단한 성경 전문가 같아 보이고, 하나님의 말씀을 인용하기에 마치 주인의 음성을 대변하는 것처럼 보여도 하나님의 말씀을 도둑질하여 평강 타령이나 하는 거짓 선지자에 불과한 목사들을 분별해서 교회를 미혹하는 그들의 교훈을 용납하지 말아야 한다. "만군의 여호와께서 이와 같이 말씀하시되 너희에게 예언하는 선지자들의 말을 듣지 말라 그들은 너희에게 헛된 것을 가르치나니 그들이 말한 묵시는 자기 마음으로 말미암은 것이요 여호와의 입에서 나온 것이 아니니라 항상 그들이 나를 멸시하는 자에게 이르기를 너희가 평안하리라 여호와의 말씀이니라 하며 또 자기 마음이 완악한 대로 행하는 모든 사람에게 이르기를 재앙이 너희에게 임하지 아니하리라 하였느니라"(렘 23:16~17). "여호와의 말씀이라 그러므로 보라 서로 내 말을 도둑질하는 선지자들을 내가 치리라 여호와의 말씀이니라 보라 그들이 혀를 놀려 여호와가 말씀하셨다 하는 선지자들을 내가 치리라 여호와의 말씀이니라 보라 거짓 꿈을 예언하여 이르며 거짓과 헛된 자만으로 내 백성을 미혹하게 하는 자를 내가 치리라 내가 그들을 보내지 아니하였으며 명령하지 아니하였나니 그들은 이 백성에게 아무 유익이 없느니라 여호와의 말씀이니라"(렘 23:30~32).

사람의 영혼을 매매하는 장사 도구에 불과한 그들의 교훈, 하나님의 복음을 변질시켜 상품거리로 만들어 버린 그들의 매매 행위를 근절해서 그들이 다시는 장사하지 못하도록 해야 한다. "땅의 상인들이 그를 위하여 울고 애통하는 것은 다시 그들의 상품을 사는 자가 없음이라 그 상품은 금과 은과 보석과 진주와 세마포와 자주 옷감과 비단과 붉은 옷감이요 각종 향목과 각종 상아 그릇이요 값진 나무와 구리와 철과 대리석으로 만든 각종 그릇이요 계피와 향료와 향과 향유와 유향과 포도주와 감람유와 고운 밀가루와 밀이요 소와 양과 말과 수레와 종들과 사람의 영혼들이라"(계 18:11~13).

하나님께서는 거짓 선지자들을 너무나 싫어하신다. 그래서 그들을 반드시 심판하실 것이다. "만군의 여호와가 말하노라 그 날에 내가 우상의 이름을 이 땅에서 끊어서 기억도 되지 못하게 할 것이며 거짓 선지자와 더러운 귀신을 이 땅에서 떠나게 할 것이라"(슥 13:2). 거짓 선지자를 이 땅에서 떠나게 하시겠다는 하나님의 선언은 신약 교회 시대의 과거에 이미 성취된 사건이 아니라 앞으로 성취될 사건이다. 그것은 번개가 동편에서 서편까지 번쩍임같이 주님께서 다시 오시기까지 거짓 그리스도와 거짓 선지자의 미혹이 여기저기 광야와 골방에까지 창궐할 것이기 때문이다. "그때에 사람이 너희에게 말하되 보라 그리스도가 여기 있다 혹은 저기 있다 하여도 믿지 말라 거짓 그리스도들과 거짓 선지자들이 일어나 큰 표적과 기사를 보여 할 수만 있으면 택하신 자들도 미혹하리라 보라 내가 너희에게 미리 말하였노라 그러면 사람들이 너희에게 말하되 보라 그리스도가 광야에 있다 하여도 나가지 말고 보라 골방에 있다 하여도 믿지 말라 번개가 동편에서 나서 서편까지 번쩍임같이 인자의 임함도 그러하리라"(마 24:23~27).

신약 교회 시대는 무천년주의자들의 주장처럼 천년왕국 시대가 아니다. 무천년주의자들은 지금 교회 시대가 만국을 미혹하던 용, 곧 옛 뱀인 마귀가 무저갱에 던져 천 년 동안 감금된 천년왕국 시대라고 한다(계 20:1~6). 그러나 이들의 주장은 주님의 예언과 정면으로 배치된다. 주님께서는 마태복음 24:23~27에서 경고하신 것처럼 재림이 있기 직전까지 거짓 그리스도와 거짓 선지자의 미혹이 범람할 것이라고 예언하셨기 때문이다. 그러므로 무천년주의자들의 주장은 틀렸다. 지금 교회 시대는 용의 하수인인 거짓 그리스도와 거짓 선지자의 미혹이 감금된 시대가 아니라 더욱더 활개를 치는 시대이다. 그러나 주님께서 다시 오실 때, 그 옛날 스가랴 선지자가 예언했던 대로 이 땅에서 거짓 선지자와 더러운 귀신을 도말하실 것이다. "또 내가 보매 그 짐승과 땅의 임금들과 그들의 군대들이 모여 그 말 탄 자와 그의 군대와 더불어 전쟁을 일으키다가 짐승이 잡히고 그 앞에서 표적을 행하던 거짓 선지자도 함께 잡혔으니 이는 짐승의 표를 받고 그의 우상에게 경배하던 자들을 표적으로 미혹하던 자라 이 둘이 산 채로 유황불 붙는 못에 던져지고"(계 19:19~21). 바로 이날에 교회는 새 하늘과 새 땅의 천년왕국 시대를 목도하게 될 것이다.

하나님의 성령은 하나님의 선지자의 배후에서 역사하고, 귀신은 거짓 선지자의 배후에서 역사한다. 그 옛날 서기관들과 바리새인들은 하나님의 성호인 여호와를 감히 인간의 입에 담을 수 없어서 하나님의 거룩한 이름인 '여호와'라는 명칭 대신 '나의 주'라는 의미를 가진 '아도나이'를 사용했다. 그러나 하나님의 성호를 함부로 부르지 않을 정도로 하나님을 경외했음에도 그들은 주님께 마귀의 후손으로 정죄를 받았다(요 8:44). 그들이 주님께 귀신의 자식들인 독사의 새끼로 불렸던 여러 가지 원인 중에 가장 큰 이유는 하나님의 말씀인 율법에 사람의 계명인 누룩을 섞었기 때문이다(마 16:6~12). 목사가 "주여! 주여!" 하면서 설교한다고 모두 거룩한 하나님의 종인가? 결단코 아니다. 목사가 전하는 설교의 교훈이 누룩 섞인 변질된 복음이라면, 세속화된 복음이라면 그의 배후에는 성령이 아니라 다른 영인 귀신의 영 곧 역사한다.

오늘날 교회 안에도 주님께서 귀신의 자식, 뱀의 자식으로 정죄했던 서기관들과 바리새인(마 23:23)의 계보를 따라 하나님의 말씀에 사람의 계명을 섞어 경건의 말씀을 이익의 재료로 만든(딤전 6:5) 거짓 선지자의 교훈들이 범람하고 있다. 이들에 의해서 생명의 복음이 육신의 소원성취를 위한 지렛대가 되고, '믿으면 무조건 된다.'는 성공 신화의 포장지가 되었고, 어리석은 백성들은 이들이 하나님의 말씀을 가감해서 만든 달콤한 설교에 연일 목청 높여 아멘으로 화답하고 있다. 하기야 꿈이 이루어지고 문제가 해결되고 소원이 성취된다는데 소리 높여 아멘 하지 못할 이유가 어디에 있겠는가? '아멘'의 의미는 "하나님의 그 말씀은 진실합니다."라는 백성의 화답이다. 그러므로 지혜로운 자는 거짓 선지자가 전하는 미혹의 교훈을 분별해서 거짓 교훈에 "그 말씀은 참으로 진실합니다."라고 무조건 화답하는 어리석은 백성이 되지 말아야 한다.

구약의 제사는 제물의 종류, 제물의 상태, 제물의 가치, 드리는 방법, 드리는 순서가 하나님께서 시내산에서 모세에게 보여 주신 방법대로 철저하게 드려질 때 하나님께 열납되었다. 따라서 오늘 우리의 예배가 하나님께서 받으시는 영과 진리로 드리는 예배가 되기 위해서는 사람의 기쁨대로가 아니라 하나님의 기쁘심대로, 사람의 방법대로가 아니라 하나님의 방법대로, 사람의 뜻대로가 아니라 하나님의 뜻대로 드려져야 한다.

구약의 제사에서 하나님께서 명하시지 않은 제물이 단 위에 올라가면 그 제사가 열납되지 못했듯이 오늘날도 예수 그리스도와 사도들이 명하고 가르치신 복음이 아닌 다른 복음을 하나님의 강단에서 설교하면 그 예배는 하나님께서 기쁘게 받으실 예배가 될 수 없다. 구약의 제사에서 하나님께서 명하시지 않은 방법으로 제사가 드려지면 하나님께 열납되지 않았듯이 신약에서도 사람의 감정대로, 사람의 기분대로, 사람의 기쁨대로 사람의 필요를 따라 드려지는 예배는 하나님께 기쁘게 열납되지 않는다.

두아디라 교회에 들어왔던 자칭 선지자 이세벨의 이름은 구약에도 등장하는 이름이다. 구약의 이세벨은 시돈 왕의 딸로서 북이스라엘의 7대 왕인 아합왕(기원전 874~853년)의 왕비가 된 사람이다(왕상 16:31; 21:25). 그러나 이방인이었던 여자 이세벨은 우상 바알을 이스라엘에 끌어들여 '우상 숭배 제의'의 음행을 이스라엘에 퍼뜨린 장본인이다. 두아디라 교회의 자칭 선지자 이세벨 역시 이방의 가르침, 즉 음행의 교훈을 가지고 교회 안에 들어와 예수 그리스도의 복음을 변질시킨 거짓 선지자이다. "네게 책망할 일이 있노라 자칭 선지자라 하는 여자 이세벨을 네가 용납함이니 그가 내 종들을 가르쳐 꾀어 행음하게 하고 우상의 제물을 먹게 하는 도다"(20절).

오늘날과 마찬가지로 초대교회에서는 예언의 은사를 가진 자들을 크게 우대했다(고전 14:1~6). 이러한 분위기에 편승해서 자칭 선지자 이세벨이 두아디라 교회에 손쉽게 들어와 가르치는 자리에 앉았다. 그러나 성경이 가르치는 예언은 개인의 일상사와 관련된 길흉화복을 말해 주는 이방 종교의 점괘와 같은 복술적 예언이 아니라, 교회를 훈계해서 덕을 세우며 배우게 하고 권면하며 안위하려는 신령한 목적을 가진 예언들이다. 그러나 두아디라 교회에 들어온 자칭 선지자 이세벨은 정황상 복술과 관련한 예언을 했던 것으로 추정된다. 그러므로 이런 거짓 선지자였던 이세벨을 두아디라 교회가 용납했다는 것은, 무속 신앙을 교회가 용납했다는 것이고, 그래서 점쟁이 같은 이세벨의 교훈이 하나님의 말씀으로 둔갑해서 백성들에게 가르쳐졌다는 것이다. 마치 오늘날 하나님의 말씀이 인생의 꿈과 부요와 성공 이야기로 전락해서 신령한 기독교가 이방 종교처럼 먹고 마시고 입고의 문제를 구하고 찾고 두드리는 세속적 종교로 전락한 것과 동일한 맥락이다.

두아디라 교회는 우유부단하게도 이런 거짓 선지자들을 과감하게 추방하지 못했다. 오늘날 교회도 복술의 목회자들과 그들의 달콤하게 부풀려진 잘못된 교훈들에 대해 '하나님의 말씀이 이래서는 안 되는데……, 하나님의 종들이 저래서는 안 되는데…….' 하면서도 아무런 비판도 가하지 않고 그들의 활동을 묵인하는 죄를 저지르고 있다. 하나님의 나라와 의를 위해서는 부모와 처자도 버려야 하거늘 동료 라는 이유로, 같은 교단 소속이라는 이유로, 같은 신학교 출신이라는 이유로 배척하지 않고 입맞춤으로 용납하고 있다. 그러다 보니 하나님의 말씀이 세상의 교훈과 혼잡되어 세상의 성공 신화로 전락했고, 주님의 재림을 기다리는 인내의 소망이 인생의 꿈이 성취되고 인생의 문제가 해결되는 날을 소원하는 세속적 교훈으로 전락했다. 오늘날은 거짓 선지자들이(계 13:11, 19:20) 하늘에서 끌어 내리는 복술의 뜨거운 불로(계 13:13) 온 교회들을 휘젓고 다니고 있는 형국이다.

두아디라 교회처럼 믿음과 소망과 사랑의 행위가 나날이 많아졌다고 할지라도 잘못된 가르침을 수용하면 그의 자녀들이(계 2:23), 즉 무지한 백성들이, 아담이 사망 선고를 받았던 것처럼 사망 선고를 받게 된다. "또 내가 사망으로 그의 자녀를 죽이리니 모든 교회가 나는 사람의 뜻과 마음을 살피는 자인 줄 알지라 내가 너희 각 사람의 행위대로 갚아 주리라"(계 2:23). "선악을 알게 하는 나무의 열매는 먹지 말라 네가 먹는 날에는 반드시 죽으리라 하시니라"(창 2:17). 그런데 오늘날 두아디라 교회처럼 믿음과 소망과 사랑의 행위가 나날이 넘쳐나기는커녕, 심지어 믿음과 소망과 사랑의 행위가 전혀 없는데도 복술의 가르침들을, 음행의 가르침들을, 먹고 마시고 입고의 문제를 구하고 찾고 두드리게 하는 가르침들을 용납하는 교회 세대의 장래는 결코 밝지 않다. 그러므로 2천여 년 전 주님께서는 "인자가 다시 올 때 믿음을 보겠느냐?" 하셨던 것이 아니겠는가?

주님께서는 두아디라 교회를 향해 경고하셨다. "또 내가 그에게 회개할 기회를 주었으되 자기의 음행을 회개하고자 하지 아니하는도다"(21절). 여기서 '주었으되'는 원어의 시제가 과거부터 현재까지의 동작이 연속되고 있음을 나타낸다. 그러므로 두아디라 교회가 범한 음행의 죄는 오늘 우리 세대의 교회도 계속해서 범하고 있는 죄다. 따라서 회개할 대상은 두아디라 교회만이 아니라 오늘날 모든 교회도 포함된다.

주님께서는 사람의 뜻과 마음을 살피시는 분으로 자신을 계시하셨다(23절). 여기서 '뜻'은 헬라어 '네프로이'로서 인간 내면의 중심 사상을 의미한다. '마음'은 헬라어 '카르디아'로서 인간의 생각, 감정, 욕망을 의미한다. 즉, 뜻과 마음은 인간이 볼 수 없는 감추어진 영역이지만, 하나님께서는 그러한 내면조차도 감찰하시기에 두아디라 교회에 나타난 주님의 모습은 불꽃 같은 눈을 하고 계셨던 것이다(계 2:18). 불꽃 같은 눈으로 우리의 심령과 폐부를 살피시는 하나님께서는 우리 마음의 비밀을 아신다(시 44:21).

그 옛날 하나님께서 등불로 그토록 샅샅이 살피시던 곳이 세상 도시가 아니라 하나님의 성전이 있는, 하나님의 백성이 왕래하는 예루살렘이었듯이 지금 주님께서는 불꽃 같은 눈으로 교회를 살피신다. 그래서 교회 안에서 입술로만 "주여! 주여!" 하는 신앙인들과 마음과 뜻을 다하여 죽기까지 당신의 계명을 지켜 행하는 자가 누구인가를 살피신다(계 12:11; 14:12).

오늘날 교회 안에는 세속적 교훈에 열광하며 "아멘! 아멘!" 하는 이름뿐인 신앙인들이 빽빽하다. 불행하게도 지금 교회 안에는 긍정적 입술을 가진 사람은 많이 있지만, 즉시 배와 그물을 버려두고 주님을 따르는 사람, 즉 주의 나라와 복음을 위해 모든 소유를 버리는 참된 제자(눅 14:33)는 드물다.

"주여! 주여!" 하는 사람이 아무리 바다의 모래와 같이 많다고 할지라도(사 10:22) 남은 자들만이 하나님에게로 돌아온다. 약속된 생명의 복에 참여하게 된다(계 2:7, 11, 17, 26; 3:5, 12, 21). 아무리 상수리나무 잎이 무성하다 할지라도 그 나무가 베임을 받았을 때, 남겨질 그루터기의 신앙인들이 바로 신실한 신앙의 남은 자들이다. "그중에 십분의 일이 아직 남아 있을지라도 이것도 황폐하게 될 것이나 밤나무와 상수리나무가 베임을 당하여도 그 그루터기는 남아 있는 것 같이 거룩한 씨가 이 땅의 그루터기니라 하시더라"(사 6:13). 우리는 신실한 신앙의 그루터기인 '남은 자' 곧 '이긴 자'가 되어야 한다.

이제 주님께서 두아디라 교회의 신실한 남은 자들에게 "두아디라에 남아 있어 이 교훈을 받지 아니하고 소위 사탄의 깊은 것을 알지 못하는 너희에게 말하노니 다른 짐으로 너희에게 지울 것은 없노라 다만 너희에게 있는 것을 내가 올 때까지 굳게 잡으라"(24~25절)고 말씀하신다. 즉 순수한 신앙을 주님의 재림 때까지 잡되 굳게 잡으라고 하신다. 굳게 잡지 않으면 떨어진다. 한번 잡았다고 되는 것이 아니다. 끝까지 굳게 잡아야 한다. 한번 믿었다고 구원받는 것이 아니라 끝까지 믿음을 지켜야 구원받는다. 믿음을 지키는 일은 죽을 때까지 교회 출석하는 것이 아니라 열매 맺는 삶을 사는 것이다. "이로써 그 보배롭고 지극히 큰 약속을 우리에게 주사 이 약속으로 말미암아 너희가 정욕 때문에 세상에서 썩어질 것을 피하여 신성한 성품에 참여하는 자가 되게 하려 하셨느니라 그러므로 너희가 더욱 힘써 너희 믿음에 덕을, 덕에 지식을, 지식에 절제를, 절제에 인내를, 인내에 경건을, 경건에 형제 우애를, 형제 우애에 사랑을 더하라 이런 것이 너희에게 있어 흡족한즉 너희로 우리 주 예수 그리스도를 알기에 게으르지 않고 열매 없는 자가 되지 않게 하려니와 이런 것이 없는 자는 맹인이라 멀리 보지 못하고 그의 옛 죄가 깨끗하게 된 것을 잊었느니라 그러므로 형제들아 더욱 힘써 너희 부르심과 택하심을 굳게 하라 너희가 이것을 행한즉 언제든지 실족하지 아니하리라 이같이 하면 우리 주 곧 구주 예수 그리스도의 영원한 나라에 들어감을 넉넉히 너희에게 주시리라"(벧후1:4~11).

오늘 우리는 부르심과 택하심을 받았지만, 그 부르심과 택하심을 굳게 하지 않으면, 즉 열매 맺는 삶을 살지 않으면 열매 없는 가지가 되어 종국에 밖에 던져져서 불살라질 것이다. "나는 포도나무요 너희는 가지라 그가 내 안에, 내가 그 안에 거하면 사람이 열매를 많이 맺나니 나를 떠나서는 너희가 아무것도 할 수 없음이라 사람이 내 안에 거하지 아니하면 가지처럼 밖에 버려져 마르나니 사람들이 그것을 모아다가 불에 던져 사르느니라"(요 15:5~6).

두아디라 교회 안에서 구원받을 남은 자, 즉 이긴 자가 되기 위해서는 사업과 사랑과 믿음과 섬김과 인내의 행위가 처음보다 많아져야 할 뿐만 아니라(19절) 복음의 진리를 사수해야 한다. 바로 이와 같은 믿음의 삶이 두아디라 교회가 주님의 부르심과 택하심을 굳게 하는 삶이며, "주여! 주여!" 하는 두아디라 교회 가운데서 넉넉한 구원이 허락되는 이긴 자가 되는 믿음의 삶이다.

두아디라 교회 가운데서 이긴 자에게 허락되는 넉넉한 구원은 바로 그들이 만국을 다스리는 권세를 받게 되고(26절) 새벽 별을 소유하는(28절) 것이다. 두아디라 교회의 이긴 자에게 약속된 복인 만국을 다스리는 권세는 왕 노릇 하는 권세이다. 오늘 교회는 '이미' 임한 하나님의 나라를 소유하고 있지만 '아직' 완성될 하나님의 나라를 기다린다. 지금 교회는 '이미' 구원을 받았지만, 또한 '아직' 구원의 완성을 기다린다. 지금 교회는 왕 같은 제사장이 되어 '이미' 왕 노릇 하고 있지만, 또한 '아직' 완성될 종국적 왕 노릇의 복을 기다린다. "참으면 또한 함께 왕 노릇 할 것이요 우리가 주를 부인하면 주도 우리를 부인하실 것이라"(딤후 2:12).

우리가 참음으로 기다리는 종국적으로 완성될 왕 노릇 하는 복은 생명의 면류관을 받을 때다. "시험을 참는 자는 복이 있나니 이는 시련을 견디어 낸 자가 주께서 자기를 사랑하는 자들에게 약속하신 생명의 면류관을 얻을 것이기 때문이라"(약 1:12). 이 생명의 면류관은 "주여! 주여!" 하는 교인 모두가 얻을 수 있는 것이 아니라 이긴 자만이 소유할 수 있는 영생의 복이다(계 2:7, 11, 17, 26; 3:5, 12, 21).

두아디라 교회의 이긴 자가 소유하게 될 '새벽 별'은 '예수 그리스도'이다. "나 예수는 교회들을 위하여 내 사자를 보내어 이것들을 너희에게 증언하게 하였노라 나는 다윗의 뿌리요 자손이니 곧 광명한 새벽 별이라 하시더라"(계 22:16). "주여! 주여!" 한다고 모두가 다 새벽 별이신 주님의 얼굴을 대면할 수 있는 것이 아니다.

새벽 별은 아직도 밤의 짙은 그림자가 널리 깔려 있을 때 나타나 어두움의 퇴각을 알려 준다. 그러므로 "인자가 다시 올 때 믿음을 보겠느냐?" 하는 교회 세대의 종말에 열매 없는 교인에게서 믿음의 빛이 사라지고, 교회가 세속화되어 진리의 빛이 사라지고, 초대교회와 같은 사랑의 빛이 사라져서 어두워져 가는 것은 오히려 주님의 다시 오심을 대망하는 믿음의 이긴 자들에게는 더욱더 소망의 시간이 된다. 그것은 믿음과 진리와 사랑의 빛이 사라진 이 어두움이 예수 그리스도가 다시 이 땅에 오시는 마지막 표적이기 때문이다. "보라 어둠이 땅을 덮을 것이며 캄캄함이 만민을 가리려니와 오직 여호와께서 네 위에 임하실 것이며 그의 영광이 네 위에 나타나리니 나라들은 네 빛으로, 왕들은 비치는 네 광명으로 나아오리라"(사 60:2~3). "그 날 환난 후에 즉시 해가 어두워지며 달이 빛을 내지 아니하며 별들이 하늘에서 떨어지며 하늘의 권능들이 흔들리리라 그때에 인자의 징조가 하늘에서 보이겠고 그때에 땅의 모든 족속들이 통곡하며 그들이 인자가 구름을 타고 능력과 큰 영광으로 오는 것을 보리라 그가 큰 나팔 소리와 함께 천사들을 보내리니 그들이 그의 택하신 자들을 하늘 이 끝에서 저 끝까지 사방에서 모으리라"(마 24:29~31).

성령의 음성,
사데 교회에 보내는 편지

"사데 교회의 사자에게 편지하라 하나님의 일곱 영과 일곱 별을 가지신 이가 이르시되 내가 네 행위를 아노니 네가 살았다 하는 이름은 가졌으나 죽은 자로다 너는 일깨어 그 남은 바 죽게 된 것을 굳건하게 하라 내 하나님 앞에 네 행위의 온전한 것을 찾지 못하였노니 그러므로 네가 어떻게 받았으며 어떻게 들었는지 생각하고 지켜 회개하라 만일 일깨지 아니하면 내가 도둑같이 이르리니 어느 때에 네게 이르는지 네가 알지 못하리라 그러나 사데에 그 옷을 더럽히지 아니한 자 몇 명이 네게 있어 흰옷을 입고 나와 함께 다니리니 그들은 합당한 자인 연고라 이기는 자는 이와 같이 흰옷을 입을 것이요 내가 그 이름을 생명책에서 결코 지우지 아니하고 그 이름을 내 아버지 앞과 그의 천사들 앞에서 시인하리라 귀 있는 자는 성령이 교회들에게 하시는 말씀을 들을지어다"(계 3:1~6)

주님께서는 사데 교회의 영적 상태를 "살았다 하는 이름을 가졌으나 죽은 자"(1절)라고 진단하셨다. 흔히 교회에 나와서 신앙을 고백하고 세례받은 사람을 가리켜 중생한 자라고 한다. 그리고 중생한 자는, 거듭난 자는, 다시 살아난 자는 하나님의 예정하심 안에서 반드시 견인되어 영화에 이른다고 한다. 그런데 사데 교회 교인들이 지금 죽어 있다. 그들도 사데 교회 교인의 신분을 가진 것을 보아 허물과 죄로 죽었던 상태에서 다시 살아난 사람들임에는 틀림이 없는데도.

사데 교회는 분명 자신들을 살아 있는 크리스천이라고 확신하면서 중생한 사람은 틀림없이 구원에서 떨어지지 않고 천국 간다고 맹신하고 있었을 것이다. 그러나 그런 맹신과는 상관없이 지금 이 시간 그들을 향한 하나님의 진단은 '살았다고 하는 이름만 있지 죽은 자'라는 평가다. 지금 그들의 신앙이 죽은 상태라면, 영적 생명이 죽어 있다면 오늘 이 밤에 도둑같이 오시는 주님 앞에 설 수 있겠는가? 영화롭게 될 수 있겠는가? 구원받을 수 있겠는가?

아브라함과 이삭과 야곱의 하나님은 산 자의 하나님이시고, 그 하나님이 이 땅에 다시 오실 때, 오로지 죄와 허물 가운데서 죽었던 상태에서 깨어난 자, 다시 살아난 자, 거듭난 자만이 산 자로서 하나님 앞에 설 수 있다. 오로지 거듭난 사람 곧 중생한 자만이 하나님 앞에 설 수 있다. 하나님 나라에 들어갈 수 있다. 영광에서 영광에 이를 수 있다. 영생의 지복에 이를 수 있다.

사데 교회는 자신들이 예수를 믿고 있으니 살았다 하는 이름을 가진 자 곧 거듭난 자라고 자부했다. 그런데 그들 중 흰옷 입은 몇 명을 제외한 대다수는 하나님 보시기에 죽은 자였다. 주님께서 사데 교회에서 찾으신 흰옷 입은 자가 바로 거듭난 사람이다. 교회에 출석만 하면 중생한 자이고, 그리스도의 의의 흰옷을 입은 자인가? 아니다.

사데 교회가 실상은 죽은 자로 주님께 책망받은 것은 그들에게 행위의 온전함이 없었기 때문이다(2절). 중생한 자, 즉 다시 산 자와 행위의 온전함은 함께 있다. 우리는 믿음으로 거듭 태어난다. 믿음으로 다시 살아난다. 그러나 우리의 거듭 태어남, 우리의 다시 살아남은 그의 행위에 의해 입증되고 확증된다. 행함이 없는 믿음은 죽은 믿음이고, 우리를 구원할 수 없기 때문이다.

사데 교회에는 그 옷을 더럽히지 않은 자, 신앙의 정절을 가진 자가 불과 몇 명뿐이었다(4절). 사데 교회야말로 "내 백성의 수가 바닷가 모래와 같을지라도 남은 자만 돌아올 것"(사 10:22)이라는 예언과 "내가 너희를 성읍에서 하나와 족속 중에서 둘을 택하여 시온으로 데려 오겠고"(렘 3:14)라는 예언이 그대로 성취된 경우다.

지금 사데 교회 안에는 "주여! 주여!" 하는 교인들, 살았다 하는 이름을 가진 명목상의 교인들은 많지만 하나님의 뜻을 행하는, 그래서 행위의 온전함으로 정결한 흰옷 입은 신실한 믿음의 사람은 불과 몇 명에 불과하다. 주인의 밭인 사데 교회는 추수할 것이 없는 가라지 천국이 되어 있다.

행위의 온전함이 없어서 흰옷을 입지 않은 사데 교회가 그들의 이름이 생명책에서 지워지지 않기 위해서는 신앙의 옷을 빨아야 한다. "자기 두루마기를 빠는 자들은 복이 있으니 이는 그들이 생명나무에 나아가며 문들을 통하여 성에 들어갈 권세를 받으려 함이로다"(계 22:14). 신앙의 두루마기를 빠는 사람들은 회개에 합당한 열매, 즉 행위의 온전함이 있는 믿음의 사람들이다. 믿음의 사람들에게는 행위의 온전함이 있어야 한다. 행위의 온전함이 있는 사람들만이 문들을 통해 성에 들어갈 권세를 가지게 된다. 그런 의미에서 요한계시록

21:1~5와 22:1~5의 '거룩한 성 새 예루살렘'에 참여하는 축복은 지금 교회 세대가 누리는 축복이 아니라 장차 소유하게 될 종말론적인 축복이다.

두루마기를 빠는 사람들, 곧 행위의 온전함을 가진 사람들이 생명나무에 나아간다. 따라서 요한계시록 2:1~7 말씀에서 처음 사랑의 행위를 회복한 에베소 교회의 '이긴 자'만이 소유하게 될 낙원에 있는 생명나무의 과실을 먹게 되는 축복 또한 지금 교회 시대가 소유할 수 있는 복이 아니라 장차 누리게 될 종말론적인 축복이다.

결국, '이기는 자'가 먹게 될 생명나무 과실(계 2:7)과 생명책에서 그 이름이 지워지지 않는(계 3:5) 축복은 교회 세대가 바라보는 종말론적인 축복으로서 이 축복에 참여하게 될 이기는 자는 바로 두루마기를 빠는 사람들, 곧 합당한 행위인 처음 사랑의 행위를 회복한 사람들이다.

당시 사데 지역은 에게해 주변 지역의 무역 요충지로 무역이 발달하고 양털가공업과 염색공업이 일찍부터 시작되어 경제적으로 큰 부를 축적한 도시였다. 한때 리기아 왕국의 수도였을 만큼 정치적 군사적으로도 중요한 대도시였고, 지형적으로도 난공불락의 요새였다. 사데 지역 사람들은 안정과 번영 속에서 사치와 향락을 일삼고 있었다. 이러한 사데 지역의 향락 문화에 물든 사데 교회는 점차 이름뿐인 신앙인으로 전락하게 되었다. 하나님을 믿는다고 하면서, "주여! 주여!" 하면서, 하나님의 나라와 의를 위해 살지 않고 땅의 것을 소망하며 물질적 부와 사회적 영향력의 안정을 꿈꾸며 신앙인으로서 가져야 할 영적 생명력인 행위의 온전함을 결실하지 못한다면 비록 그리스도인이라는 명목상의 이름을 가질 수는 있겠지만, 결국 도둑같이 임하시는 주님을 영접하지 못하는 미련한 다섯 처녀가 되어 문밖에서 슬피 울며 이를 가는 신세가 될 것이다(마 25:1~13).

오늘날 "주여! 주여!" 하는 많은 교인이 종국적 축복인 생명나무 과실을 먹기 위해서 행위의 온전함을 이루려고는 하지 않고, 이 땅의 부요와 성공의 꿈을 좇아 문제 해결 받고 축복 응답 받기 위해서 긍정적 사고와 긍정적 입술의 시인이라는 부적을 들고 이방인의 기도에 열중하고 있다. 살아 있다는 이름은 있으나 실상은 죽은 신앙이다.

주님께서는 사대 교회 안에서 소수의 흰옷 입은 참된 믿음의 사람들을 제외한 대다수 교인을 향해 "너는 일깨어 그 남은바 죽게 된 것을 굳건하게 하라"(계 3:2)고 촉구하신다. 이 명령은 행위의 온전함을 보이라는 말씀이다. 성경은 우리에게 구원받기 위해 믿기만 하라고 말씀하시지 않고 행위의 온전함을 굳게 하라고 말씀하신다. 우리를 구원으로 인도하는 참된 믿음은 행함과 함께 일하고 행함으로 온전해지는 믿음이다(약 2:22).

오늘 우리가 구원받게 된 것은 하나님의 예정하심과 선택하심으로 말미암았다. 그런데 하나님의 선택하심과 예정하심은 우리의 선한 행함의 삶까지 예정하신 것임을 명심해야 한다. "우리는 그가 만드신 바라 그리스도 예수 안에서 선한 일을 위하여 지으심을 받은 자니 이 일은 하나님이 전에 예비하사 우리로 그 가운데서 행하게 하려 하심이니라"(엡 2:10). 하나님의 예정하심과 선택하심은 우리의 선한 행함의 삶까지를 포함하고 있기 때문에 사도 베드로는 우리의 택하심을 굳게 해 가는 삶, 즉 행위의 온전함을 보이는 삶을 명령하고 있다. "그러므로 너희가 더욱 힘써 너희 믿음에 덕을, 덕에 지식을, 지식에 절제를, 절제에 인내를, 인내에 경건을, 경건에 형제 우애를, 형제 우애에 사랑을 더하라 이런 것이 너희에게 있어 흡족한즉 너희로 우리 주 예수 그리스도를 알기에 게으르지 않고 열매 없는 자가 되지 않게 하려니와 이런 것이 없는 자는 맹인이라 멀리 보지 못하고 그의 옛 죄가 깨끗하게 된 것을 잊었느니라 그러므로 형제들아 더욱 힘써 너희 부르심과 택하심을 굳게 하라 너희가 이것을 행한즉 언제든지 실족하지 아니하리라"(벧후 1:5~11).

누가 실족하지 않을 사람인가? 누가 그리스도의 영원한 나라에 넉넉히 들어갈 사람인가? 믿기만 하는 사람이 아니라, 꿈을 크게 가진 사람이 아니라, 긍정적 사고와 입술을 가진 사람이 아니라, 새벽기도 열심히 나가서 문제 해결과 축복 응답을 부르짖는 사람이 아니라 예수 그리스도를 알아 가는 일에 게으르지 않은 사람이며, 열매 맺는 사람이며, 거룩하라는 하나님의 명령을 행하는 사람이다. 결국, 예수 그리스도를 아는 사람은 행함의 열매를 결실하는 사람, 거룩함에 이르는 열매를 맺어 가는 사람이다. 사도 베드로와 마찬가지로 사도 요한은 또한 계명을 지켜 행하지 않는 사람은 하나님을 알지 못한다고 단언했다. "우리가 그의 계명을 지키면 이로써 우리가 그를 아는 줄로 알 것이요 그를 아노라 하고 그의 계명을 지키지 아니하는 자는 거짓말하는 자요 진리가 그 속에 있지 아니하되 누구든지 그의 말씀을 지키는 자는 하나님의 사랑이 참으로 그 속에서 온전하게 되었나니 이로써 우리가 그의 안에 있는 줄을 아노라 그의 안에 산다고 하는 자는 그가 행하시는 대로 자기도 행할지니라"(요일 2:3~6). 누가 진리를 가진 사람인가? 누가 예수 그리스도 안에 있는 사람인가? 결국, 누가 구원받은 사람이고, 구원받을 사람인가? 그는 하나님의 계명을 지키는 사람이고 예수 그리스도처럼 생각하고 예수 그리스도처럼 목적하고 예수 그리스도처럼 행동하는 사람이다.

예수 그리스도께서는 이 땅에 계실 때 땅에 속한 천하만국 영광과 관련한 부요함과 성공의 꿈을 목적하시고 꿈꾸시고 입술로 시인하신 적이 단 한 번도 없으시다. 그런데 오늘날 교회 안에는 예수 그리스도처럼 행하지는 않으면서 땅에 속한 꿈을 크게 디자인하고 입술로 무조건 된다, 된다고 염불하는 사람이 허다하다. 그들 모두는 종국에 예수 그리스도 밖에 있는 사람으로 발견될 것이며, 바깥 어두운 가운데 슬피 우는 사람으로 발견될 것이며, 거짓말하는 사람으로서 성 밖에서 슬피 울며 이를 갈게 될 것이다(계 22:15).

성령께서는 사데 교회에게 "너는 일깨어 그 남은바 죽게 된 것을 굳건하게 하라."(2절)고 하셨다. 여기서 '일깨어'에 해당하는 '히무그레오론'은 계속적인 동작의 진행을 의미하는 현재형이다. 결국, 우리는 지금도 행동해야 하며, 내일도 행동해야 하며, 주님께서 다시 오실 때까지 행동해야 한다. 바로 이와 같은 행함이, 하나님의 뜻을 행함이, 하나님의 계명을 행함이, 하나님의 말씀을 순종함이 하나님을 아는 것이며, 행함의 열매를 많이 맺는 일이 하나님을 더욱더 알아 가는 일이다. 진정으로 하나님의 말씀을 알기를 원한다면, 진정으로 하나님을 더욱 알기를 원한다면 성경100독에 도전할 것이 아니라 소유와 처자를 미워하기까지 예수 그리스도를 사랑하는 삶, 모든 소유를 버리기까지 예수 그리스도를 따르는 삶을 행해야 한다(눅 14:26~27,

33).

성령 하나님께서는 사데 교회를 향해 "만일 일깨지 아니하면 내가 도둑같이 이르리니 어느 때에 네게 이를는지 네가 알지 못하리라."(3절)고 하셨다. 그러므로 깨어 있지 않은 사데 교회 교인들은 신랑이신 예수 그리스도를 영접할 수 없다. 깨어 있지 않다는 것은 살았다고 하는 이름은 가졌지만 죽은 자이다. "주여! 주여!"는 하고 있지만, 행위의 온전함이 없다는 것이다. 신랑을 기다리는 '열 처녀 비유'에서 신랑을 영접할 신부들에게 요구되는 것은 신분을 상징하는 '등'만이 아니라, "주여! 주여!" 하는 입술의 고백만이 아니라 신앙의 등불을 계속 지필 기름, 곧 성령 안에서 행위의 온전한 열매를 결실하는 삶이다.

사데 교회는 사데 지역의 지리적 안정과 물질적 풍요에 젖어 무사 안일한 신앙의 안식에 들어가 있었고, 도덕적 부패 풍조에 휘말려 신앙의 정절을 지켜내지 못했다. 그런데 이상한 것은 사데 교회의 모든 특징을 언급하면서 서머나 교회의 충성된 교인들이 당했던 것과 같은 박해(계 2:10)가 전혀 언급되지 않는다는 사실이다. 그것은 사데 교회가 세상으로부터 그렇게 미움을 살 만한 행동을 하지 않았을 뿐 아니라 세상과 짝했다는 방증이다. 주님께서는 "세상이 너희를 미워하면 너희보다 먼저 나를 미워한 줄을 알라 너희가 세상에 속하였으면 세상이 자기의 것을 사랑할 것이나 너희는 세상에 속한 자가 아니요 도리어 내가 너희를 세상에서 택하였기 때문에 세상이 너희를 미워하느니라"(요 15:18~19)라고 하셨다. 그러나 사데 교회는 교회라는 이름만 가졌을 뿐 이미 세상의 일부가 되었기 때문에, 즉 세속화되었기 때문에 주님을 그토록 미워한 세상이 사데 교회는 별로 미워하지 않았던 것이다.

사데 교회가 세상으로부터 미움을 받지 않았다는 것은 그들이 세상과 친구가 되었다는 것이다. 결국, 사데 교회는 주님의 교회가 아니다. 사데 교회는 주님께 속한 세상 가운데 있는 구원의 방주가 아니라, 흰옷 입은 자 몇 명을 제외하고는 세상에 속한 건물이 되어 있었다. 사데 교회는, 죄인들이 회개하고 성령을 선물로 받아 회개에 합당한 열매를 결실하는 믿음의 삶을 살기 위해 출입하는 곳이 아니라, 이 세상에서 꿈을 잃은 자들이, 이 세상에서 가난한 자들이, 이 세상에서 실패한 자들이 세상의 영업소를 출입하듯이, 세상의 무당집을 출입하듯이 예배당 건물을 출입하며 '긍정의 힘'이라는 부적을 손에 쥐고, 부와 성공의 꿈을 좇는 만복 기도의 도량이 되어 있었다. 죄인을 구원하는 믿음의 처소가 아니라 가난한 자와 실패한 자를 구제하는 영업소가 되어 있었다.

영적으로 죽은 교회는 병든 세상과 잘 어울린다. 그러므로 마귀가 시험할 필요도 없다. 이미 자기의 계략대로 되었기 때문이다. 그래서 사데 교회에는 다른 예수, 다른 복음, 다른 영의 역사도 없었다. 그것은 사데 교회가 기독교의 중요한 본질적인 진리에 관해 열렬히 생각할 만큼 관심도 없었기 때문이다. 결국, 사데 교회는 사탄이 시험할 필요도 없는 교회, 사탄이 가만히 두고 보아도 사랑스럽고 안심할 수 있는 교회가 되어 버렸다.

사정이 이러함에도 사데 교회의 사자, 곧 목사는 교인들의 죽은 신앙을 일깨우기 위해 행위의 온전한 열매가 없다고 책망하지는 않으면서, 이미 구원받은 천국 백성인 것처럼 안심시키고 확신시키며 그들에게 오로지 꿈 타령의 술을 퍼먹이고 있었다. 교인들의 구미에 맞춘 이들의 가르침들 때문에 교인들은 살아날 기회마저 잃어버렸다. 그들의 결국은 열매 맺지 못하는 가지처럼 밖에 던져져 불에 살라질 뿐이다.

오늘 우리는 예수 믿어 잘되고 부자 되고 성공하기 위해 허공을 치는 싸움, 향방 없는 싸움에 몰입된 오합지졸들이 아니라 영생을 위해 부르심을 받아 믿음의 선한 싸움을 싸우는 신앙의 용사가 되어야 한다. "오직 너 하나님의 사람아 이것들을 피하고 의와 경건과 믿음과 사랑과 인내와 온유를 따르며 믿음의 선한 싸움을 싸우라 영생을 취하라 이를 위하여 네가 부르심을 받았고 많은 증인 앞에서 선한 증언을 하였도다"(딤전 6:11~12). 영생은 '떼 놓은 당상'이 아니다. "주여! 주여!" 하면 무조건 덤으로 얻어지는 값싼 은혜가 아니다. 오로지 믿음의 선한 싸움에서 이긴 자에게 주시는 예수 그리스도의 가장 고귀한 선물이며, 영광의 면류관이다.

이 영광의 면류관을 쓰고 하나님을 영원히 찬양하기 위해 이 세상에 속한 모든 것인 육신의 정욕과 안목의 정욕과 이생의 자랑과 관련된 인생의 꿈들이 하나님과 원수 된 것임을 명심하고, 정욕과 탐심을 십자가에 못 박고 성령으로 살고 성령으로 행하는 믿음의 선한 삶을 힘써 살아가야 한다.

성령의 음성,
빌라델비아 교회에 보내는 편지

"빌라델비아 교회의 사자에게 편지하라 거룩하고 진실하사 다
윗의 열쇠를 가지신 이 곧 열면 닫을 사람이 없고 닫으면 열 사람이
없는 그가 이르시되 볼지어다 내가 네 앞에 열린 문을 두었으되 능히
닫을 사람이 없으리라 내가 네 행위를 아노니 네가 작은 능력을 가지
고서도 내 말을 지키며 내 이름을 배반하지 아니하였도다 보라 사탄
의 회당 곧 자칭 유대인이라 하나 그렇지 아니하고 거짓말하는 자들
중에서 몇을 네게 주어 그들로 와서 네 발 앞에 절하게 하고 내가 너
를 사랑하는 줄을 알게 하리라 네가 나의 인내의 말씀을 지켰은즉 내
가 또한 너를 지켜 시험의 때를 면하게 하리니 이는 장차 온 세상에 임
하여 땅에 거하는 자들을 시험할 때라 내가 속히 오리니 네가 가진 것
을 굳게 잡아 아무도 네 면류관을 빼앗지 못하게 하라 이기는 자는 내
하나님 성전에 기둥이 되게 하리니 그가 결코 다시 나가지 아니하리
라 내가 하나님의 이름과 하나님의 성 곧 하늘에서 내 하나님께로부
터 내려오는 새 예루살렘의 이름과 나의 새 이름을 그이 위에 기록하
리라 귀 있는 자는 성령이 교회들에게 하시는 말씀을 들을지어다"(계
3:7~13)

동과 서를 잇는 지리적 요충지였던 빌라델비아는 직물, 피혁, 공업의 발달로 번창한 도시였다. 특히 양질의 포도주 수출로 유명했는데 도시 한 가운데는 술의 신 디오니소스의 신전이 있어서 도시의 전체적인 분위기는 온전한 신앙생활을 유지하기가 어려운 도덕적으로 문란한 도시였다. 여기에 더해 예루살렘에서 도피해온 많은 유대인 무리가 기독교도들을 극심하게 훼방했다. 이러한 상황 속에서 빌라델비아 교회는 사회적, 경제적 신분이 낮은 약자들이었기 때문에 믿음의 정절을 지켜내기가 어려웠다. 그런데도 주님께서는 "내가 네 행위를 아노니 네가 작은 능력을 가지고서도 내 말을 지키며 내 이름을 배반하지 아니하였도다."(8절)라고 칭찬하셨다. 이처럼 빌라델비아 교회는 힘없고 적은 무리가 얼마나 큰일을 할 수 있는지 보여 준다. 교회의 능력은 세상적인 부와 명성과 권력에 있는 것이 아니라 하나님의 말씀과 그리스도의 이름에 대한 고백의 진실함을 삶으로 증언하는 데 있다.

주님께서는 빌라델비아 교회에 자신을 '다윗의 열쇠를 가지신 이'로 계시하셨다. 구약성경에서 다윗은 그리스도의 왕권을 예표한다. 다윗의 집은 그리스도의 왕국을 예표한다. "그들은 그들의 하나님 여호와를 섬기며 내가 그들을 위하여 세울 그들의 왕 다윗을 섬기리라"(렘 30:9). 여기서 '그들의 왕 다윗'은 이 땅에 오신 예수 그리스도를 가리킨다. "내가 한 목자를 그들 위에 세워 먹이게 하리니 그는 내 종 다윗이라 그가 그들을 먹이고 그들의 목자가 될지라"(겔 34:23). 여기서 '한 목자 다윗'도 이 땅에 오신 예수 그리스도시다. 이처럼 다윗은 예수 그리스도의 예표이고 다윗의 집은 예수 그리스도 왕국의 예표이다. 그러므로 구약의 이스라엘 나라는 신약 교회의 예표이다.

진정한 다윗의 복은, 그가 이 세상 나라에서 왕이 되었기 때문이 아니라 이 땅에 오시는 하나님이신 예수 그리스도의 예표로서 그 왕통을 상징하는 명예로운 이름으로 불렸다는 데 있다. 본문 7절의 '다윗의 열쇠'는 예수 그리스도의 권세를 상징한다. 빌라델비아 교회는 세상으로부터는 비록 조롱과 핍박과 멸시를 당하고 있었지만, 다윗의 열쇠를 가지신 예수 그리스도께 칭찬과 명성을 얻고 있다. 그러므로 그들은 모든 것을 잃어버린, 그래서 세상적으로는 가진 것이 아무것도 없었지만, 하나님 앞에서는 모든 것을 가지고 가장 필요한 것을 소유한 복 받은 백성이었다. 그들 앞에는 다윗의 열쇠를 가지신 예수 그리스도께서 열어 주신, 이 세상 누구도 능히 닫을 수 없는 '열린 문'(8)이 있었다.

열린 문에 대해서는 두 가지 견해가 있다. 하나는 선교의 문이라는 견해이고, 다른 하나는 천국의 문이라는 견해이다. 물론 "하나님이 전도할 문을 우리에게 열어 주사 그리스도의 비밀을 말하게 하시기를 구하라"(골 4:3)는 말씀에 의거해서 열린 문을 선교의 문으로 생각할 수 있다. 그러나 다윗의 열쇠와 관련해서 열린 문을 생각할 때는 거룩한 성에 참여할 권세를 받은 자가 들어가게 되는 천국 문으로 보는 게 타당하다. 요한복음 10:7에 보면 예수 그리스도는 '양의 문'이시다. 여기서 양의 문은 예수 그리스도를 통해 들어가게 되는 천국 문을 의미한다. 그리고 요한계시록 21:21의 열두 진주 문은 거룩한 성 새 예루살렘의 문이다. 요한계시록 22:14에 보면 두루마기를 빠는 자들에게 열리는 문이 있는데 이 문도 거룩한 성 새 예루살렘으로 들어

가는 문이다. 그리고 본문 12절에 보면 이기는 자에게 주어지는 축복이 성전의 기둥이 되어 다시 나가지 않는 것이라고 했다. 따라서 '열린 문'은 '천국의 문'이다. 이 열린 문은 일곱 교회 교인 모두가 "주여! 주여!" 한다고 들어갈 수 있는 문이 아니다. 적은 능력으로도 예수 그리스도의 말씀을 지키며 예수 그리스도의 이름을 배반하지 않은 빌라델비아 교회와 같은 신앙인들만이 들어갈 수 있는 문이다.

주님께서는 "네가 가진 것을 굳게 잡아 아무나 네 면류관을 **빼앗**지 못하게 하라"(11절)고 말씀하신다. 면류관을 **빼앗**기지 않기 위해서는 굳게 잡아야 한다. 빌라델비아 교회 교인들이 비록 지금까지 적은 능력으로 예수 그리스도의 말씀을 지키고 예수 그리스도의 이름을 배반하지 않았다고 할지라도 현재의 신앙에 안주할 것이 아니라 계속해서 지금까지 신실했던 신앙을 더욱 굳게 잡아 예수 그리스도의 말씀을 지키고, 계속해서 예수 그리스도의 이름을 배반하지 않아야 한다. 신앙의 이긴 자는 과거의 승리에 안주하지 않고 계속해서 신앙의 싸움을 싸워나가는 믿음의 용사들이다.

빌라델비아 교회는 적은 능력의 소유자들이다. 그들은 세상의 신분과 지위에 있어서, 물질과 재산에 있어서 별 볼 일 없는 약자들이다. 그러면 그때 당시에 부유한 빌라델비아 지역의 시민이었던 빌라델비아 교회가 무엇 때문에 사회적인 부의 혜택으로부터 소외되어 보잘것없는 사람들로, 가지지 못한 사람들로 남아 있어야 했던가? 그들이 전부 무능했기 때문인가? 아니면 그들이 전부 게을렀기 때문인가? 아니면 그들이 큰 꿈을 디자인하지 않아서인가? 아니면 그들에게 긍정적 마인드가 없어서인가? 아니다. 그들이 주님의 이름을 부인하지 않고, 주님의 말씀을 굳게 지켰기 때문이다.

하나님의 말씀을 굳게 지키는 철저히 거룩한 삶을 살기 위해서는 사회적 부의 혜택에 참여할 기회를 포기해야 한다. 더더욱 주님의 이름을 배반하지 않기 위해서는 사회 구성원들로부터 소외를 감당해야 한다. 빌라델비아 교회가 가졌던 신앙의 목적은 물질적으로 윤택한 삶에 있는 것이 아니라 신앙의 정절에 있었기 때문에 그들은 기꺼이 그 기회들을 포기했고 사회로부터의 미움과 배척을 감수했다. 결국, 그들은 자신들의 적은 능력을 두려워하지 않았고, 적은 능력을 고민하지 않았으며, 적은 능력을 슬퍼하지 않았고, 적은 능력 때문에 답답해하지 않았고, 적은 능력 때문에 부끄러워하지 않았다. 그들 삶의 유일한 관심사는 신앙의 정절을 고수하는 것이었다. 신앙의 정절을 지켜 내고 경건하고 거룩하기 위해서라면 그들은 자신들의 적은 능력을 기꺼이 만족했고, 큰 능력의 기회를 기꺼이 포기했다. 그들은 적은 능력으로도 하나님의 나라와 의를 위해서 큰 기적의 승리를 체험하게 되었다.

빌라델비아 교회는, 자신들이 몸담은 사회의 빵 부스러기를 좀 더 얻어먹느라, 그것이 상하고 썩는 줄도 모르고 갖다 모으느라 신앙의 정절을 지키지 않았던 간음한 여인들과는(약 4:4) 삶의 가치관이 다르고, 삶의 목적이 다르고, 신앙의 길이 달랐다. 그러나 오늘 교회는 신앙의 목적을 인생의 꿈과 연결하고, 성령의 역사를 세상 인생살이의 길잡이로 전락시키고 있다. 바로 이와 같은 복술의 신앙인들에게 빌라델비아 교회는 그들의 투철한 인내의 신앙으로, 신령한 신앙의 소망으로, 자기를 부인하는 십자를 지는 삶으로 말없이 항변한다.

빌라델비아 교회에게 주님께서는 "네가 나의 인내의 말씀을 지켰은즉 내가 또한 너를 지켜 시험의 때를 면하게 하리니 이는 장차 온 세상에 임하여 땅에 거하는 자들을 시험할 때라"(10절)고 하셨다. 여기서 '온 세상'은 우리가 흔히 생각하는 것처럼 이 세상 전체를 말하는 것이 아니라 시험의 범위가 상당히 광범위할 것을 의미한다. 마찬가지로 '땅에 거하는 사람들'에서 '땅'도 문자적 의미로서 땅이 아니다. 신앙의 영역을 의미한다. 요한계시록 12:11~12에 보면 성도들의 신앙의 영역을 하늘의 영역과 땅과 바다의 영역으로 나누어 말씀하신다. "또 우리 형제들이 어린 양의 피와 자기들이 증언하는 말씀으로써 그를 이겼으니 그들은 죽기까지 자기들의 생명을 아끼지 아니하였도다 그러므로 하늘과 그 가운데에 거하는 자들은 즐거워하라 그러나 땅과 바다는 화 있을진저 이는 마귀가 자기의 때가 얼마 남지 않은 줄을 알므로 크게 분 내어 너희에게 내려갔음이라 하더라." 이 말씀에서 하늘과 그 가운데 거하는 자들은 실제적인 장소로서 하늘에 있는 사람을 말하는 것이 아니라 하늘에 소망을 둔 신령한 신앙의 소유자를 의미한다. 그리고 땅과 바다는 신령한 곳에 소망을 두지 않는 세속적인 신앙인들과 세상 사람들을 의미한다.

지금은 사탄이 하늘에 있을 곳을 얻지 못해서(계 12:8) 택한 자라도 넘어뜨리려고 바닷가 모래 위에 서 있기 때문에(계 12:17) 교회도 세속화되고 신앙도 세속화되어서 믿지 않는 사람들은 도저히 하나님을 향한 바르고 온전한 신앙으로 나아갈 수 없는 시대다. 그러므로 이런 때 그들의 신앙이 하늘의 영역에 있는 사람들은 죽기까지 자기 생명을 아끼지 않는 신실한 신앙인들이다(계 12:11). 그러나 신앙이 땅과 바다의 영역에 있는 사람들은 자기 생명에 연연하며 무엇을 먹을까 무엇을 마실까 무엇을 입을까를 염려하는 온전하지 못한 신앙인들이며 세상을 사랑하는 신앙인들이다.

요한계시록 12:13에 보면 용이 하늘에서 내어쫓긴 '땅'에 남자를 낳은 여자가 있고, 용이 그 여자를 핍박한다. 이것은 사탄이 교회와 성도를 미혹으로 시험할 것을 의미한다. 여기서 '땅'은 광야 자기 곳으로 날아가지 못하고 사탄의 시험(미혹)을 받게 될 신앙인들이 있는 곳이다(계 12:6). 그러므로 빌라델비아 교회에게 장차 온 세상에 임하여 땅에 거하는 자들을 시험할 때를 면하게 하신다는 약속은 빌라델비아 교회를 광야 자기 곳으로 데려가셔서 양육하시고(계 12:6) 또한 하늘과 그 가운데 거하게 하심을 의미한다(계 12:12). 그러나 땅에 소망을 둔 신앙인들은 사탄의 미혹으로 짐승의 표를(계 13:14, 16) 받게 된다.

요한계시록 14:1~4에 보면 어린 양과 함께 14만 4천(상징적인 숫자)이 시온산에 서 있는데 그들은 여자로 더불어 더럽히지 않고 정절이 있으며 어린 양 예수 그리스도께서 어디로 인도하든지 따라가는 자들이라고 했다. 그러므로 신앙의 정절을 지킴과 죽기까지의 순종, 바로 이것이 입술의 신앙인과 참된 신앙인을 구별하는 기준이며, 알곡과 가라지를 구분하는 기준이다. 결국, 이들이 요한계시록 7:1, 8에서 하나님의 인을 맞은 자들이고, 나머지는 땅에 소망을 둔 자들로서 입술로만 "주여! 주여!" 하는 세속에 물든 신앙인들이며, 그들은 결국, 짐승의 표를(계 13:16) 받는 땅에 거하는 자들이다(계 13:14).

이제 주님께서는 "내가 속히 오리니"(11절)라고 말씀하신다. 그러므로 우리는 항상 깨어 있어야 한다. 그것은 주님께서 밤의 어느 시각에 도둑같이 임하실 것이기 때문이며(마 24:43) 등과 함께 기름까지 준비한 슬기로운 다섯 처녀만이 신랑 되신 예수 그리스도를 영접할 것이기 때문이다(마 25:4). 그러므로 교회는 30~40년 교회 예산을 끌어모아 화려한 건물 건축에 매달려서는 안 되며 내일이 바로 신랑이 오시는 날인 것처럼 준비해야 한다. 성도는 자식 손주 삼사 대까지 물려줄 재산 상속을 위해 궁리할 것이 아니라 옷 두 벌 있는 자는 옷 없는 자에게 나누어 주는 사랑을 베풀어야 한다. 바로 이것이 초대교회가 꿈꾸고 실천했던 하늘에 속한 신앙이며 종말을 사는 참된 신앙의 모습이다.

주님께서 빌라델비아 교회에게 당신이 속히 오실 것이라고 하시며 깨어 있는 신앙을 경계하셨던 것은 빌라델비아 교회가 그들의 면류관을 빼앗기지 않게 하려 하심이다. 이 말씀은 면류관을 빼앗길 염려가 있음을 내포하고 있고, 바로 이것이 우리가 가진 것을 굳게 잡아야 할 이유다. 이미 작은 능력에도 죽도록 충성했던 빌라델비아 교회 앞에 열린 문을 두어 닫을 자가 없다고 확신시켜 주셨음에도 그들에게 굳게 잡으라고 말씀하셨다면, 그렇지 못한 나머지 신앙인들은 어떻게 해야 하는가? 인생 문제를 해결 받고 응답받기 위한 사생결단의 기도에 매진해야 하는가? 십 년 이십 년 후의 꿈을 디자인해야 하는가? 긍정의 마인드를 굳건하게 해야 하는가? 경주에서 비록 좋은 출발을 하고 아무리 빨리 달렸다고 해도 전 구간을 주파해서 마지막 골인 지점까지 도착하지 않으면 아무 의미가 없다. 하나님 나라에서 항상 일어나는 기적은 처음 된 자가 나중 되고 나중 된 자가 처음 된다는 사실이다. 그래서 처음 되었다고 안일할 수 없고, 나중 되었다고 절망할 필요가 없다. 오로지 우리는 사도 바울처럼 앞만을 바라보고 달려가야 한다. "내가 이미 얻었다 함도 아니요 온전히 이루었다 함도 아니라 오직 내가 그리스도 예수께 잡힌 바 된 그것을 잡으려고 달려가노라 형제들아 나는 아직 내가 잡은 줄로 여기지 아니하고 오직 한 일 즉 뒤에 있는 것은 잊어버리고 앞에 있는 것을 잡으려고 푯대를 향하여 그리스도 예수 안에서 하나님이 위에서 부르신 부름의 상을 위하여 달려가노라"(빌 3:12~14).

신앙의 연수가 오래되고 신앙의 직급이 높다는 것이 신앙의 면류관이 될 수 없다. 사도 바울은 믿음으로 구원받은 이방인 교회 세대에게 높은 마음을 품지 말고 도리어 두려워해야 한다고 경고했다(롬 11:20~21). 그래서 교회에게 두렵고 떨림으로 구원을 이루어 가라고 권면했고, 자신조차도 두렵고 떨림으로 구원을 이루어 간다고 했다. "그러므로 나의 사랑하는 자들아 너희가 나 있을 때뿐 아니라 더욱 지금 나 없을 때에도 항상 복종하여 두렵고 떨림으로 너희 구원을 이루라"(빌 2:12). "내가 내 몸을 쳐 복종하게 함은 내가 남에게 전파한 후에 자신이 도리어 버림을 당할까 두려워함이로다"(고전 9:27). 그러므로 우리도 높은 마음을 품지 말고 도리어 두려워하는 사람이 되자. 이 두려움은 겁쟁이들이 가지는 두려움이 아니다. 중세교회 시대 교황의 엉터리 같은 교리 밑에서 공로주의에 오염된 어리석은 교회가 가졌던 두려움도 아니다. 조심하고 삼가게 하는 신앙의 경외심이다.

우리의 신앙은 싸움의 과정이고 투쟁의 과정이다. 그 싸움과 투쟁은 해결해야 할 인생 문제와의 싸움이 아니고, 축복 응답받기 위한 기도의 투쟁, 금식의 투쟁이 아니다. 우리가 투쟁해야 하는 신앙의 싸움은 믿음의 선한 싸움이다. 믿음의 선한 싸움은 의를 이루기 위한 싸움이고, 경건을 이루기 위한 싸움이고, 믿음을 성장시키기 위한 싸움이고, 사랑을 실천하기 위한 싸움이고, 인내와 온유를 결실하기 위한 싸움이다(딤전 6:11~12).

주님께서는 이기는 자에게 하나님의 성전에 기둥이 되는 복을 약속하셨다(12절). 그러므로 이 소망의 확신과 자랑을 끝까지 굳게 잡아야 한다. 신앙인의 삶의 목적은 이 땅에서의 부와 영향력이 아니라, 결코 다시 나가지 않고 빠지지 않는 성전 기둥이 되는 것이다. 그리고 바로 그 기둥 위에 하나님에게서 내려오는 새 예루살렘의 이름과 주님의 새 이름이 기록된다. 여기서 새 이름의 시대는 새 예루살렘의 시대이고, 새 하늘과 새 땅의 시대이다. 그러므로 새 예루살렘의 이름과 주님의 새 이름이 기록되는 기둥이 된다는 것은 다가오는 새 시대에 하나님 나라의 주역이 되는 것을 의미한다.

교회는 하나님의 집이다. 그러나 아무나 하나님의 집을 구성하는 재료가 되는 것이 아니다. 하나님의 집, 거룩한 성 새 예루살렘의 기둥이 되는 사람은 소망의 확신과 자랑을 끝까지 견고히 잡은 신앙의 이긴 자들이다. "그리스도는 하나님의 집을 맡은 아들로서 그와 같이 하셨으니 우리가 소망의 확신과 자랑을 끝까지 굳게 잡고 있으면 우리는 그의 집이라"(히 3:6). 이제 신앙의 이긴 자들은 주님께서 가져오시는 구원의 새 시대에 동참하게 될 것이다. 하나님께로부터 하늘에서 내려오는 거룩한 성 새 예루살렘이(계 21:2) 하나님께서 거하실 거룩한 장소이고(계 21:22), 그 거룩한 성 새 예루살렘을 구성하는 재료인 기둥이 바로 신앙의 이긴 자들이기(계 3:12) 때문이다.

하나님의 집을 구성하게 될 소망의 확신과 자랑을 끝까지 굳게 잡은 이들이 바로 끝까지 믿음을 굳게 잡은 빌라델비아 교회이다. 그들은 입술로 "주여! 주여!" 하는 출석 교인들이 아니라 하나님의 뜻을 준행한 신앙의 이긴 자들이다.

성령의 음성,
라오디게아 교회에 보내는 편지

"라오디게아 교회의 사자에게 편지하라 아멘이시요 충성되고 참
된 증인이시요 하나님의 창조의 근본이신 이가 이르시되 내가 네 행
위를 아노니 네가 차지도 아니하고 뜨겁지도 아니하도다 네가 차든지
뜨겁든지 하기를 원하노라 네가 이같이 미지근하여 뜨겁지도 아니하
고 차지도 아니하니 내 입에서 너를 토하여 버리리라 네가 말하기를
나는 부자라 부요하여 부족한 것이 없다 하나 네 곤고한 것과 가련한
것과 가난한 것과 눈먼 것과 벌거벗은 것을 알지 못하는도다 내가 너
를 권하노니 내게서 불로 연단한 금을 사서 부요하게 하고 흰옷을 사
서 입어 벌거벗은 수치를 보이지 않게 하고 안약을 사서 눈에 발라 보
게 하라 무릇 내가 사랑하는 자를 책망하여 징계하노니 그러므로 네
가 열심을 내라 회개하라 볼지어다 내가 문밖에 서서 두드리노니 누
구든지 내 음성을 듣고 문을 열면 내가 그에게로 들어가 그와 더불어
먹고 그는 나와 더불어 먹으리라 이기는 그에게는 내가 내 보좌에 함
께 앉게 하여 주기를 내가 이기고 아버지 보좌에 함께 앉은 것과 같
이 하리라 귀 있는 자는 성령이 교회들에게 하시는 말씀을 들을지어
다"(계 3:14~22)

라오디게아는 에베소 해안에서 아시아 내륙으로 로마의 도로가 관통하는 교통의 요충지였기 때문에 무역이 성행했고 양질의 양모를 생산해서 부를 쌓은 도시였다. 부가 쌓이다 보니 금융업이 크게 발달했다. 얼마나 부요했든지 기원후 60년 지진으로 도시 전체가 폐허가 되었을 때도 로마 황제의 지원을 거절하고 자신들의 힘만으로 도시를 재건할 정도였다. 그러나 이런 부요한 환경이 오히려 저급한 신앙을 소유하게 하는 원인이 되었다.

라오디게아 교회는 외적으로는 부흥과 성장이 있었고 내적으로도 특별한 궁핍을 못 느꼈다. 그래서 그들은 자신들을 부요한 자로 생각했고, 그 부가 하나님께서 주신 축복이라며 만족했을 것이다. 그러나 그것은 어디까지나 인간의 판단이고 '내가 네 행위를 안다.'고 말씀하시는 하나님께서 보시기에 그들은 벌거벗은 신앙의 가난뱅이들이었다(17절). 그들은 육신의 평안과 부요함을 영적 충만, 영적 평안, 영적 부요함, 영적 축복으로 착각했다. 그들의 신앙이 하나님과 자신, 하나님과 세상, 하나님과 물질을 겸하여 사랑하고 섬기는 두 마음의 상태였음에도 자기들이 누리는 경제적 풍요를 당연히 하나님께서 주신 복으로 생각하고 신앙의 교만에 빠져 있었다.

그러나 실상 라오디게아 교회는 주님께 책망만 듣는 교회였다. 그곳에는 신실한 신앙의 남은 자가 전혀 없었다. 이름뿐인 신앙으로 그토록 책망받았던 사데 교회에도(계 3:1) 신앙의 흰옷을 입은 자가 몇 명은 있었다(계 3:4). 그러나 라오디게아 교회에는 흰옷 입은 남은 자 한 명도 제대로 없었다. 마치 오래전 그토록 영화로웠던 하나님의 도성이 멸망 받기 전의 모습과 다를 바가 없었다. "너희는 예루살렘 거리로 빨리 다니며 그 넓은 거리에서 찾아보고 알라 너희가 만일 정의를 행하며 진리를 구하는 자를 한 사람이라도 찾으면 내가 이 성읍을 용서하리라"(렘 5:1).

라오디게아 교회는 외적인 부요, 외적인 평안, 외적인 축복에 비하면 내면의 영혼이 너무나 곤고하고 가련하고 가난하고 눈멀고 벌거벗은 교회였다. 외적인 부요함이 반드시 신앙의 산물은 아니다. 신앙이 좋다고 반드시 외적으로 부요한 것이 아니며, 외적으로 부요한 자라고 신앙이 반드시 좋은 것도 아니다. 그러므로 예수 믿어 가난을 물리치고, 부요한 인생이 되고, 문제 해결을 받자는 구호와 설교는 참 복음이 아니라 다른 복음이다(고후 11:4).

라오디게아 교회에 편지하신 분은 '아멘이시고 충성되고 참된 증인이신 예수 그리스도'이시다(14절). 원래 '아멘'은 '진실한, 견고한, 확실한'이라는 뜻이다. 그래서 아멘은 대체로 문장 끝에서 "그대로 될지어다."라는 의미로 사용되었다. 그러나 분문의 아멘은 예수 그리스도께서 하나님의 아들로서 하나님께 완전히 순종하신 충성된 분으로서의 속성과 그의 진실하신 속성을 나타낸다.

진실하신 예수 그리스도께서 라오디게아 교회를 향해 "네 행위를 아노니."(15절)라고 말씀하셨다. 라오디게아 교회는 매우 자부심이 강한 교회였으나 주님 보시기에는 매우 무기력한 교회였다. 라오디게아 교회는 외적으로 매우 부요한 교회였으나 주님 보시기에는 너무나 빈약한 교회였다. 사람들은 겉만 보지만 예수께서는 그 이면을 꿰뚫어 보신다. 그분께서는 우리의 수고의 동기와 그것이 행해지는 방법까지 감찰하신다(렘 17:10; 20:12).

라오디게아 교회는 세상 사람들도 아니었지만 그렇다고 열심 있는 신앙인들도 아니었다. 라오디게아 교회는 복음을 반대하는 사람들도 아니었고, 복음을 비판하는 사람들도 아니었고, 복음에 해악을 끼치는 사람들도 아니었다. 그러나 신앙이 미지근하다 보니 하나님께서 명하신 뜻을 행하지는 못했다. 바로 그것이 그들의 죄악이다. 그러므로 우리에게도 뜨거운 신앙이 없다면, 그래서 우리의 신앙이 미지근하다면 바로 그것이 하나님 앞에 무서운 죄악이다. 신앙의 뜨거움이 없는데 어떻게 신앙의 열매를 맺을 수 있겠는가? 열매 맺지 못하는 가지는 밖에 던져져 불살라질 것이다(요 15:5~6). 그러므로 미지근한 신앙인은 주님의 입에서 토하여 내침을 받게 될 것이다(계 3:16).

이사야 시대에 하나님께서는 왜 이스라엘의 지도자들을 그 옛날 죄악으로 멸망 받았던 도시인 소돔의 관원들이라고 부르셨는가(사 1:10). 율법을 몰랐기 때문인가? 율법을 가르치지 않았기 때문인가? 제사를 드리지 않았기 때문인가? 아니다. 그들은 이 모든 것을 행하고도 하나님의 종이 종답지 못했고 지도자가 지도자답지 못했기 때문이다. 이사야 시대에 하나님께서는 왜 이스라엘 백성을 가리켜서 그 옛날 죄악으로 멸망 받았던 도시인 고모라의 백성이라고 부르셨는가(사 1:10). 성전을 출입하지 않았기 때문인가? 헌물을 드리지 않았기 때문인가? 기도하지 않았기 때문인가? 아니다. 그들은 이 모든 것을 행하고도 백성이 백성답지 못했고 정의와 자비와 신의의 열매를 맺지 못했기 때문에 고모라의 백성이 되었다.

마찬가지로 라오디게아 교회가 왜 주님의 입에서 토하여 내침을 받을 지경에 이르렀는가? 교회에 나오지 않았기 때문인가? 하나님을 믿지 않았기 때문인가? 세례를 받지 않았기 때문인가? 헌금하지 않았기 때문인가? 기도하지 않았기 때문인가? 직분을 받지 않았기 때문인가? 아니다. 이 모든 것을 행하면서도 그들의 신앙이 미지근했기 때문이다. 미지근한 신앙인은 절대로 열매를 결실할 수 없다. 미지근한 신앙인은 반드시 하나님과 물질, 하나님과 세상을 겸하여 섬기고 겸하여 사랑할 수밖에 없다. 하나님과 겸하여 물질과 세상을 사랑하는 사람은 반드시 하나님을 경히 여기게 되고(마 6:24) 하나님을 경히 여기는 자의 신앙은 미지근한 신앙 상태가 될 수밖에 없다. 영적 악순환이다. 두 주인을 섬기는 신앙의 야비함은 하나님을 믿지 않는 죄악보다도 더욱 사악하고 가증한 죄악이다.

속이 메스꺼우면 토하게 된다. 라오디게아 교회의 미지근한 신앙은 주님께 너무나 메스껍고 역겨운 신앙이다. 그들의 신앙 상태는 하나님 편에서 보면 구역질 나는 신앙이다. 완전히 세상적이지도 않으면서 완전히 영적이지도 않은 상태, 하나님을 싫어하지도 않으면서 하나님을 뜨겁게 사랑하지도 않은 상태, 하나님을 모르지도 않으면서 그렇다고 하나님을 뜨겁게 더욱 알려 하지 않는 상태, 바로 이것이 미지근한 신앙이고 하나님 앞에는 토하여 내침받을 죄악이다.

신앙의 중간 지대는 없다. 미지근한 신앙, 그것은 주님께서 토하여 내치실 신앙의 배신이고 배도이고 타락이다. 라오디게아 교회는 하고 싶은 것은 다 하면서도 천국은 들어가려고 했다. 세상도 사랑하면서 하나님도 사랑하려 했다. 하나님보다도 부모와 처자를 더 사랑하고도 하나님께는 사랑만 받으려고 했다. 소유와 전토를 증식하려

하면서도 천국의 보화도 가지려고 했다. 그들은 바로 세속적인 신앙인들이었다. 항상 철저한 자기만족 신앙에 빠져 있었다. 애통해야 할 라오디게아 교회가 부자라서 부족한 것이 없다고 하며 축제 분위기에 빠져 있었고, 수치스러워해야 할 라오디게아 교회가 스스로 부요하여 부족한 것이 없다고 자랑스러워하고 있었다. 그러나 그들의 영적 궁핍은 심각한 상태였다.

라오디게아는 매우 부요한 도시였다. 라오디게아 교회에도 경제적으로 궁핍을 모르는 상당한 부자들이 있었다. 그들의 생활 수준은 전반적으로 부유했다. 그들은 아마도 자신들의 부에서 남들보다 조금 더 많은 십일조와 감사헌금을 바치고는 자신들을 신앙이 꽤 좋은 사람들로 생각했을 것이다. 교회를 출입하면서 물질 축복까지 받았으니 자신들의 구원을 당연한 것으로 확신했을 것이다. 그들은 부요하여 부족함이 없다고 말했다. 그러나 그들은 거룩한 신앙의 싸움을 포기하고 있었다. 그들이 하나님께 받은 축복이라며 감사했던 물질이 오히려 그들을 하나님 앞에서 구역질 나는 신앙인으로 만들었다. 그토록 자랑했던 신앙의 부요함은 하나님 앞에서 곤고하고 가난하고 가련하고 눈멀고 벌거벗은 신앙 상태에 불과했다.

여기서 '곤고'는 '비참한, 불행한'이라는 의미로서 전쟁으로 인해 모든 것이 파괴되고 약탈당해서 겪는 생활의 어려움과 피폐함을 의미한다. 라오디게아 교회가 생각하는 자신들의 신앙 수준과 하나님께서 판단하시는 신앙의 잣대는 하늘과 땅의 차이만큼이나 컸다. 이러한 라오디게아 교회의 신앙이 오늘 우리 교회 세대의 현주소이다. 우리가 아무리 믿음이 넘쳐난다고 큰소리를 쳐도 주님께서는 "인자가 다시 올 때 믿음을 보겠느냐?"라고 말씀하신다. 그러므로 우리는 라오디게아 교회의 한심한 신앙의 결국을 돌아보면서 오늘 우리가 자랑하고 확신하는 믿음과 지식과 은사, 그리고 우리가 안심하는 구원에 대해서 깊이 생각해 보아야 한다.

스스로 부요하여 부족한 것이 없다고 자랑했던 라오디게아 교회는 그들의 주님을 문밖에 세워 두고 있었다. "내가 문밖에 서서 두드리노니"(20절). 라오디게아 교회는 하나님께 축복받아서 이만큼 부요하고, 이만큼 부흥했다고 스스로 믿고 있었고, 자기들은 분명 예수님을 모시고 있다고 믿어 의심치 않았다. 그러나 주님께서는 문밖에 서 계셨다. 바로 이것이 놀랍게 성장하고 있는 교회에서, 부요하여 부족한 것이 없다고 말하는 교회에서 주님께서 자리하고 계신 슬픈 모습이다. 지금 신앙의 부요함을 자랑하는 라오디게아 교회는 주님을 문밖에 세워 두고 문을 두드리게 하고 있으며 문 두드리는 소리를 듣고 다시 문을 열지도 의심스러운 상태다. 그 옛날 이스라엘 백성이 하나님의 영광이 떠나 버린 예루살렘 성전에서 헛된 제사를 드렸듯이 (겔 11:22~23) 라오디게아 교회도 하나님의 영광이 떠나 버린 예배당 건물 안에서 헛된 예배를 드리고 있었다.

우리는 의식주와 재물과 명예를 위해서는 힘을 다한다. 그러나 주님을 문밖에 서 계시게 한 것에 대해서는 전혀 관심을 두지 않는다. 과연 우리가 주님을 문밖에 서 계시게 하고서도 구원받은 백성이라고 말할 수 있겠는가? 차지도 뜨겁지도 않은 신앙인들은 주님을 문밖에 세워 두고 있다. 그들은 절대로 구원받을 수 없다. 믿지 않는 것도 아니고, 그렇다고 믿는 것도 아닌 미지근한 신앙은 죄악이다. 그것도 주님을 문밖에 세워 두는 파렴치한 죄악이다.

주인을 몰아내고 손들이 주인 자리를 차지한 교회, 그 교회에 하나님의 영광이 머물 수 있겠는가? 라오디게아 교회는 이제라도 문밖에 서서 두드리시는 주님의 음성을 듣고 주님을 모셔 들여야 한다. 그러기 위해서는 먼저 자신들이 주님을 문밖에 세워 두었음을 자각해야 한다.

주님께서는 라오디게아 교회를 향해 주님에게서 불로 연단한 금을 사서 부요하게 하라고 말씀하신다(18절). 진리의 도를 믿는 믿음 안에서 자기 십자가를 지고 인내의 연단을 통해 신앙의 부자가 되라는 의미다. 그것은 순금의 신앙이 불 가운데서 연단을 받아 얻어지기 때문이다. 또한 주님께서는 흰옷을 사서 입어 벌거벗은 수치를 보이지 않게 하라고 하신다(18절). 흰옷은 순결과 승리를 상징한다. 라오디게아 교회는 참된 신앙의 싸움이 무엇인지를 몰랐다. 그들은 육신의 몸에는 아주 질이 좋은 양모를 두르고 있었지만, 영적으로는 벌거벗은 상태로 죄와 더러움을 그대로 드러내 놓고 다니는 부끄러운 교회였다. 그 옛날 아담은 자신의 벌거 벗었음을 부끄러워하기라도 했지만(창 3:8, 10) 라오디게아 교회는 자신들의 벌거벗은 수치를 알지도 못한다. 그들은 영생을 상실할 위기에(딤전 6:12) 처해 있다. 그래서 주님께서는 라오디게아 교회에게 안약을 사서 발라 보게 하라고 하신다(18절). 더하여 "네가 열심을 내어 회개하라"(19절)고 말씀하신다.

불꽃이 타는 불의 정점인 것처럼 '열심'은 모든 애착의 최고점이다. 여기서 열심은 온 마음과 뜻과 성품과 힘을 다해 주 하나님을 사랑하는 신앙, 하나님께 대한 신실한 신앙의 열정을 의미한다. 또한 열심은 예배와 관련된 모든 규례의 근본 자세다. 열심은 우리로 죽기까지 충성하게 한다. 그러므로 라오디게아 교회는 그들의 미지근한 신앙을 회개하고 죽기까지 충성하는 뜨거운 신앙의 열심을 내어야 한다. 물론 잘못된 열심들도 있다. 그런 잘못된 열심의 불꽃은 오히려 우리의 영혼을 태워 버린다. 잘못된 열심은 가증한 것이고 보기에 역겹고 눈꼴사나운 것이다. 거짓되고 잘못된 신앙의 열심에는 진실성이 결여된 위선적인 겉치레만 있고, 무지에서 비롯된 맹목적인 오기만 있으며, 처음 사랑의 행위가 없다.

주님께서는 라오디게아 교회가 회개하고 돌이켜 이기는 자가 되면, 주님께서 이기시고 아버지의 보좌에 함께 앉은 것과 같이 당신의 보좌에 함께 앉게 하여 주시겠다고 약속하셨다(21절). 여기서 '보좌'는 통치권의 상징이다. 성도가 그리스도와 함께 보좌에 앉는다는 것은 주님과 함께 만국을 다스림을 의미한다. 그러므로 이긴 자에게 약속된 축복은 천년왕국의 축복이다. "또 내가 보좌들을 보니 거기에 앉은 자들이 있어 심판하는 권세를 받았더라 또 내가 보니 예수를 증언함과 하나님의 말씀 때문에 목 베임을 당한 자들의 영혼들과 또 짐승과 그의 우상에게 경배하지 아니하고 그들의 이마와 손에 그의 표를 받지 아니한 자들이 살아서 그리스도와 더불어 천 년 동안 왕 노릇하니 (그 나머지 죽은 자들은 그 천 년이 차기까지 살지 못하더라) 이는 첫째 부활이라 이 첫째 부활에 참여하는 자들은 복이 있고 거룩하도다 둘째 사망이 그들을 다스리는 권세가 없고 도리어 그들이 하나님과 그리스도의 제사장이 되어 천 년 동안 그리스도와 더불어 왕 노릇 하리라"(계 20:4~6). 그러므로 천년왕국의 축복은 이미 이루어진 교회 시대가 아니라 다가올 영광의 시대이며 신실한 신앙인들에게 하나님께서 약속하시고 성취하실 축복의 시대이다.

라오디게아 교회는 신앙의 죄와 그것에 합당한 형벌을 깨달아야 한다. 미지근한 신앙의 죄를 슬퍼해야 한다. 미지근한 신앙의 죄를 혐오해야 한다. 미지근한 신앙의 죄를 회개해야 한다. 미지근한 신앙의 죄에서 떠나야 한다. 바로 이것이 옛 사람을 벗는 과정이다. 그러면 새 사람을 입는 과정은 무엇인가? 그것은 새로운 생명 가운데서 온전히 하나님을 위해서만 살겠다는 일념으로 그분께 나아가는 과정이다. 이제 라오디게아 교회는 세상과 벗 된 마음과 습관을 물리쳐야 한다. 오늘 우리도 "나는 부자라 부요하여 부족한 것이 없다."라고 하지만 실상은 영적으로 병 들지는 않았는지 점검해 보아야 한다. 신앙의 곤고함, 신앙의 가련함, 신앙의 가난함, 신앙의 눈멂, 신앙의 벌거벗음은 영적 질병이다. 이 병은 오로지 말씀의 물과 성령의 불로만 치유가 가능하다.

해와 달과 별들이
그 빛을 잃어버리는 심판의 날

보이지 않는 하나님의 나라인 예수 그리스도의 몸 된 교회는 언제 시작되었는가? 이스라엘 민족 국가를 통해 이 땅에 보이는 유형(有形)의 국가, 유형의 하나님 나라를 시작하신 하나님께서는 베드로의 신앙고백의 터 위에 당신의 몸 된 교회를 세우심으로 무형의 국가인 보이지 않는 하나님의 나라를 시작하셨다. "시몬 베드로가 대답하여 이르되 주는 그리스도시요 살아 계신 하나님의 아들이시니이다 예수께서 대답하여 이르시되 바요나 시몬아 네가 복이 있도다 이를 네게 알게 한 이는 혈육이 아니요 하늘에 계신 내 아버지시니라 또 내가 네게 이르노니 너는 베드로라 내가 이 반석 위에 내 교회를 세우리니 음부의 권세가 이기지 못하리라"(마 16:16~18).

주님께서는 승천하시기 전 성령 세례를 약속하셨다. "사도와 함께 모이사 그들에게 분부하여 이르시되 예루살렘을 떠나지 말고 내게서 들은바 아버지께서 약속하신 것을 기다리라 요한은 물로 세례를 베풀었으나 너희는 몇 날이 못 되어 성령으로 세례를 받으리라 하셨느니라"(행 1:4~5). 그리고 약속하셨던 성령께서 이 땅에 강림하셨다. "오순절 날이 이미 이르매 그들이 다 같이 한곳에 모였더니 홀연히 하늘로부터 급하고 강한 바람 같은 소리가 있어 그들이 앉은 온 집에 가득하며 마치 불의 혀처럼 갈라지는 것들이 그들에게 보여 각 사람 위에 하나씩 임 하여 있더니 그들이 다 성령의 충만함을 받고 성령이 말하게 하심을 따라 다른 언어들로 말하기를 시작하니라"(행 2:1~4). 이처럼 몇 날 못 되어 성령으로 세례를 받으리라는 주님의 약속을 부여잡고 마가의 다락방에서 기도에 전념했던 120여 문도에게 불과 같은 성령의 세례가 임했다.

그날에 사도 베드로가 성령의 충만함을 입고 성령의 능력으로 설교해서 하루에 3천 명을 전도했다. "베드로가 열한 사도와 함께 서서 소리를 높여 이르되 유대인들과 예루살렘에 사는 모든 사람들아 이 일을 너희로 알게 할 것이니 내 말에 귀를 기울이라 때가 제삼 시니 너희 생각과 같이 이 사람들이 취한 것이 아니라 이는 곧 선지자 요엘을 통하여 말씀하신 것이니 일렀으되 하나님이 말씀하시기를 말세에 내가 내 영을 모든 육체에 부어 주리니 너희의 자녀들은 예언할 것이요 너희의 젊은이들은 환상을 보고 너희의 늙은이들은 꿈을 꾸리라 그때에 내가 내 영을 내 남종과 여종들에게 부어 주리니 그들이 예언할 것이요 또 내가 위로 하늘에서는 기사를 아래로 땅에서는 징조를 베풀리니 곧 피와 불과 연기로다 주의 크고 영화로운 날이 이르기 전에 해가 변하여 어두워지고 달이 변하여 피가 되리라 누구든지 주의 이름을 부르는 자는 구원을 받으리라 하였느니라"(행 2:14~21).

그렇다. 그날은 구약의 요엘 선지자의 예언이 성취되는 날이었다. "그 후에 내가 내 영을 만민에게 부어 주리니 너희 자녀들이 장래 일을 말할 것이며 너희 늙은이는 꿈을 꾸며 너희 젊은이는 이상을 볼 것이며 그때에 내가 또 내 영을 남종과 여종에게 부어 줄 것이며 내가 이적을 하늘과 땅에 베풀리니 곧 피와 불과 연기 기둥이라 여호와의 크고 두려운 날이 이르기 전에 해가 어두워지고 달이 핏빛같이 변하려니와 누구든지 여호와의 이름을 부르는 자는 구원을 얻으리니 이는 나 여호와의 말대로 시온산과 예루살렘에서 피할 자가 있을 것임이요 남은 자 중에 나 여호와의 부름을 받을 자가 있을 것임이니라"(욜 2:28~32). 그러므로 마가의 다락방에 모인 120여 문도에게 성령 세례가 임한 바로 그날이 그 옛날 요엘 선지자가 예언했던 대로 모든 육체에게 하나님의 영이 부어진 날이고, 자녀들이 예언한 날이고, 젊은이들이 환상을 본 날이고, 늙은이가 꿈을 꾼 날이고, 남종과 여종에게 하나님의 영이 부어진 날이고, 하늘에서 기사가 베풀어진 날이고, 하늘에서 피와 불과 연기의 징조가 베풀어진 날이고, 그리고 그날은 해가 변하여 어두워지고 달이 변하여 피가 된 날이다. 또한 성령 세례가 임한 그날은 주의 이름을 부르는 자들이 구원을 얻은 날이었다. 결국, 성령 세례가 임한 바로 그날이 구약과 신약의 분기점이고 구속사적으로 구약의 종말이며, 옛 언약의 시대가 종말을 고한 그날은 여호와의 심판의 날이다.

구약의 하늘과 땅이 두루마리가 말림같이 떠나가고 신약의 새 하늘과 새 땅이 창조된 그날에 교회 시대가 도래했다. "보라 내가 새 하늘과 새 땅을 창조하나니 이전 것은 기억되거나 마음에 생각나지 아니할 것이라 너희는 내가 창조하는 것으로 말미암아 영원히 기뻐하며 즐거워할지니라 보라 내가 예루살렘을 즐거운 성으로 창조하며 그 백성을 기쁨으로 삼고 내가 예루살렘을 즐거워하며 나의 백성을 기뻐하리니 우는 소리와 부르짖는 소리가 그 가운데에서 다시는 들리지 아니할 것이며"(사 65:17~19). 이처럼 구약에서 이사야 선지자가 예언했던 다가오는 새 하늘과 새 땅의 시대는 교회 시대의 도래와 함께 이 땅에 창조되었고, 바로 그날, 즉 새 하늘과 새 땅이 이 땅에 교회 시대로 도래했던 그날은 예수 그리스도로 말미암는 구원의 시대이다. 즉 요엘 선지자가 예언했던 말일의 심판의 날은 신약에서 오순절 성령 강림과 함께 신약 교회 시대가 도래한 날이고, 바로 그날에 하나님의 구속사는 율법의 시대에서 복음의 시대로, 아브라함의 할례와 모세의 율법으로 말미암는 구원의 시대에서 예수 그리스도를 믿음으로 말미암는 구원의 시대로, 보이는 성전 시대에서 보이지 않는 성령의 전의 시대로의 변화를 통해 새 하늘과 새 땅의 시대가 도래한 날이다. 바로 그날 옛 언약의 시대가 종말을 고했다.

교회 시대는 구약에서 예언한 새 하늘과 새 땅의 시대이다. 그런데 지금 교회 시대 역시 또 다른 새 하늘과 새 땅의 시대를 전망하고 있다. "우리는 그의 약속대로 의가 있는 곳인 새 하늘과 새 땅을 바라보도다 그러므로 사랑하는 자들아 너희가 이것을 바라보나니 주 앞에서 점도 없고 흠도 없이 평강 가운데서 나타나기를 힘쓰라"(벧후 3:13~14). "또 내가 새 하늘과 새 땅을 보니 처음 하늘과 처음 땅이 없어졌고 바다도 다시 있지 않더라"(계 21:1). 그러므로 교회 세대가 요한계시록이 예언하는 다가오는 새 하늘과 새 땅의 시대를 전망하면서 유념해야 하는 것은 구약에서 이사야 선지자가 예언했던 새 하늘과 새 땅의 시대가 교회 시대의 도래와 함께 구약 이스라엘에게는 심판의 날이고 종말이었다는 사실이다. 따라서 오늘날 교회 세대에게 새 하늘과 새 땅의 시대가 다시 예언되었다는 것은 교회 세대 역시 하나님의 심판으로 나아가고 있음을 의미한다. 그리고 성령 강림과 함께 신약의 교회 시대가 도래하면서 구약 이스라엘이 심판을 받았던 날은 그 옛날 요엘 선지자에 의해 해가 변하여 어두워지고 달이 변하여 피가 되는 날로 예언되었다(욜 2:28~32). 그런데 이러한 상징적인 표현을 교회 세대에게 주어진 편지인(계 1:9~11) 요한계시록에서도 똑같은 은유로 예언하고 있다. "내가 보니 여섯째 인을 떼실 때에 큰 지진이 나며 해가 검은 털로 짠 상복같이 검어지고 달은 온통 피같이 되며 하늘의 별들이 무화과나무가 대풍에 흔들려 설익은 열매가 떨어지는 것 같이 땅에 떨어지며 하늘은 두루마리가 말리는 것 같이 떠나가고 각 산과 섬이 제 자리에서 옮겨지매"(계 6:12~14).

요한계시록은 다가오는 교회 시대의 미래를 예언하는 묵시서다. 교회 시대가 도래하기 이미 오래전에 요엘 선지자가 예언했던 대로 해가 어두워지고 달이 핏빛같이 어두워지는 날은 결국 구약 이스라엘에 대한 전적인 심판과 함께 새 시대인 교회 시대가 열렸던 날이다. 그런데 사도 요한은 요한계시록에서 다가오는 교회 시대 종말의 때를 해가 검은 상복같이 검어지고, 달이 피같이 변하고, 그것도 모자라 하늘의 별들조차 무화과나무가 대풍에 흔들려 설익은 열매처럼 땅에 떨어지는 더 큰 칠흑 같은 어두움의 날로 예언하여 경고한다. 그러므로 방종한 교회 세대는 이 사실을 마음 깊이 새기며 경각심을 가져야한다.

교회 세대에게 예언된 종말의 날은 사도 바울이 예언했던 대로 하나님께서 새 하늘과 새 땅의 시대인 교회 시대를 여시면서 원가지들인 이스라엘 백성을 아껴 보지 않으셨던 것처럼, 접붙임이 된 돌감람나무인 우리 교회 세대를 아껴 보지 않으시고 심판하시는 날이 될 것이다. "또한 가지 얼마가 꺾이었는데 돌감람나무인 네가 그들 중에 접붙임이 되어 참감람나무 뿌리의 진액을 함께 받는 자가 되었은즉 그 가지들을 향하여 자랑하지 말라 자랑할지라도 네가 뿌리를 보전하는 것이 아니요 뿌리가 너를 보전하는 것이니라 그러면 네 말이 가지들이 꺾인 것은 나로 접붙임을 받게 하려 함이라 하리니 옳도다 그들은 믿지 아니하므로 꺾이고 너는 믿으므로 섰느니라 높은 마음을 품지 말고 도리어 두려워하라 하나님이 원 가지들도 아끼지 아니하셨은즉 너도 아끼지 아니하시리라"(롬 11:17~21). 구약 요엘 선지자가 예언했던 해가 어두워지고 달이 피같이 변하는 어두움의 날이 구약 이스라엘에게 심판의 날이었듯이 다가오는 종말의 더 큰 칠흑 같은 어두움의 날은 배도한 이방인 교회 시대의 철저한 심판의 날이 될 것이다.

옛 언약인 율법 시대가 심판을 받고 도래했던 새 하늘과 새 땅의 시대인 새 언약의 교회 시대는 돌감람나무에 불과했던 이방인들이 접붙임을 받아 하나님의 자녀가 되는 위대한 축복의 시대이다. 그러나 구속 역사의 뿌리는 이방인들이 아닌 이스라엘 민족이다. 단지 우리는 이스라엘이 잘려져 나간 얼마간의 자리에 접붙임이 되어 그들이 받아야 하는 뿌리의 진액을 흡수하고 있을 뿐이다. 그러므로 자랑할 것이 아니라, 높은 마음을 품을 것이 아니라, 원가지들도 아끼지 않으셨던 그 엄위하시고 공의로우신 하나님의 심판을 생각하면서 경각심을 가져야 한다. 이 경각심은 하나님의 구원사역의 주권적 의지에 대한 의심도 아니다. 불신도 아니다. 오히려 이 경각심이야말로 우리의 구원과 관련해서 하나님의 신실하심에 대한 참된 경외심이며 참된 신앙이다.

예수 그리스도와 함께 이 땅에 도래한 새 하늘과 새 땅인 하나님이 나라는 하나님의 구원이다. 그리고 이미 임한 하나님의 나라는 완성된 나라가 아니라 장차 완성될 나라다. 그 나라는 예수 그리스도의 재림으로 완성된다. 그러므로 이미 임한 하나님의 나라인 우리의 구원은 장차 완성되어야 하는 구원이다. 그 완성될 구원, 완전해질 구원은 예수 그리스도의 재림과 함께 이 세상에 영광 가운데 나타날 것이고, 신앙의 싸움에서 '이긴 자'만이 그 영광을 마주하게 될 것이다. 그러므로 사도 바울은 교회를 향해 두렵고 떨림으로 구원을 이루어 가라고 당부했다. "그러므로 나의 사랑하는 자들아 너희가 나 있을 때뿐 아니라 더욱 지금 나 없을 때에도 항상 복종하여 두렵고 떨림으로 너희 구원을 이루라"(빌 2:12). 히브리서 기자 또한 교회에게 힘써 안식 곧 구원에 들어가기를 힘쓰라고 독려한다. "그러므로 우리는 두려워할지니 그의 안식에 들어갈 약속이 남아 있을지라도 너희 중에는 혹 이르지 못할 자가 있을까 함이라"(히 4:1). "그러므로 우리가 저 안식에 들어가기를 힘쓸지니 이는 누구든지 저 순종하지 아니하는 본에 빠지지 않게 하려 함이라"(히 4:11).

주님께서 경고하시기를 인자가 다시 올 때에 믿음을 보겠느냐고 하셨다. 바로 그 날은 해가 검은 상복같이 어두워지는 날이고, 달이 핏빛같이 변하는 날이고, 별들이 빛을 거두고 떨어지고 하늘을 두루마리 말리듯 말려 떠나가는 날이다. 바로 그 날에 접붙임이 되었던 돌감람나무 가지인 이방인 교회 세대 가운데서, 입술로는 "주여! 주여!" 하지만, 처음 사랑의 행위를 잃어버린 교인들(계 2:5), 환난 가운데 서라도 죽도록 충성하지 못했던 교인들(계 2:10), 복술의 교훈을 용납했던 교인들(계 2:14~15), 거짓 선지자들을 용납하고 그들의 가르침에 "아멘!" 했던 교인들(계 2:20), 행위의 온전한 열매를 맺지 못했던 교인들(계 3:2) 헌신의 믿음과 충성의 열정을 끝까지 굳게 잡지 못했던 교인들(계 3:11) 차지도 뜨겁지도 않은 미지근한 신앙의 교인들(계 3:16), 이들은 철저하게 잘려 나가 불살라질 것이다.

불탄 산

사도 요한은 불붙는 큰 산과 같은 것이 바다에 떨어져 큰 재앙이 임하는 환상을 보고 경고한다. "둘째 천사가 나팔을 부니 불붙는 큰 산과 같은 것이 바다에 던져지매 바다의 삼분의 일이 피가 되고 바다 가운데 생명 가진 피조물들의 삼분의 일이 죽고 배들의 삼분의 일이 깨지더라"(계 8:8~9). 이 말씀을 자연적인 재앙을 의미하는 말씀으로 본다면 천혜 자원의 보고인 바다의 3분의 1이 피로 변해 인류 존속에 위협이 올 것이고, 배들의 3분의 1이 파괴되어 물물 교역에 엄청난 타격을 입고 경제공황이라도 일어날 것처럼 보인다. 지구 경제 블록의 3분의 1이 붕괴하면 그야말로 엄청난 재앙일 것이다. 그러나 구속사와 세계 경제사를 구분해야 한다.

요한계시록은 영원한 복음이다. 요한계시록은 구속사와 관련 있는 말씀이지 세계 경제를 예측하는 예언이 아니다. 따라서 요한계시록 8:8~9의 말씀으로 세계 경제 흐름이나 환경의 변화를 예측해서도 안 되고, 인류에게 닥쳐올 자연 재앙이나 경제 재앙으로 이해해서도 안 된다. 구속사의 관점에서 이해하고 교회를 향한 하나님의 준엄한 경고의 음성으로 들어야 한다.

먼저 요한계시록 8:8~9에 나타난 '배'와 '산'의 성경적 의미를 살펴보자. 첫째로 '배'의 의미이다. 예수 그리스도는 '몸인 교회의 머리'시다. "그는 몸인 교회의 머리시라 그가 근본이시요 죽은 자들 가운데서 먼저 나신 이시니 이는 친히 만물의 으뜸이 되려 하심이요"(골 1:18). 그리고 그리스도의 몸인 교회의 예표로 노아의 방주(배)를 증거로 삼는다. "옛 세상을 용서하지 아니하시고 오직 의를 전파하는 노아와 그 일곱 식구를 보존하시고 경건하지 아니한 자들의 세상에 홍수를 내리셨으며"(벧후 2:5). 하나님께서 세상을 홍수로 심판하실 때 노아의 가족이 방주 안에 거함으로 그 심판의 홍수 속에서 구원을 얻었듯이 교회는 세상에서 구원을 얻게 하는 방주다. 따라서 요한계시록 8:8~9에서 말하는 '배'는 '교회'를 상징한다.

불붙는 큰 산과 같은 것이 바다에 던져질 때 생명체의 3분의 1일이 죽고 배들의 3분이 1이 깨어진다고 했다. 실제로 지구 생명체의 3분의 1일이 죽고, 바다 위의 배 3분의 1이 깨진다는 말일까? 스바냐 1:2~6에서는 범죄한 유다와 예루살렘의 멸망을 예언하면서 예루살렘에 임할 하나님의 심판이 노아 시대에 사람의 딸들과 결혼한 하나님의 아들들에게 임한 심판과 같은 심판이 될 것임을 경고했다. "여호와께서 이르시되 내가 땅 위에서 모든 것을 진멸하리라 내가 사람과 짐승을 진멸하고 공중의 새와 바다의 고기와 거치게 하는 것과 악인들을 아울러 진멸할 것이라 내가 사람을 땅 위에서 멸절하리라 나 여호와의 말이니라 내가 유다와 예루살렘의 모든 주민들 위에 손을 펴서 … 여호와를 배반하고 따르지 아니한 자들과 여호와를 찾지도 아니하며 구하지도 아니한 자들을 멸절하리라." 스바냐의 이 심판 경고는 실제로 사람과 짐승과 공중과 바다와 지면에 내리는 재앙이 아니라 범죄한 이스라엘에 대한 하나님의 격렬한 심판을 상징하는 표현이다. 마찬가지로 요한계시록에서 예언하는 재앙들은 세속화되고 타락한 교회에게 임할 하나님의 전멸적 심판을 상징한다.

둘째로 '산'의 의미이다. 창세기 8:4에 보면 홍수 심판에서 노아의 가족을 구원했던 방주가 아라랏산에 머물렀다. 그리고 아브라함이 그의 아들 이삭을 믿음으로 하나님께 번제로 드렸던 곳은 모리아산이다. 모세는 시내산에서 하나님의 율법을 받았다. 또한 예수께서는 헤르몬산에서 그 몸이 변화되셨고, 감람산에서 승천하셨다. 신명기 33:2에 보면 "여호와께서 시내산에서 오시고 세일산에서 일어나시고 바란산에서 비추시고 일만 성도 가운데에 강림하셨고 그의 오른손에는 그들을 위해 번쩍이는 불이 있도다."라고 말씀한다. 이처럼 산은 하나님께서 거하시는 곳이요, 하나님의 은혜가 있는 곳이며, 하나님의 율법이 주어진 곳이며, 하나님의 말씀이 나오는 곳이며, 하나님께서 이스라엘에게 나타나신 곳이며 또한 장차 나타나실 곳이다. 장차 하나님께서는 시온의 산 곧 세상 모든 산보다 우뚝 솟은 크고 높은 시온산에 영원히 거하실 것이다. "너희 높은 산들아 어찌하여 하나님이 계시려 하는 산을 시기하여 보느냐 진실로 여호와께서 이 산에 영원히 계시리로다"(시 68:16). 그러므로 산은 하나님의 거처로 영원히 하나님의 보좌가 좌정한 곳을 상징한다.

결국, 이 산은 예수 그리스도를 주님으로 모신 교회를 예표한다. "말일에 여호와의 전의 산이 모든 산 꼭대기에 굳게 설 것이요 모든 작은 산 위에 뛰어나리니 만방이 그리로 모여들 것이라 많은 백성이

가며 이르기를 오라 우리가 여호와의 산에 오르며 야곱의 하나님의 전에 이르자 그가 그의 길을 우리에게 가르치실 것이라 우리가 그 길로 행하리라 하리니 이는 율법이 시온에서부터 나올 것이요 여호와의 말씀이 예루살렘에서부터 나올 것임이니라"(사 2:2~3). "또 내가 보니 보라 어린 양이 시온산에 섰고 그와 함께 십사만 사천이 서 있는데 그들의 이마에는 어린 양의 이름과 그 아버지의 이름을 쓴 것이 있더라 내가 하늘에서 나는 소리를 들으니 많은 물 소리와도 같고 큰 우렛소리와도 같은데 내가 들은 소리는 거문고 타는 자들이 그 거문고를 타는 것 같더라 그들이 보좌 앞과 네 생물과 장로들 앞에서 새 노래를 부르니 땅에서 속량함을 받은 십사만 사천 밖에는 능히 이 노래를 배울 자가 없더라"(계 14:1~3). "또 내가 새 하늘과 새 땅을 보니 처음 하늘과 처음 땅이 없어졌고 바다도 다시 있지 않더라 또 내가 보매 거룩한 성 새 예루살렘이 하나님께로부터 하늘에서 내려오니 그 준비한 것이 신부가 남편을 위하여 단장한 것 같더라"(계 21:1~2). "일곱 대접을 가지고 마지막 일곱 재앙을 담은 일곱 천사 중 하나가 나아와서 내게 말하여 이르되 이리 오라 내가 신부 곧 어린 양의 아내를 네게 보이리라 하고 성령으로 나를 데리고 크고 높은 산으로 올라가 하나님께로부터 하늘에서 내려오는 거룩한 성 예루살렘을 보이니"(계 21:9~10). "여호와께서 시온을 택하시고 자기 거처를 삼고자 하여 이르시기를 이는 나의 영원히 쉴 곳이라 내가 여기 거할 것은 이를 원하였음이로다"(시 132:13~14).

하나님께서 거하시는 그 산에는 나무와 풀이 무성해야 한다. 그런데 본문 요한계시록 8:8~9의 산은 불탄 산이다. 나무와 풀이 타서 민

둥산이다. 있어야 할 나무와 풀이 없는 산이다. 그런데 바로 그 산이 바다에 떨어져 바다를 피로 만들고 그 가운데 있는 생물들을 죽인다. 나무와 풀이 불탄 산, 그것은 하나님 보시기에 생명의 호흡이 떠나간, 하나님과의 영적인 교제가 끊어진, 그래서 살았다 하나 실상은 죽어버린(계 3:1) 교회를 상징한다. 이제 그 산이 바다에 떨어져 먹지 못할 피가 되어 바다의 생물을 죽인다.

하나님께서는 예레미야 51장 25~26에서 '불탄 산'에 대해 경고하셨다. "온 세계를 멸한 멸망의 산아 나는 네 대적이라… 너로 불탄 산이 되게 할 것이니… 너는 영영히 황무지가 될 것이니라 여호와의 말이니라." 여기서 '불탄 산'은 바벨론 제국을 상징한다. 그래서 이 말씀은 나라들을 정복하여 그릇된 종교와 문화로 오염시킨 바벨론 제국의 멸망을 예언한다. 이 예언대로 바벨론의 종교와 문화는 결국 불탄 산이 되는 심판을 받고 인류의 역사에서 그 자취를 감췄다. 그런데 요한계시록에서는 또 다른 바벨론의 영원한 멸망을 예언한다. "이일 후에 다른 천사가 하늘에서 내려 오는 것을 보니 큰 권세를 가졌는데 그의 영광으로 땅이 환하여지더라 힘찬 음성으로 외쳐 이르되 무너졌도다 무너졌도다 큰 성 바벨론이여 귀신의 처소와 각종 더러운 영이 모이는 곳과 각종 더럽고 가증한 새들이 모이는 곳이 되었도다"(계 18:2). "이에 한 힘 센 천사가 큰 맷돌 같은 돌을 들어 바다에 던져 이르되 큰 성 바벨론이 이같이 비참하게 던져져 결코 다시 보이지 아니하리로다"(계 18:21).

하나님께서 거하시는 산은 그곳에서 하나님의 율법과 말씀이 나오는 참된 진리의 산인 교회다. 그리고 그곳에서 나오는 말씀으로 나무와 풀인 성도가 자라난다. 그런데 산이 불탔다면 그곳에 나무와 풀이 존재할 수가 없다. 결국, 산이 불탔다는 것은 교회가 죽었다는 것을 상징한다. 이 죽음의 의미는 사데 교회를 향한 주님의 책망에서 이해할 수 있다.

사데 교회는 살았다고 하는 이름은 가졌지만, 실상은 하나님 보시기에 죽어 있었다(계 3:1~3). 그렇다면 사데 교회는 세상을 하나님의 빛으로, 주님의 생명으로 살려야 하는 본연의 역할을 수행할 수 없다. 그 산은 더는 하나님의 보좌가 좌정하시는 곳이 아니라 귀신의 처소와 각종 더러운 영의 모이는 곳인 큰 성 바벨론이(계 18:2) 되어서 결국은 불탄 산이 되는 심판을 받을 것이다. "이에 한 힘 센 천사가 큰 맷돌 같은 돌을 들어 바다에 던져 이르되 큰 성 바벨론이 이같이 비참하게 던져져 결코 다시 보이지 아니하리로다"(계 18:21).

세 부류의 존재에게 임하는
하나님의 동일한 심판

두아디라 교회는 사랑과 믿음과 섬김과 인내가 처음보다 나날이 많아졌다. 이는 놀라운 일이다. 교회의 사업이 외적으로야 많아질 수 있다. 그러나 두아디라의 교회처럼 외적인 면이 아니라 내적인 면, 곧 사랑과 믿음과 섬김과 인내가 나날이 넘쳐난다는 것은 너무나 고무적이다. "두아디라 교회의 사자에게 편지하라 그 눈이 불꽃 같고 그 발이 빛난 주석과 같은 하나님의 아들이 이르시되 내가 네 사업과 사랑과 믿음과 섬김과 인내를 아노니 네 나중 행위가 처음 것보다 많도다"(계 2:18~19). 오로지 신앙의 순수한 내적 열매로서만 그 사업이 처음보다 많아졌다는 것은 주님께서 다시 오실 때 믿음을 보겠느냐는 시대를 사는 지금의 교회가 본받고 지향해야 할 참된 교회 성장의 목표다.

그러나 이처럼 사랑과 믿음과 섬김과 인내가 처음보다 더 풍성하게 열매 맺어 주님으로부터 칭찬받았던 두아디라 교회가 자칭 선지자 곧 거짓 선지자 이세벨을 용납하고 있다는 것은 심각한 문제가 아닐 수 없다. 진리의 기둥과 터로 세워져야 할 교회가 거짓 선지자 이세벨의 교훈으로 말미암아 하나님께서 원하시는 믿음의 자리에서 떠나 배도의 길을 가게 되기 때문이다. 자칭 선지자 이세벨이 교회 안에 가지고 들어온 잘못된 교훈 때문에 두아디라 교회는 내적 사업의 열매와는 상관없이 영적 사망을 당할 수밖에 없다. "그러나 네게 책망할 일이 있노라 자칭 선지자라 하는 여자 이세벨을 네가 용납함이니 그가 내 종들을 가르쳐 꾀어 행음하게 하고 우상의 제물을 먹게 하는도다 또 내가 그에게 회개할 기회를 주었으되 자기의 음행을 회개하고자 하지 아니하는도다 볼지어다 내가 그를 침상에 던질 터이요 또 그와 더불어 간음하는 자들도 만일 그의 행위를 회개하지 아니하면 큰 환난 가운데에 던지고 또 내가 사망으로 그의 자녀를 죽이리니"(계 2:20~23전).

자칭 선지자 이세벨이 교회 안에 퍼뜨린 교훈은 다른 예수이고 다른 복음이고 다른 영이다. 이로 말미암아 교회는 간음한 여인이 되었다. 다른 예수 다른 복음 다른 영과 간음한 교회는 예수 그리스도의 정결한 처녀로 결단코 중매될 수 없다. "내가 하나님의 열심으로 너희를 위하여 열심을 내노니 내가 너희를 정결한 처녀로 한 남편인 그리스도께 드리려고 중매함이로다 그러나 나는 뱀이 그 간계로 하와를 미혹한 것 같이 너희 마음이 그리스도를 향하는 진실함과 깨끗함에서 떠나 부패할까 두려워하노라 만일 누가 가서 우리가 전파하지 아니한 다른 예수를 전파하거나 혹은 너희가 받지 아니한 다른 영을 받게 하거나 혹은 너희가 받지 아니한 다른 복음을 받게 할 때에는 너희가 잘 용납하는구나"(고후 11:2~4).

교회가 다른 예수, 다른 복음, 다른 영을 용납하므로 범하는 간음의 죄는 사회 통념적 기준에서는 전혀 죽을죄가 아니지만, 하나님의 법 기준에서는 아담과 하와가 에덴동산에서 뱀의 말에 미혹되어 하나님을 거역한 죄와 동급의 죄악이다. 바로 이 다른 예수와 다른 복음과 다른 영이 666이고 이를 교회가 용납하는 것이 666 짐승의 표를 받는 것이다.

성경은 포도나무이신 예수 그리스도에게 붙어는 있으나 열매를 맺지 못한 가지와 주인의 밭에 원수가 뿌리고 간 가라지들과 짐승의 표를 받은 자들의 말로가 모두 동일한 심판을 받게 될 것을 분명히 경고한다. "나는 포도나무요 너희는 가지라 그가 내 안에, 내가 그 안에 거하면 사람이 열매를 많이 맺나니 나를 떠나서는 너희가 아무것도 할 수 없음이라 사람이 내 안에 거하지 아니하면 가지처럼 밖에 버려져 마르나니 사람들이 그것을 모아다가 불에 던져 사르느니라"(요 15:5~6). "주인이 이르되 가만 두라 가라지를 뽑다가 곡식까지 뽑을까 염려하노라 둘 다 추수 때까지 함께 자라게 두라 추수 때에 내가 추수꾼들에게 말하기를 가라지는 먼저 거두어 불사르게 단으로 묶고 곡식은 모아 내 곳간에 넣으라 하리라"(마 13:29~30). "내가 보매 또 다른 짐승이 땅에서 올라오니 어린 양같이 두 뿔이 있고 용처럼 말을 하더라 … 짐승 앞에서 받은바 이적을 행함으로 땅에 거하는 자들을 미혹하며 땅에 거하는 자들에게 이르기를 칼에 상하였다가 살아난 짐승을 위하여 우상을 만들라 하더라 … 그가 모든 자 곧 작은 자나 큰 자나 부자나 가난한 자나 자유인이나 종들에게 그 오른손에나 이마에 표를 받게 하고 … 지혜가 여기 있으니 총명한 자는 그 짐승의 수를 세어 보라 그것은 사람의 수니 그의 수는 육백육십육이니라"(계 13:11, 14, 16, 18). "짐승이 잡히고 그 앞에서 표적을 행하던 거짓 선지자도 함께 잡혔으니 이는 짐승의 표를 받고 그의 우상에게 경배하던 자들을 표적으로 미혹하던 자라 이 둘이 산 채로 유황불 붙는 못에 던져지고"(계 19:20).

결국, 동일한 '불 심판'을 받게 되는 '열매 맺지 못하는 자'와 '가라지'와 '짐승의 표 666을 이마와 손에 받은 사람'은 같은 존재이다. 이마와 손에 666 표를 받은 자는 지금 교회 안에서 예수 믿기만 하면 천국 가고 만복을 받는다는 거짓 선지자들의 다른 복음과 그들이 주도하는 다른 영의 역사에 열광하며 다른 예수를 경배하고 있다. 그들은 주님의 재림이 가까워져 올수록 여기저기 광야와 골방까지 득실대는 거짓 선지자를 하나님의 종으로 용납하는 가라지들이다.

요한계시록 6:1~8에 보면 '흰 말, 붉은 말, 검은 말, 청황색 말'을 탄 자들이 천사의 호출에 불려 나온다. 이들은 각각 땅 4분의 1을 해할 수 있는 권세를 받아 '검과 흉년과 사망과 땅의 짐승'으로 각각 땅에 재앙을 가져온다. "내가 보매 어린 양이 일곱 인 중의 하나를 떼시는데 그때에 내가 들으니 네 생물 중의 하나가 우렛소리같이 말하되 오라 하기로 이에 내가 보니 흰 말이 있는데 그 탄 자가 활을 가졌고 면류관을 받고 나아가서 이기고 또 이기려고 하더라 둘째 인을 떼실 때에 내가 들으니 둘째 생물이 말하되 오라 하니 이에 다른 붉은 말이 나오더라 그 탄 자가 허락을 받아 땅에서 화평을 제하여 버리며 서로 죽이게 하고 또 큰 칼을 받았더라 셋째 인을 떼실 때에 내가 들으니 셋째 생물이 말하되 오라 하기로 내가 보니 검은 말이 나오는데 그 탄 자가 손에 저울을 가졌더라 내가 네 생물 사이로부터 나는 듯한 음성을 들으니 이르되 한 데나리온에 밀 한 되요 한 데나리온에 보리 석 되로다 또 감람유와 포도주는 해치지 말라 하더라 넷째 인을 떼실 때에 내가 넷째 생물의 음성을 들으니 말하되 오라 하기로 내가 보매 청황색 말이 나오는데 그 탄 자의 이름은 사망이니 음부가 그 뒤를 따르더라 그들이 땅 사분의 일의 권세를 얻어 검과 흉년과 사망과 땅의 짐승들로써 죽이더라"(계 6:1~8).

순서대로 대입하면 '붉은 말 탄 자'는 '검'의 재앙을 가져오고(3~4절), '검은 말 탄 자'는 '흉년'의 재앙을 가져오고(5~6) '청황색 말 탄 자'는 '사망'의 재앙을 가져오는데(7~8절전), 그렇다면 '흰 말 탄 자'는 '땅의 짐승'으로 재앙을 가져온다(2, 8절후). 따라서 흰말 탄 자는 땅 짐승의 역사인데 이 땅 짐승은 요한계시록 13:11에서 어린 양같이 두 뿔을 가지고 땅에서 올라오는 짐승이다. 이 짐승은 요한계시록 19:20에 의하면 거짓 선지자이다. 그러므로 흰말 탄 자는 예수님으로 가장하고 복음의 승리로 가장한 거짓 선지자의 미혹이다.

하나님의 뜻대로 내적 열매가 풍성해지는 두아디라 교회라고 할지라도 자칭 선지자, 곧 거짓 선지자 이세벨을 용납하면 안 된다. 더군다나 내적 열매가 풍성하지도 않으면서, 그것도 모자라 거짓 선지자의 꿈 복음과 긍정 복음에 열광하며 다른 영으로 방언이랍시고 지절거리며 다른 예수를 예배하고 있는 타락한 교회의 결국은 어떻게 되겠는가? 불 심판을 면할 수 없을 것이다.

주검이 가득한 곳

예수님께서는 당신의 재림이 있기 전 거짓 그리스도와 거짓 선지자의 미혹이 활개를 칠 것을 경고하시면서 주검이 있는 곳에는 독수리들이 모인다고 말씀하셨다. "그때에 사람이 너희에게 말하되 보라 그리스도가 여기 있다 혹은 저기 있다 하여도 믿지 말라 거짓 그리스도들과 거짓 선지자들이 일어나 큰 표적과 기사를 보여 할 수만 있으면 택하신 자들도 미혹하리라 보라 내가 너희에게 미리 말하였노라 그러면 사람들이 너희에게 말하되 보라 그리스도가 광야에 있다 하여도 나가지 말고 보라 골방에 있다 하여도 믿지 말라 번개가 동편에서 나서 서편까지 번쩍임같이 인자의 임함도 그러하리라 주검이 있는 곳에는 독수리들이 모일 것이니라"(마 24:23~28).

주검이 있는 곳에 모여드는 독수리는 율법에서 규정한 가증한 새의 일종이다. 성령의 역사는 비둘기 같은 역사이다(마 3:16). 그렇다면 주검이 있는 곳에 모이는 독수리는 교회의 영을 헤치는 사탄의 역사를 상징한다. 주님께서는 주검이 있는 곳에 가증한 새가 모인다고 하셨고, 요한계시록은 큰 성 바벨론이 가증한 새가 모이는 곳이 되었으니 하나님의 심판을 피할 수 없다고 경고한다. "힘찬 음성으로 외쳐 이르되 무너졌도다 무너졌도다 큰 성 바벨론이여 귀신의 처소와 각종 더러운 영이 모이는 곳과 각종 더럽고 가증한 새들이 모이는 곳이 되었도다"(계 18:2).

주님께서는 영적 주검과 다름없는 사데 교회를 책망하셨다. "사데 교회의 사자에게 편지하라 하나님의 일곱 영과 일곱 별을 가지신 이가 이르시되 내가 네 행위를 아노니 네가 살았다 하는 이름은 가졌으나 죽은 자로다 너는 일깨어 그 남은바 죽게 된 것을 굳건하게 하라 내 하나님 앞에 네 행위의 온전한 것을 찾지 못하였노니"(계 3:1~2). 사데 교회는 자신들이 "주여! 주여!" 하고 있으니 믿음으로 중생한 사람임을 확신했다. 거듭난 사람임을 확신했다. 다시 살아난 사람임을 확신했다. 그러나 주님의 판단에 의하면 그들은 '죽은 자'였다. 그들은 주님 보시기에 '신앙의 주검들'이었다.

사데 교회는 무엇 때문에 죽어 있는가? 무엇 때문에 신앙의 주검들이 되어 있는가? 긍정의 힘이 없어서인가? 꿈이 없어서인가? 기도를 많이 하지 않아서인가? 금요 찬양 율동 예배에 열심히 참여하지 않아서인가? 아니다. 합당한 행위가 없어서다. 회개에 합당한 열매가 없어서다. 합당한 행위가 없는 교회는 아무리 스스로 "주여! 주여!" 하며 살아 있는 사람이라고 확신해도 하나님의 기준에서는 신앙의 주검들이다. 그들은 절대로 구원받을 수 없다. 그들은 절대로 하나님의 심판을 피할 수 없다.

신앙의 주검이 있는 곳에 가증한 새, 독수리가 모인다. 그런데 큰 성 바벨론 안에 가증한 새가 모여들었다. 큰 성 바벨론은 음녀다. "또 일곱 대접을 가진 일곱 천사 중 하나가 와서 내게 말하여 이르되 이리로 오라 많은 물 위에 앉은 큰 음녀가 받을 심판을 네게 보이리라"(계 17:1) "그 여자는 자줏빛과 붉은빛 옷을 입고 금과 보석과 진주로 꾸미고 손에 금잔을 가졌는데 가증한 물건과 그의 음행의 더러운 것들이 가득하더라 그의 이마에 이름이 기록되었으니 비밀이라, 큰 바벨론이라, 땅의 음녀들과 가증한 것들의 어미라 하였더라"(계 17:4~5) "또 네가 본 그 여자는 땅의 왕들을 다스리는 큰 성이라 하더라"(계 17:18).

구약의 선지자들은 하나님을 섬긴다고 하면서도 다른 신을 더불어 섬기고 다른 신을 더불어 사랑하고 다른 신을 더불어 좇아가는 이스라엘 백성을 가리켜 하나님의 신부, 하나님의 아내가 아니라 '음녀'라고 불렀다(사 57:3~10; 겔 16:30~43). 사도 바울은 하나님의 신부 된 교회가 정결한 처녀로 그리스도께 중매 되지 못하고 타락하여 음녀가 될 것을 경고했다. "내가 하나님의 열심으로 너희를 위하여 열심을 내노니 내가 너희를 정결한 처녀로 한 남편인 그리스도께 드리려고 중매함이로다 그러나 나는 뱀이 그 간계로 하와를 미혹한 것 같이 너희 마음이 그리스도를 향하는 진실함과 깨끗함에서 떠나 부패할까 두려워하노라 만일 누가 가서 우리가 전파하지 아니한 다른 예수를 전파하거나 혹은 너희가 받지 아니한 다른 영을 받게 하거나 혹은 너희가 받지 아니한 다른 복음을 받게 할 때에는 너희가 잘 용납하는구나"(고후 11:2~4).

교회는 어떻게 타락한 음녀가 되는가? 다른 예수를, 다른 복음을, 다른 영을 용납함으로 음녀가 된다. 교회로 하여금 다른 예수, 다른 복음, 다른 영을 용납하게 하는 매개체는 그 옛날 에덴동산 안에서 하와를 미혹했던 뱀의 후예다. 구약 이스라엘 백성이 다른 신을 용납함으로 음녀가 되었듯이, 신약 교회는 뱀의 후예인 거짓 선지자들이 지절거리는 다른 예수와 다른 복음과 다른 영의 미혹을 용납함으로 음녀가 된다. 여기서 우리는 주님께서 그토록 경계하셨던 거짓 선지자의 미혹이 다른 예수와 다른 복음과 다른 영임을 알 수 있다.

이사야 선지자는 제사는 경건하게 드리지만, 기도도 간절하게 하지만, 합당한 행위가 없는 이스라엘 종교 지도자들과 백성을 가리켜 '소돔의 관원들, 고모라의 백성'이라고 명명했다(사 1:10~17). 살았다고 하는 이름을 가졌으나 합당한 행위가 없는 사데 교회는 신앙의 주검들이었다. 음녀인 큰 성 바벨론 안에 주검을 쫓아 다니는 가증한 새가 모여들었다. 음녀 곧 큰 성 바벨론은 열심히 "주여! 주여!"는 하고 있지만, 합당한 행위는 없이 다른 예수, 다른 복음, 다른 영을 용납하고 있는 타락한 음녀 교회의 또 다른 이름이다. 소돔의 관원들이 되고 고모라의 백성이 된 이스라엘처럼.

지금 교회는, 합당한 행위가 없어 신앙의 주검이 되어 있으면서도 '꿈이 없으면 망한다'는 다른 복음을 용납하고 있다. 지금 교회는, 주님의 사랑을 받은 교회는 세상에서 미움받고 배척받을 것을 예언하신 주님의 예언과는 반대로 긍정의 마인드를 가지면 누구나 미래에 잘되고 잘살고 세상에서 성공한다는 다른 복음을 용납하고 있다. 지금 교회는, 영원한 심판과 영원한 구원을 예언해야 할 본분에서 떨어져 나와 그저 귀신의 영으로 인생의 길흉화복을 예언하는 무당 같은 거짓 선지자들의 예언을 성령의 음성, 성령의 꿈, 성령의 환상, 성령의 이끄심으로 착각하는 다른 영에 사로잡혀 있다. 지금 교회는 거짓 선지자들이 매개하는 다른 복음과 다른 영을 통해 다른 예수를 섬기는 신약판 우상 숭배 제의에 함몰되어 있다.

흰 말 탄 자는 거짓 선지자의
미혹을 상징한다

요한계시록 6:1~8에서는 하나님의 보좌 앞에 있는 네 생물 중 한 생물의 호출에 흡사 재림하시는 주님 같은 '흰 말 탄 자'가 달려 나오고, 화평을 제하는 큰 칼을 가진 '붉은 말 탄 자'가 달려 나오고, 손에 저울을 가진 '검은 말 탄 자'가 달려 나오고, 사망이라는 이름을 가진 '청황색 말 탄 자'가 달려 나온다. 그리고 그들 곧 네 가지 색깔의 말을 탄 자들이 각각 땅 4분의 1의 권세를 받아, 검과 흉년과 사망과 땅의 짐승으로 죽인다고 한다. "내가 보매 어린 양이 일곱 인 중의 하나를 떼시는데 그때에 내가 들으니 네 생물 중의 하나가 우렛소리 같이 말하되 오라 하기로 이에 내가 보니 흰 말이 있는데 그 탄 자가 활을 가졌고 면류관을 받고 나아가서 이기고 또 이기려고 하더라 둘째 인을 떼실 때에 내가 들으니 둘째 생물이 말하되 오라 하니 이에 다른 붉은 말이 나오더라 그 탄 자가 허락을 받아 땅에서 화평을 제하여 버리며 서로 죽이게 하고 또 큰 칼을 받았더라 셋째 인을 떼실 때에 내가 들으니 셋째 생물이 말하되 오라 하기로 내가 보니 검은 말이 나오는데 그 탄 자가 손에 저울을 가졌더라 내가 네 생물 사이로부터 나는 듯한 음성을 들으니 이르되 한 데나리온에 밀 한 되요 한 데나리온에 보리 석 되로다 또 감람유와 포도주는 해치지 말라 하더라 넷째 인을 떼실 때에 내가 넷째 생물의 음성을 들으니 말하되 오라 하기로 내가 보매 청황색 말이 나오는데 그 탄 자의 이름은 사망이니 음부가 그 뒤를 따르더라 그들이 땅 사분의 일의 권세를 얻어 검과 흉년과 사망과 땅의 짐승들로써 죽이더라."

네 가지 색깔의 말 탄 자와 각각 4분의 1 권세(검과 흉년과 사망과 땅의 짐승)의 역사를 대입해 보면, 큰 칼을 받은 붉은 말 탄 자는 '검의 역사'이고, 손에 저울을 가진 검은 말 탄 자는 '흉년의 역사'이고, 사망이라는 이름을 가진 청황색 말 탄 자는 이름 그대로 '사망의 역사'이고, 너무나 예수 같은 흰 말 탄 자는 마지막 하나 남은 '땅 짐승'의 역사다.

요한계시록 13장에서는 바다에서 올라오는 일곱 머리 열 뿔 짐승(계 13:1~10)과 '땅'에서 올라오는 어린 양같이 두 뿔 가진 '짐승'(계 13:11~18)이 등장한다. 요한계시록 6장에서 흰 말 탄 자는 땅 짐승의 역사였다. 그 땅 짐승은 어린 양같이 두 뿔을 가졌다. 흰 말 탄 자는 너무나 어린 양 예수 그리스도처럼 당당하게 튀어나왔다. 요한계시록 13장에서도 땅에서 올라오는 짐승은 두 뿔을 가지고 너무나 어린 양 같은 모습으로 땅에서 올라온다. 결국, 흰 말 탄 자는 땅 짐승 곧 땅에서 올라오는 어린 양 같은 짐승의 역사이다.

요한계시록 19:11~21에서는 하늘에서 내려오는 백마 탄 자와 그를 따르는 희고 깨끗한 세마포를 입은 백마 탄 하늘 군대가, 짐승과 땅의 임금들과 그들의 군대들(계 19:19), 곧 짐승과 그 앞에서 이적을 행하던 거짓 선지자와(계 19:20) 그 나머지 군대를 멸절시킨다(계

19:21). "또 내가 보매 그 **짐승**과 **땅의 임금들**과 **그들의 군대들**이 모여 그 말 탄 자와 그의 군대와 더불어 전쟁을 일으키다가 **짐승**이 잡히고 그 앞에서 표적을 행하던 **거짓 선지자**도 함께 잡혔으니 이는 짐승의 표를 받고 그의 우상에게 경배하던 자들을 표적으로 미혹하던 자라 이 둘이 산 채로 유황불 붙는 못에 던져지고 **그 나머지** 말 탄 자의 입으로부터 나오는 검에 죽으매 모든 새가 그들의 살로 배불리더라"(계 19:19~21). 백마 탄 자와 그를 따르는 백마 탄 하늘 군대에 의해서 멸절되는 '짐승'과 '땅의 임금들'과 '그들의 군대들'은 '짐승'과 '거짓 선지자'와 '그 나머지'이다. 19~20절을 보면 '짐승=짐승, 땅의 임금들=거짓 선지자, 그들의 군대들=그 나머지'로 명칭을 살짝 달리해서 표현한다. 여기서 땅의 임금들은 거짓 선지자들임을 알 수 있다. 요한계시록에서 땅의 임금들과 거짓 선지자는 동일한 존재이면서도 다른 이름으로 그 정체를 표현하고 있다. 결국, 요한계시록에 등장하는 땅의 임금들은 땅의 짐승들 곧 거짓 선지자들이다.

요한계시록은 13:11~18에서 '땅에서 올라오는 어린 양같이 두 뿔 가진 짐승' 곧 '땅 짐승'은 하늘에서 불을 끌어내리는 이적을 행하며 땅에 거하는 자들을 미혹하고 우상에게 절하게 하고 이마와 손에 666이라는 짐승의 표를 찍어 대던 존재라고 한다. 마찬가지로 요한계시록 19:19의 땅의 임금들 곧 요한계시록 19:20의 거짓 선지자 역시 그의 활동에 관해서 '짐승의 표를 받고 그의 우상에게 경배하던 자들을 표적으로 미혹하던 존재'로 설명한다. 그러므로 요한계시록은 땅 짐승의 정체가 곧 거짓 선지자임을 폭로한다.

결론적으로 흰 말 탄 자는 땅 짐승의 역사이고 그 땅 짐승은 어린 양같이 두 뿔 가진 짐승이고, 어린 양같이 두 뿔 가진 그 땅 짐승은 거짓 선지자이다. 주님께서 경고하신 대로 거짓 선지자의 미혹은 이처럼 너무나 어린 양 예수 그리스도처럼 역사한다. 그러므로 거짓 선지자의 사역은 교회를 미혹하는 것이고, 그 미혹은 교회를 신앙의 죽음으로 이르게 하는 치명적인 뱀의 독이며 살상 무기다.

구약의 절기에 나타난 하나님의 구속사

구약 이스라엘 백성은 유월절, 무교절, 초실절, 칠칠절, 나팔절, 대속죄일, 초막절의 칠대 절기를 대대로 지켰다.

첫째, 유월절(출 12:1~14)은 하나님의 멸하시는 사자가 애굽 땅에 두루 다니며 사람과 짐승을 가리지 않고 애굽의 처음 난 것을 다 치시고 애굽의 모든 신에게 벌을 내리시던 그날 밤, 집 좌우 문설주와 인방에 어린 양의 피를 바른 이스라엘 민족의 집을 하나님의 사자가 넘어감으로(유월) 그들이 430년의 종살이에서 구원받은 그날을 기념하는 절기다.

애굽의 처음 난 모든 것을 죽이시는 하나님의 재앙 가운데서 이스라엘 백성이 구원받았던 것은 오로지 그들의 집 좌우 문설주와 인방에 발랐던 어린 양의 피의 표식 때문이다. 이스라엘 백성을 구원한 어린 양의 피는 예수 그리스도께서 우리를 구원하시기 위해 흘리신 보혈을 예표한다. "우리의 유월절 양 곧 그리스도께서 희생되셨느니라"(고전 5:7후).

희생당한 어린 양의 피를 이스라엘 백성의 집 문 좌우 설주와 인방에 발랐던 그 밤을 기점으로 온 이스라엘이 애굽의 종살이에서 해방되었듯이 오늘 우리는 그 옛날 골고다 언덕에서 예수 그리스도께서 유월절의 어린 양이 되셔서 십자가에서 죄인을 위해 속죄의 피를 흘리셨던 그날을 기점으로 종노릇 하던 죄와 사망의 권세에서 자유를 얻었다. 그러므로 유월절 어린 양의 피는 예수 그리스도 십자가 대속의 죽음을 예표하고 의미한다.

둘째, 무교절(출 12:15~20)은 하나님께서 이스라엘 백성을 애굽 땅에서 인도하여 내었음을 기념하며 유월절 다음 날부터 칠 일간 누룩을 넣지 않은 무교병을 먹는 절기다. 그 칠 일간 이스라엘 백성은 집안 어디에서도 죄악의 상징인 누룩이 보이지 않도록 제거했다. 그리고 애굽에서 나온 이스라엘 백성은 무교 절기를 지키면서 홍해를 건넜다. 이스라엘 백성이 죽음의 홍해 속에 애굽에서의 죄악 된 옛 자아를 수장시키고 약속의 땅 가나안을 향한 새로운 피조물로 거듭나야 했듯이 유월절 어린 양이신 예수 그리스도의 속죄의 죽음으로 구원받은 우리는 옛 자아를 벗어버리고 예수 그리스도의 의로 옷을 입은 새로운 피조물로 거듭나야 한다.

여기서 한 가지 주지해야 할 것은, 예수 그리스도의 속죄의 죽으심을 믿는다는 것은 구약 이스라엘 백성에게는 유월절을 지킴이다. 지킨다는 것은 순종을 전제한다. 따라서 우리의 믿음도 순종과 함께하는 믿음이라야 한다. 어떤 순종과 함께하는 믿음인가? 애굽의 종살이에서 구원받은 날을 기념하며 유월절을 지킨 구약 이스라엘 백성은 무교절을 지키며 죄악을 상징하는 누룩을 철저하게 제거해야 했다. 그렇다. 예수 그리스도로 말미암아 구원의 은혜를 받은 우리는 믿음의 삶에서 죄악을 청산해야 한다. 그러므로 우리를 구원하는 믿음은 죄악의 모양도 버리는 순종과 함께하는 믿음이다.

셋째, 초실절은 무교절기 동안 안식 후 첫날에 곡물의 첫 이삭 한 단을 요제로 하나님 앞에 드리는 절기다(레 23:9~13). 이 절기는 예수 그리스도께서 잠자는 자들의 첫 열매로서 부활하실(고전 15:20) 것을 예표한다. 그래서 예수님께서는 안식 후 첫날 새벽 미명 잠자는 자들의 첫 열매로 부활하셨다(마 28:1; 요 20:1). 그러므로 유월절과 무교절과 초실절은 각각 예수 그리스도의 십자가 죽으심(유월절), 무덤에 묻히심(무교절), 부활하심(초실절)의 구속 사역을 예표한다.

넷째, 칠칠절(오순절)은 초실절 후 칠 일이 일곱 번 지난 후 그 이튿날, 즉 오십 일째 되는 날에 이스라엘 백성이 수고해서 밭에 뿌린 것의 수확을 감사하며 처음 익은 열매를 새 소제와 함께 하나님께 드리는 절기다(레 23:15~21). 칠칠절은 마가 다락방에 성령이 강림하신 날로서 120여 문도가 성령의 처음 익은 열매로 성령 충만을 받은 사건을 예표한다(행 2:1). 그리고 다시 넉 달 농사 기간이 지나고 나서 7월 1일이 나팔절이고, 7월 10일이 대속죄일이고, 7월 15일이 장막절이다.

다섯째, 나팔절에 나팔을 불어서 이스라엘 온 동네에 나팔절을 선포하면 그들이 모두 예루살렘으로 모여와서 하루를 안식하며 성회에 참석했다(레 23:23~25). 나팔절은 이스라엘 백성을 한곳으로 모이게 하는 하나님의 부름이다. 이 절기는 주님 다시 오실 때 불릴 큰 나팔 소리를 예표한다. 주님께서는 다시 오실 때 큰 나팔 소리와 함께 천사들을 보내어 택하신 자들을 하늘 이 끝에서 저 끝까지 사방에서 모으실 것이라고 약속하셨다(마 24:31).

여섯째, 대속죄일은 온 백성이 성회로 모여 스스로 괴롭게 하며 금식하고 회개하며 속죄 제사를 드리는 절기다(레 23:26~32). 그날에 이스라엘 백성 모두는 그동안 아무리 자신들이 많은 속죄 제사를 드려왔다고 할지라도, 그동안 율법을 좀 더 순종하고 순종하지 않았든 간에, 즉 그동안 믿음 생활을 좀 더 잘하고 좀 더 잘하지 못했든 간에, 지위가 높든지 낮든지 간에 이 대속죄일 하루만큼은 모두 예외 없이 전적으로 회개하며 하나님 앞에 무릎을 꿇어야 했다.

하나님의 나라가 임박했을 때 구약 이스라엘 백성에게 요구된 것은 회개였다. 그런 의미에서 "회개하라! 천국이 가까웠다!"라고 외쳤던 세례요한의 외침은 주를 위해 세운 백성을 모으기 위한 하나님의 나팔이었다(눅 1:16). 세례자 요한의 나팔 소리 앞에 잘난 신앙인 바리새인들도 못난 신앙인 세리도 예외 없이 요단강으로 회개의 세례를 받으러 갔다. 따라서 주님의 재림을 준비하는 큰 나팔 소리는 실제 나팔 소리가 아니라 요한계시록 2~3장에서 성령이 교회들에게 회개를 촉구하는 복음이다.

사도 바울의 시대보다도 주님 재림의 때가 더욱 단축된 지금 교회 세대에게 여과 없이 소란스럽게 들리는 꿈, 긍정, 해결, 응답 등 인생 해법을 제시하는 모든 설교는 무당의 예언이고 미혹의 소리이다. 그와 같은 설교는 주님의 입에서 나오는 날 선 검이 아니라, 용의 입과 짐승의 입과 거짓 선지자의 입에서 나오는 개구리 같은 더러운 세 영의 속삭임이고, 성령으로 말미암는 하나님의 예언이 아니라 귀신의 영으로 말미암은 귀신의 속삭임이다.

일곱째, 장막절(초막절)은 7월 15일부터 21일까지 칠 일간 장막에 거하며 첫째 날과 다가오는 새날을 예표하는 팔 일째 되는 날 22일을 성회로 지키면서 그 옛날 선조들의 광야 40년의 삶을 기억하는 절기다(레 23:33~36). 광야 40년 동안 하나님의 장막이 그들 가운데 있었다. 이제 교회 시대 또한 다가오는 새로운 날, 하나님의 장막이 사람들과 함께하는 위대한 시대를 바라본다(계 21:1~4). 그런 의미에서 장막절은 종국에 하나님께서 우리 가운데 거하실 새 하늘과 새 땅의 거룩한 성 새 예루살렘 시대를 예표한다.

그 날에 우리는 하나님의 장막이 우리와 함께 있으며, 하나님께서 그 장막에서 우리와 함께 거하시며, 우리는 하나님의 백성이 되고 하나님께서는 친히 우리와 함께 계셔서 모든 눈물을 우리들의 눈에서 씻겨 주시고, 다시는 사망이 없고 애통하는 것이나 곡하는 것이 다시 있지 않은 영화로운 세계를 상속받게 될 것이다. "또 내가 새 하늘과 새 땅을 보니 처음 하늘과 처음 땅이 없어졌고 바다도 다시 있지 않더라 또 내가 보매 거룩한 성 새 예루살렘이 하나님께로부터 하늘에서 내려오니 그 준비한 것이 신부가 남편을 위하여 단장한 것 같더라 내가 들으니 보좌에서 큰 음성이 나서 이르되 보라 하나님의 장막이 사람들과 함께 있으매 하나님이 그들과 함께 계시리니 그들은 하나님의 백성이 되고 하나님은 친히 그들과 함께 계셔서 모든 눈물을 그 눈에서 닦아 주시니 다시는 사망이 없고 애통하는 것이나 곡하는 것이나 아픈 것이 다시 있지 아니하리니 처음 것들이 다 지나갔음이러라"(계 21:1~4).

결국, 칠칠절(오순절) 이후 넉 달 농사 기간, 그리고 계속해서 7월 1일의 나팔절, 7월 10일의 대속죄일, 7월 15~21일의 장막절은 신약 구속사의 일정표를 예표한다. 칠칠절인 오순절에 이 땅에 성령이 강림하심으로 교회 시대가 문을 열었고, 넉 달 농사 기간에 이방인의 충만한 숫자가 예수 그리스도로 안으로 들어오며, 7월 1일의 큰 나팔 소리와 함께 하나님이 이 땅에 오시는 위대한 날을 바라보며, 일곱 교회는 성령이 교회들에게 하시는 말씀을 듣고 7월 10일 대속죄일의 규례를 따라 전적으로 회개를 해야 한다. 그럴 때 7월 15일 장막절의 실체요 완성인 하나님의 처소가, 무너질 우리의 약하고 죽고 썩을 육체의 장막집에 덧입혀지고 신령한 몸의 영광에 이른다(고전 15:42~44; 고후 5:1~4). 그 날에 우리의 몸은 속량을 받을 것이다. 바로 그 날이 피조물이 고대하는바 하나님의 아들들이 이 땅에 나타나는 영광의 날이다(롬 8:19~23; 골 3:2~3).

하나님의 인과 짐승의 표

성도는 영에 속한 사람이다. 반면에 교인은 출석만 하는 사람이다. 혹자는 영의 사람을 긍정의 힘으로 미래의 꿈을 설계하고 미래의 꿈을 확신하는 사람으로 이해하지만, 하나님의 영이 없는 세상 사람들도 그들이 말하는 미래의 꿈을 꾸며 산다. 그런 꿈은 오히려 세상의 생각으로, 영의 생각이 아니라 육신의 생각이다. 심지어 극단적 오순절주의자들은 영의 사람이란, 방언을 하며 재물의 능을 주시는 하나님께서 자신의 가정과 사업을 번창하게 해 주심을 장담하며 예언하는 사람으로 이해하기도 한다. 그러나 영에 속한 사람 성도는 성령 안에서 살고 성령 안에서 행하는 사람이며, 영으로서 몸의 행실을 죽이는 사람 곧 하나님의 말씀에 순종하는 사람이다. 따라서 교회 안에서 인생 미래의 꿈을 디자인하는 사람은 오히려 육신에 속한 사람(롬 8:5)이다. 영적인 일을 생각하는 하나님의 백성은 항상 자신이 하나님의 말씀대로 순종하고 있는가를 살피고, 자신에게 행위의 온전함이 있는가를 돌아본다.

사도 바울은 하나님의 성전과 관련해서 유대인이나 헬라인이나 장차 예수 그리스도 안에서 하나님께서 거하실 성전으로 지어져 간다고 했다. "너희는 사도들과 선지자들의 터 위에 세우심을 입은 자라 그리스도 예수께서 친히 모퉁잇돌이 되셨느니라 그의 안에서 건물마다 서로 연결하여 주 안에서 성전이 되어 가고 너희도 성령 안에서 하나님이 거하실 처소가 되기 위하여 그리스도 예수 안에서 함께 지어져 가느니라"(엡 2:20~22). 그렇다. 우리 한 사람 한 사람은 하나님께서 장차 거하실 하나님의 성전으로 지어져 간다.

요한계시록 21장 1~2절에서 '거룩한 성 새 예루살렘'이 신부가 남편을 위해 단장한 것 같이 완성되어 하나님께로부터 하늘에서 내려온다고 했다. "또 내가 새 하늘과 새 땅을 보니 처음 하늘과 처음 땅이 없어졌고 바다도 다시 있지 않더라 또 내가 보매 거룩한 성 새 예루살렘이 하나님께로부터 하늘에서 내려오니 그 준비한 것이 신부가 남편을 위하여 단장한 것 같더라"(계 21:1~2). 이 환상은 건물의 장소적 이동을 말하는 것이 아니라, 이 건물이 하나님께로부터 하늘에서 내려온다는 말씀을 통해 하나님께서 거하실 성전이 완성되었음을 말해 준다. 성전의 완성이란 하나님의 성전을 구성하는 하나님의 백성의 수가 채워졌음을 의미한다.

고대에 노예를 소유한 주인은 노예의 어깨와 이마와 팔뚝과 볼에 불도장으로 지진 '인' 자국을 새겨 그 노예가 자기 소유임을 표시했는데, 이 불도장을 '화인'이라고 했다. 화인은 노예가 죽어 썩을 때까지 없어지지 않았다. 평생 지워지지 않을 표시를 노예의 신체에 불도장으로 찍어 '너는 내 것'이라는 소유를 표시했던 것이다.

하나님께서는 당신의 소유된 백성에게 당신의 인을 치신다. 사람들처럼 불도장으로 표식하시는 것이 아니라, 말씀과 성령으로 하신다. 따라서 하나님의 말씀에 순종하며 성령으로 살고 성령으로 행하는 사람이 곧 하나님의 소유가 된 백성이다. 결국, '인'이란 주인의 권리를 표시하는 것으로서 "너는 내 것이다. 내가 너의 주인이다." 하는 하나님의 소유 표시다.

'하나님의 인'은 하나님의 예정에 의한 선택과 죄 사함의 은혜를 통한 구별로 나타난다. 그러므로 죄 사함의 은혜를 받은 사람은 하나님의 소유된 백성으로서 다시는 죄짓지 않는 삶을 살아야 한다. "그런즉 우리가 무슨 말을 하리요 은혜를 더하게 하려고 죄에 거하겠느냐 그럴 수 없느니라 죄에 대하여 죽은 우리가 어찌 그 가운데 더 살리요"(롬 6:1~2). "죄가 너희를 주장하지 못하리니 이는 너희가 법 아래에 있지 아니하고 은혜 아래에 있음이라 그런즉 어찌하리요 우리가 법 아래에 있지 아니하고 은혜 아래에 있으니 죄를 지으리요 그럴 수 없느니라"(롬 6:14~15).

말씀과 성령은 함께 인을 치신다. 개혁주의 신앙에서 성령은 말씀과 함께, 말씀과 더불어, 말씀을 통해서 역사한다. 사도 바울은 고린도후서 1:22에서는 하나님께서 우리에게 인을 치시고 보증으로 성령을 주셨다고 했고, 에베소서 1:13~14에서는 진리의 말씀인 구원의 복음을 믿게 하시고 약속의 성령으로 인을 치셨다고 했다. "그가 또한 우리에게 인 치시고 보증으로 우리 마음에 성령을 주셨느니라." "그 안에서 너희도 진리의 말씀 곧 너희의 구원의 복음을 듣고 그 안에서 또한 믿어 약속의 성령으로 인 치심을 받았으니 이는 우리 기업의 보증이 되사 그 얻으신 것을 속량하시고 그의 영광을 찬송하게 하려 하심이라."

결국, 고린도후서 1:22에서 성령을 주셨다는 것은 에베소서 1:14에서 약속의 성령으로 인을 치셨다는 것이다. 그러므로 에베소서 1:13의 진리의 말씀 곧 구원의 복음을 듣고 믿게 했다는 것은 고린도후서 1:22에서 인을 치셨다는 것이다. 이처럼 하나님께서는 우리를 당신의 소유로 구별하시기 위해, 우리를 구원하시기 위해, 말씀으로도 인을 치시고 성령으로도 인을 치셨다. 그러므로 당신의 소유된 백성을 구별하는 '하나님의 인'은 '말씀의 인'이고 '성령의 인'이다.

성령의 인 치심은 말씀과 함께하며, 성령은 곧 말씀과 동일한 진리기에 요한계시록은 교회들에게 예언하면서 그 예언을 성령이 교회들에게 하시는 말씀이라고 했다(계 2:11, 17, 29; 3:6, 13, 22). 그러므로 교회는 하나님께서 우리에게 요구하시는 신앙의 잣대인 요한계시록 2장과 3장에서 성령이 교회들에게 하시는 말씀의 표준을 향해 하나님의 요구에 응답해야 한다. 성령이 교회들에게 하시는 말씀을 읽고 듣고 지켜서(계 1:3) 회개에 합당한 열매를 결실해야 한다.

하나님의 인 치는 역사는 이처럼 말씀과 성령으로 말미암는다. 그러므로 말씀과 성령의 역사가 잘못되면 짐승의 역사가 된다. 광활한 방목지에서 여러 주인이 많은 가축을 방목할 때면 자기 소유의 가축에게 반드시 표시를 한다. 마찬가지로 주님께서도 당신의 우리 안으로 데리고 들어갈, 천국으로 인도해 갈 당신의 소유된 백성을 인 치신다. 말씀과 성령으로 인 치셔서 굳건하게 해 나가신다. "우리를 너희와 함께 그리스도 안에서 굳건하게 하시고 우리에게 기름을 부으신이는 하나님이시니 그가 또한 우리에게 인 치시고 보증으로 우리 마음에 성령을 주셨느니라"(고후 1:21~22).

구원받을 사람은 말씀과 성령의 인 침을 통해, 날마다 주인의 소유로 굳건하게 되는 성화의 길을 걸어간다. 하나님께서는 우리에게 인을 치시고, 즉 예정으로 우리를 선택하시고 당신의 뜻대로 선한 일을 행하게 하신다. 바로 이 선한 일을 행하게 하시는 하나님의 역사가 우리가 거룩함을 이루어 가는 성화이다.

우리를 '그리스도 안에서 굳건하게 하신다'는 말의 의미는 "주여! 주여!" 한다고 모두가 구원받는 것이 아님을 전제한다. 그리스도 안에서 굳건하고 견고하게 되지 않으면 하나님의 소유가 되지 않았음을 의미한다. 결국, 구원받지 못한다. 주님께서는 당신의 소유된 백성을 반드시 말씀과 성령을 통해 견고하고 굳건하게 해 나가신다. 오늘 우리는 말씀과 성령을 통해 견고하게 되어 가야 함을 망각하고 교회 건물 안에만 들어오면 하나님의 소유된 백성이 된 양 착각한다. 그런데 여기서 유념해야 할 점은 인을 치는 사건은 이스라엘 백성과 세상 사람 사이를 구분하기 위한 것이 아니라는 사실이다. "하나님! 하나님!" 하는 이스라엘 지파 가운데서, 즉 "주여! 주여!" 하는 교회 가운데서 당신의 소유된 백성을 구별하기 위해 인을 치신다.

지금 교회 안에는 원수가 뿌린 가라지들이 함께 자라고 있다. 이스라엘 지파 안에서 하나님의 소유가 아닌 원수의 소유가, 교회 안에서 성령의 인 침을 받지 못한 사람이 공존하고 있다. 하나님께서는 이스라엘 지파 안에서, 교회 가운데서 당신의 소유된 백성에게 인을 치신다. "하나님! 하나님!" 하며 가나안 땅에 거하는 혈통적 자손이라고 해서 모두 하나님의 소유된 백성이 아니다. 이 가운데는 단으로 묶여 불살라질 원수의 소유가 있다. 그러나 하나님의 인을 맞은 사람은 말씀과 성령으로 견고하게 되어 간다. 말씀과 성령으로 성화되어 간다. 말씀과 성령으로 신앙의 열매를 결실해 간다.

주님께서는 요한계시록에서 대칭법으로 당신의 뜻을 계시하신다. '누가 당신의 소유된 백성이며 누가 당신의 소유된 백성을 양육하는 자인가, 누가 심판받을 사람이며 누가 심판받을 가라지를 심는 원수들인가'를 예언한다. 그래서 '이긴 자와 진 자', '신부와 음녀', '하나님의 표, 인과 짐승의 표, 666', '두 증인과 두 뿔', '어린 양과 짐승'. '큰 성 바벨론과 거룩한 성 새 예루살렘'의 대칭적 은유로 누가 하나님의 거하실 성전으로 지어지는 당신의 소유된 백성이며, 누가 멸망하게 될 큰 성 바벨론으로 지어져 가는 심판받을 사람인가를 보여 주며 경고하신다.

'두 증인'은 하나님의 참된 종들로서 '하나님의 인'을 하나님의 백성들에게 표시하는 신실한 주의 종들이며(계 11:1~14), '두 뿔'은 거짓 그리스도와 거짓 종들로서 그들의 '짐승의 표'로 교회를 미혹해서 가라지를 심는 원수를 상징한다(계 13:11~18). 지금 교회 안에는 참 제자가 있는 반면에 꿈이나 먹고 영향력이나 갈망하는 무늬만 교회인 위조된 제자들로 꽉 채워져 있다.

성령께서 교회들에게 보낸 편지 요한계시록은 별과 촛대와 관련된 '장차 될 일'을 예언하고 있다. "네가 본 것과 지금 있는 일과 장차 될 일을 기록하라 네가 본 것은 내 오른손의 일곱 별의 비밀과 또 일곱 금 촛대라 일곱 별은 일곱 교회의 사자요 일곱 촛대는 일곱 교회니라"(계 1:19~20). 사도 요한이 본 것은 '별과 촛대의 비밀'이다. 이는 '교회의 사자와 교회'에 관련된 비밀이다. 그러므로 '장차 될 일'은 중동 핵전쟁이나 천재지변, 해일과 기근과 지진의 비밀이 아니라, '교회 안에서 누가 거룩한 성 새 예루살렘의 재료가 되어 구원받을 신실한 믿음의 사람인가, 아니면 멸망할 큰 성 바벨론의 재료가 되어 예배당 건물의 머릿수나 채우다가 심판받을 사람인가'를 경고하는 비밀이다.

거룩한 성 새 예루살렘으로 지어진 거룩한 성도들만이 하나님의 신부(계 21:1~2, 9~10)가 되어 신랑이신 예수 그리스도와 결혼하게 된다. 영원한 구원에 이르게 된다. 그러므로 사도 요한이 보았던 '장차 될 일'은 '누가 말씀과 성령 안에서 굳건하게 되어 곧 누가 성령이 교회들에게 하시는 말씀을 듣고 지켜 행해서 거룩한 성 새 예루살렘으로 지어져 가는가, 아니면 짐승의 표를 받아서 큰 성 바벨론으로 지어져 가는가' 하는 것이다.

요한계시록에는 '하나님의 인'과 '짐승의 표'가 나온다. "또 보매 다른 천사가 살아 계신 하나님의 인을 가지고 해 돋는 데로부터 올라와서 땅과 바다를 해롭게 할 권세를 받은 네 천사를 향하여 큰 소리로 외쳐 이르되 우리가 우리 하나님의 종들의 이마에 인 치기까지 땅이나 바다나 나무들을 해하지 말라 하더라"(계 7:2~3). "그들에게 이르시되 땅의 풀이나 푸른 것이나 각종 수목은 해하지 말고 오직 이마에 하나님의 인 침을 받지 아니한 사람들만 해하라 하시더라"(계 9:4). "누구든지 이 표를 가진 자 외에는 매매를 못 하게 하니 이 표는 곧 짐승의 이름이나 그 이름의 수라"(계 13:17). "또 다른 천사 곧 셋째가 그 뒤를 따라 큰 음성으로 이르되 만일 누구든지 짐승과 그의 우상에게 경배하고 이마에나 손에 표를 받으면"(계 14:9), "그 고난의 연기가 세세토록 올라가리로다 짐승과 그의 우상에게 경배하고 그의 이름 표를 받는 자는 누구든지 밤낮 쉼을 얻지 못하리라 하더라"(계 14:11). "첫째 천사가 가서 그 대접을 땅에 쏟으매 짐승의 표를 받은 사람들과 그 우상에게 경배하는 자들에게 악하고 독한 종기가 나더라"(계 16:2). "짐승이 잡히고 그 앞에서 표적을 행하던 거짓 선지자도 함께 잡혔으니 이는 짐승의 표를 받고 그의 우상에게 경배하던 자들을 표적으로 미혹하던 자라 이 둘이 산 채로 유황불 붙는 못에 던져지고"(계 19:20). "또 내가 보좌들을 보니 거기에 앉은 자들이 있어 심판하는 권세를 받았더라 또 내가 보니 예수를 증언함과 하나님의 말씀 때문에 목 베임을 당한 자들의 영혼들과 또 짐승과 그의 우상에게 경배하지 아니하고 그들의 이마와 손에 그의 표를 받지 아니한 자들이 살아서 그리스도와 더불어 천 년 동안 왕 노릇 하니"(계 20:4).

하나님의 인은 하나님의 보좌로부터 나오지만, 짐승의 표는 짐승의 왕좌로부터 나온다. 그래서 하나님의 점진적인 진노의 심판은 다섯째 대접에서 짐승의 왕좌를 향해 쏟아지고, 일곱 대접 재앙의 마지막 대접은 짐승의 왕좌가 있는 큰 성 바벨론을 향한다. "또 다섯째 천사가 그 대접을 짐승의 왕좌에 쏟으니 그 나라가 곧 어두워지며 사람들이 아파서 자기 혀를 깨물고 아픈 것과 종기로 말미암아 하늘의 하나님을 비방하고 그들의 행위를 회개하지 아니하더라"(계 16:10~11). "일곱째 천사가 그 대접을 공중에 쏟으매 큰 음성이 성전에서 보좌로부터 나서 이르되 되었다 하시니 번개와 음성들과 우렛소리가 있고 또 큰 지진이 있어 얼마나 큰지 사람이 땅에 있어 온 이래로 이같이 큰 지진이 없었더라 큰 성이 세 갈래로 갈라지고 만국의 성들도 무너지니 큰 성 바벨론이 하나님 앞에 기억하신 바 되어 그의 맹렬한 진노의 포도주 잔을 받으매"(계 16:17~19). 결국, 큰 성 바벨론은 짐승의 왕좌가 좌정한 곳이고 짐승의 표는 큰 성 바벨론으로부터 출현한다. 그러므로 짐승의 수, 매매표, 666을 이해하려면 큰 성 바벨론의 정체를 알아야 한다.

'인'은 소유 표시이다. 그런데 하나님의 인을 맞지 않은 자는 '황충의 살'에 쏘인다. 침을 맞는다(새번역). "다섯째 천사가 나팔을 불매 내가 보니 하늘에서 땅에 떨어진 별 하나가 있는데 그가 무저갱의 열쇠를 받았더라 그가 무저갱을 여니 그 구멍에서 큰 화덕의 연기 같은 연기가 올라오매 해와 공기가 그 구멍의 연기로 말미암아 어두워지며 또 황충이 연기 가운데로부터 땅 위에 나오매 그들이 땅에 있는 전갈의 권세와 같은 권세를 받았더라 그들에게 이르시되 땅의 풀이나 푸른 것이나 각종 수목은 해하지 말고 오직 이마에 하나님의 인 침을 받지 아니한 사람들만 해하라 하시더라 그러나 그들을 죽이지는 못하게 하시고 다섯 달 동안 괴롭게만 하게 하시는데 그 괴롭게 함은 전갈이 사람을 쏠 때에 괴롭게 함과 같더라"(계 9:1~5). "또 전갈과 같은 꼬리와 쏘는 살이 있어 그 꼬리에는 다섯 달 동안 사람들을 해하는 권세가 있더라"(계 9:10). 황충은 전갈의 권세와 같은 권세를 받았다(3절). 그 권세로 황충은 마치 전갈이 독침을 쏘듯 사람을 괴롭힌다(5절). 전갈은 꼬리에 쏘는 살이 있다. 결국, 하나님의 인 침을 받지 않은 사람들이 '황충의 살'에 쏘여서 죽음의 고통을 경험한다. 하나님의 인을 맞은 사람들이 하나님의 소유된 백성 즉 구원받을 백성이라면 황충의 살을 맞은 사람은 하나님의 소유가 아닌 사람들로서 짐승의 소유된 자들이다. 이들은 구원받지 못하고 멸망 당할 것이다.

하나님의 인은 하나님의 소유 표시고, 황충의 살은 짐승의 소유 표시다. 황충의 살에 쏘인 사람은 죽음을 호소할 정도의 고통을 겪는다. "그날에는 사람들이 죽기를 구하여도 죽지 못하고 죽고 싶으나 죽음이 그들을 피하리로다"(계 9:6). 구약에서 하나님께서 경고하신 가장 큰 기근의 고통은 말씀을 듣지 못한 기갈이라고 했다. "주 여호와의 말씀이니라 보라 날이 이를지라 내가 기근을 땅에 보내리니 양식이 없어 주림이 아니며 물이 없어 갈함이 아니요 여호와의 말씀을 듣지 못한 기갈이라 사람이 이 바다에서 저 바다까지, 북쪽에서 동쪽까지 비틀거리며 여호와의 말씀을 구하려고 돌아다녀도 얻지 못하리니"(암 8:11~12). 하나님의 경고에 의하면 여호와의 말씀을 듣지 못한 기근으로 사람들은 이리 비틀 저리 비틀거리며 고통스러워해야 한다. 그런데 실제로 이스라엘 백성은 이와 같은 고통을 느끼지 못했다. 마찬가지로 황충의 쏘는 살에 해를 받은 사람은 죽을 정도로 고통스러워해야 하지만 실제로 그들은 이와 같은 고통을 느끼지 못한다. 그러나 그들이 황충에게 받는 '해(害)'는 하나님 보시기에 심각한 것이다. 황충의 해를 인간이 느끼는 육체의 고통으로 판단해서는 안 된다. 하나님의 눈으로 보아야 한다. 하나님의 말씀을 듣지 못해서 굶주린 백성을 하나님께서는 이리 비틀 저리 비틀하며 고통스러워하는 것으로 보시듯이, 황충의 쏘는 살에 해를 받은 사람은 하나님 보시기에 죽음과도 같은 고통 속에 있는 것이다.

요한계시록 9장에서는 하나님의 소유가 아니라 짐승의 소유가 된 사람이 황충의 쏘는 살에 해를 받는 것으로 표현하고 있고, 13장에서는 짐승의 표 곧 매매표를 받는 것으로 표현한다. "내가 보매 또 다른 짐승이 땅에서 올라오니 어린 양같이 두 뿔이 있고 용처럼 말을 하더라 그가 먼저 나온 짐승의 모든 권세를 그 앞에서 행하고 땅과 땅에 사는 자들을 처음 짐승에게 경배하게 하니 곧 죽게 되었던 상처가 나은 자니라 큰 이적을 행하되 심지어 사람들 앞에서 불이 하늘로부터 땅에 내려오게 하고"(계 13:11~13). "그가 모든 자 곧 작은 자나 큰 자나 부자나 가난한 자나 자유인이나 종들에게 그 오른손에나 이마에 표를 받게 하고 누구든지 이 표를 가진 자 외에는 매매를 못 하게 하니 이 표는 곧 짐승의 이름이나 그 이름의 수라 지혜가 여기 있으니 총명한 자는 그 짐승의 수를 세어 보라 그것은 사람의 수니 그의 수는 육백육십육이니라"(계 13:16~18). 하나님의 인을 맞지 않고 황충의 쏘는 살에 해를 받은 백성은 결국, 짐승의 표 666을 받은 자들로서 땅에 거하는 자들이다.

성경에서 숫자 7은 하나님의 사역을 상징한다. 6은 땅의 숫자로서 사탄의 사역을 상징한다. 6은 7이라는 숫자 바로 앞에 있지만, 영원히 7이 될 수 없는 모방의 숫자다. 단지 한 끗 차이에 불과한 수지만, 그 미세한 차이는 영원한 구원과 영원한 심판이라는 엄청난 차이다. 성부 하나님을 7이라고 한다면, 성자 하나님도 7이고, 성령 하나님도 7로 상징할 수 있다. 이렇게 성부 성자 성령 삼위일체 하나님의 역사를 777로 비유하면, 666은 악의 삼위일체인 사탄과 적그리스도와 거짓 선지자의 역사로 비유할 수 있다.

요한계시록에서는 사탄인 용(계 12:7~17)과 바다에서 올라오는 적그리스도와 땅에서 올라오는 어린 양같이 두 뿔 달린 짐승인 거짓 선지자(계 13:1~10, 11~18; 19:19~21)가 악의 삼위일체로 등장한다. 마치 성부 성자 성령 삼위일체 하나님을 모방이라도 하듯이.그렇다면 666은 악의 삼위일체의 활동을 상징한다고 볼 수 있다. 그 연장선에서 하나님의 백성인 알곡이 하나님의 인 777을 맞았다면, 사탄의 하수인이 주인의 밭에 몰래 심은 가라지는 짐승의 표 666을 맞은 것이 된다.

황충의 살을 맞은 사람은 짐승의 표를 받는 사람과 동일한 의미이며, 이들은 큰 성 바벨론으로 지어져 간다. 이유는 이들이 하나님의 인을 맞지 않았기 때문이다. "그들에게 이르시되 땅의 풀이나 푸른 것이나 각종 수목은 해하지 말고 오직 이마에 하나님의 인 침을 받지 아니한 사람들만 해하라 하시더라"(계 9:4).

사도 바울은 종말에 교회가 믿음에서 떠날 것을 경고했다. "그러나 성령이 밝히 말씀하시기를 후일에 어떤 사람들이 믿음에서 떠나 미혹하는 영과 귀신의 가르침을 따르리라 하셨으니 자기 양심이 화인을 맞아서 외식함으로 거짓말하는 자들이라"(딤전 4:1~2). 믿음에서 떠났다는 것은 배도했다는 것이다. 누가 배도했는가? "주여! 주여!"만 하고 주님의 가르침대로 행하지는 않는 교회이다. 사도 바울에 의하면 귀신의 가르침을 받았다는 것은 양심에 화인 맞았다는 것이며, 미혹 받았다는 것이며, 외식하고 있다는 것이며, 거짓말한다는 것이다. 이는 곧 하나님의 인을 맞지 않고 짐승의 표를 받았음을 의미한다. 예배당 건물을 출입한다고 모두 하나님의 인을 맞는 것이 아니다. 하나님의 인을 맞는 사람도 있고, 짐승의 표를 받는 사람도 있다.

요한계시록은 거짓을 좋아하는 자들의 멸망을 경고하고 있다.

"개들과 점술가들과 음행하는 자들과 살인자들과 우상 숭배자들과 및 거짓말을 좋아하며 지어내는 자는 다 성 밖에 있으리라"(계 22:15). 하나님께서는 장차 교회 안에 미혹을 역사하게 하셔서 멸망할 유기된 자들에게 거짓 것을 믿게 하시고, 거짓을 좋아하며 지어내는 모든 자 곧 진리를 믿지 않고 불의 좋아하는 모든 자를 심판하실 것이다. "악한 자의 나타남은 사탄의 활동을 따라 모든 능력과 표적과 거짓 기적과 불의의 모든 속임으로 멸망하는 자들에게 있으리니 이는 그들이 진리의 사랑을 받지 아니하여 구원함을 받지 못함이라 이러므로 하나님이 미혹의 역사를 그들에게 보내사 거짓 것을 믿게 하심은 진리를 믿지 않고 불의를 좋아하는 모든 자들로 하여금 심판을 받게 하려 하심이라"(살후 2:9~12).

요한계시록 2장과 3장에서는 '이긴 자'만이 약속된 생명의 복, 구원의 복에 참여하게 된다고 예언한다. '이긴 자'는 성령이 교회들에게 하시는 말씀을 읽고, 듣고, 지키고, 회개에 합당한 열매를 결실한 사람이다. 반면에 성령이 교회들에게 하시는 말씀을 읽지 않고 듣지 않고 지키지 않고 회개하지 않은 사람은, 미혹하게 하는 영을 받고 양심에 화인을 맞아 거짓말을 좋아하고 지어내며 믿음에서 떠나 귀신의 가르침을 따르는 사람들이다. 이들은 귀신의 처소인 큰 성 바벨론으로 지어져 간다. 이들은 서기관들과 바리새인들처럼 "주여! 주여!"는 하지만 하나님 보시기에 외식하는 신앙인들이다.

하나님에게서 '인'이 나오듯이, 짐승에게서 '표'가 나온다. 바로 이 '짐승의 표'가 거짓 그리스도와 거짓 선지자에게서 나오는 미혹이다. 최후의 대전 아마겟돈 전쟁에서 용과 짐승과 거짓 선지자의 입에서 개구리 같은 세 더러운 영이 나오는데, 그 영은 귀신의 영이다. "또 내가 보매 개구리 같은 세 더러운 영이 용의 입과 짐승의 입과 거짓 선지자의 입에서 나오니 그들은 귀신의 영이라 이적을 행하여 온 천하 왕들에게 가서 하나님 곧 전능하신 이의 큰 날에 있을 전쟁을 위하여 그들을 모으더라 … 세 영이 히브리어로 아마겟돈이라 하는 곳으로 왕들을 모으더라"(계 16:13~14, 16). 그러므로 최후의 대전 아마겟돈 전쟁은 적그리스도의 실제 군대 혹은 중공 군대, 미국 군대, 소련 군대, 아랍연방 군대가 참전하는 종말 핵전쟁의 날이 아니다. 아마겟돈 전쟁은 하나님의 교회 곧 하나님의 나라 안으로 맹렬하게 진격해 오는 원수의 군대 곧 거짓 그리스도와 거짓 선지자가 종말이 가까울수록 여기저기 광야와 골방에서까지 활개 치며 교회를 미혹할 것을 상징한다. "그때에 사람이 너희에게 말하되 보라 그리스도가 여기 있다 혹은 저기 있다 하여도 믿지 말라 거짓 그리스도들과 거짓 선지자들이 일어나 큰 표적과 기사를 보여 할 수만 있으면 택하신 자들도 미혹하리라 보라 내가 너희에게 미리 말하였노라 그러면 사람들이 너희에게 말하되 보라 그리스도가 광야에 있다 하여도 나가지 말고 보라 골방에 있다 하여도 믿지 말라 번개가 동편에서 나서 서편까지 번쩍임같이 인자의 임함도 그러하리라"(마 24:23~27).

데살로니가후서 2:9~11에서 하나님께서 장차 미혹을 역사하게 하실 것이라고 하셨는데, 미혹은 귀신의 가르침으로서 요한계시록에 등장하는 '황충의 쏘는 살' 예언과 같은 맥락이다. 앞서 요한계시록 9:3~4에서 살펴본 대로 황충의 살에 쏘여서 해를 당할 사람들은 하나님의 인을 맞지 않고 짐승의 표를 받는 사람이다. 그들은 황충의 살에 쏘여 곧 귀신의 가르침으로 미혹을 받아 큰 성 바벨론으로 지어져 간다. 그러므로 우리는 신앙의 삶을 돌아보면서 하나님의 말씀, 하나님의 성령 곧 하나님의 인을 맞고 거룩한 성 새 예루살렘으로 지어져 가고 있는지, 아니면 황충의 쏘는 살 곧 짐승의 표를 받고 멸망할 큰 성 바벨론으로 지어져 가고 있는지를 분별해야 한다.

하나님의 인을 치는 환상은 말세의 어느 한 기간에만 행해지는 일이 아니라 전 교회사를 통해 하나님의 말씀을 맡은 종들이 어떻게 하나님의 말씀을 백성들에게 읽어 들려줘서 그들로 장차 하나님의 거하실 성전인 거룩한 성 새 예루살렘으로 지어져 가게 해야 할지를 보여 준다.

사도 바울은 교회에게 3차 세계대전을 경고하지 않았다. 수질 오염을 경고하지도 않았다. 지진을 경고하지도 않았다. 세계경제블록의 붕괴를 경고하지도 않았다. 그가 교회에게 경고한 것은 교회를 음란하게 만드는 다른 예수 다른 복음 다른 영이다. "만일 누가 가서 우리가 전파하지 아니한 다른 예수를 전파하거나 혹은 너희가 받지 아니한 다른 영을 받게 하거나 혹은 너희가 받지 아니한 다른 복음을 받게 할 때에는 너희가 잘 용납하는구나"(고후 11:4). 그리고 진리를 거역하며 어리석은 교회의 사욕을 충족시켜 주는 거짓 선생들의 준동을 경고했다. "때가 이르리니 사람이 바른 교훈을 받지 아니하며 귀가 가려워서 자기의 사욕을 따를 스승을 많이 두고 또 그 귀를 진리에서 돌이켜 허탄한 이야기를 따르리라"(딤후 4:3~4).

지금 교회는 소원 성취를 장담해 주고 허탄한 성공 예화와 부자 예화로 그들의 귀를 즐겁게 해 주는 거짓 스승을 하나님의 종으로 섬기며 따라다닌다. 그러나 그들은 교회를 영원히 죽음에 이르게 할 다른 예수와 다른 복음과 다른 영을 매개하는 황무지의 여우들(겔 13:4) 곧 짐승들이다.

모세의 노래는 어린 양의 노래에 이르러 영원한 예언이 된다

일찍이 모세 선지자는 두 가지 방향에서 이스라엘 신앙의 비극적 말로를 예언했다. 첫 번째는 이스라엘이 하나님을 섬기지 않아서가 아니라, 섬기기는 섬기되 기쁘고 즐거운 마음으로 하나님을 섬기지 않음으로 말미암아 멀리 땅 끝에서 올라오는 원수의 세력에 의해 멸문지화를 당할 것이고(신 28:47, 48~57), 두 번째는 율법의 모든 말씀을 지켜 행하지 않음으로 말미암아 약속의 땅 가나안에서 뽑혀 세계 각지로 노예가 되어 팔려 간다는(신 28:58, 59~68) 것이다. 그날에 그들은 약속의 땅 가나안 밖에서 슬피 울며 이를 갈게 된다. 이는 "주여! 주여!" 하는 교회 세대가 거룩한 성 새 예루살렘 밖에서 슬피 울며 이를 갈게 되는 비극적 말로의 예표가 된다.

하나님께서는, 모세를 통해 이스라엘 후세대의 비극적 말로를 예언한 이 경고의 말씀을 영원한 증거의 노래로 삼아 부르기를 잊지 말 것을 명령하셨다. "여호와께서 모세에게 이르시되 네가 죽을 기한이 가까웠으니 여호수아를 불러서 함께 회막으로 나아오라 내가 그에게 명령을 내리리라 모세와 여호수아가 나아가서 회막에 서니 여호와께서 구름 기둥 가운데에서 장막에 나타나시고 구름 기둥은 장막 문 위에 머물러 있더라 또 여호와께서 모세에게 이르시되 너는 네 조상과 함께 누우려니와 이 백성은 그 땅으로 들어가 음란히 그 땅의 이방 신들을 따르며 일어날 것이요 나를 버리고 내가 그들과 맺은 언약을 어길 것이라 내가 그들에게 진노하여 그들을 버리며 내 얼굴을 숨겨 그들에게 보이지 않게 할 것인즉 그들이 삼킴을 당하여 허다한 재앙과 환난이 그들에게 임할 그때에 그들이 말하기를 이 재앙이 우리에게 내림은 우리 하나님이 우리 가운데에 계시지 않은 까닭이 아니냐 할 것이라 또 그들이 돌이켜 다른 신들을 따르는 모든 악행으로 말미암아 내가 그때에 반드시 내 얼굴을 숨기리라 그러므로 이제 너희는 이 노래를 써서 이스라엘 자손들에게 가르쳐 그들의 입으로 부르게 하여 이 노래로 나를 위하여 이스라엘 자손들에게 증거가 되게 하라 내가 그들의 조상들에게 맹세한 바 젖과 꿀이 흐르는 땅으로 그들을 인도하여 들인 후에 그들이 먹어 배부르고 살찌면 돌이켜 다른 신들을 섬기며 나를 멸시하여 내 언약을 어기리니 그들이 수많은 재앙과 환난을 당할 때에 그들의 자손이 부르기를 잊지 아니한 이 노래가 그들 앞에 증인처럼 되리라 나는 내가 맹세한 땅으로 그들을 인도하여 들이기 전 오늘 나는 그들이 생각하는 바를 아노라"(신 31:14~21).

모세 선지자는 하나님의 명령대로 언약궤에 봉함된 대예언 곧 증거의 노래 부르기를 잊지 않고 계속해서 이스라엘의 비극적 말로를 소돔의 포도나무 고모라 밭의 소산으로 정죄하며 하나님의 구속 경륜의 법정에 하늘과 땅을 증인으로 불러 세웠다. "하늘이여 귀를 기울이라 내가 말하리라 땅은 내 입의 말을 들을지어다"(신 32:1) "이는 그들의 포도나무는 소돔의 포도나무요 고모라의 밭의 소산이라 그들의 포도는 독이 든 포도이니 그 송이는 쓰며 그들의 포도주는 뱀의 독이요 독사의 맹독이라 이것이 내게 쌓여 있고 내 곳간에 봉하여 있지 아니한가 그들이 실족할 그때에 내가 보복하리라 그들의 환난 날이 가까우니 그들에게 닥칠 그 일이 속히 오리로다 참으로 여호와께서 자기 백성을 판단하시고 그 종들을 불쌍히 여기시리니 곧 그들의 무력함과 갇힌 자나 놓인 자가 없음을 보시는 때에로다"(신 32:32~36).

시간이 흘러가면서 모세가 모압 평지에서 불렀던 이 예언의 노래 곧 증거의 노래는 이스라엘의 거짓 목회자들에 의해 평강 타령으로 개작되어 불리기 시작한다. 그들은 모두 예외 없이 아브라함의 자손으로 태어난 이상 곧 믿음으로 교회에 출석한 이상 무조건 구원받고, 무조건 천당 가고, 무조건 응답받고, 무조건 승리하고, 무조건 축복받고, 무조건 꿈을 이룬다고 짖어대기 시작했다.

모세의 대예언이 있은 지 700여 년의 시간이 흐른 후, 구속사의 무대에 이사야 선지자가 부름을 받으면서 그의 제 일 성(聲)은, 부르기를 잊지 말아야 하는 이 증거의 노래, 그러나 잊힌 이 증거의 노래를 부르는 것이었다. 그는 소돔의 포도나무와 고모라 밭의 소산으로 결실된 소돔의 관원들과 고모라의 백성이 된 이스라엘을 정죄하며 그 옛날 모압 광야에서 모세 선지자가 증인으로 불러 세웠던 하늘과 땅을 다시 하나님의 구속 경륜의 법정에 불러 세운다. "하늘이여 들으라 땅이여 귀를 기울이라 여호와께서 말씀하시기를 내가 자식을 양육하였거늘 그들이 나를 거역하였도다"(사 1:2). "너희 소돔의 관원들아 여호와의 말씀을 들을지어다 너희 고모라의 백성아 우리 하나님의 법에 귀를 기울일지어다"(사 1:10). 이후 그는 이 증거의 노래를 부르며 60년 사역의 고독한 길을 걸어간다.

모세 선지자가 "하나님! 하나님!" 하는 이스라엘 후세대를 향해 그들의 파국적 말로를 경고했듯이 주님께서도 일찍이 공생애의 사역을 시작하시면서 신앙의 후세대에게 경고하셨다. "나더러 주여 주여 하는 자마다 다 천국에 들어갈 것이 아니요 다만 하늘에 계신 내 아버지의 뜻대로 행하는 자라야 들어가리라 그 날에 많은 사람이 나더러 이르되 주여 주여 우리가 주의 이름으로 선지자 노릇 하며 주의 이름으로 귀신을 쫓아 내며 주의 이름으로 많은 권능을 행하지 아니하였나이까 하리니 그때에 내가 그들에게 밝히 말하되 내가 너희를 도무지 알지 못하니 불법을 행하는 자들아 내게서 떠나가라 하리라"(마 7:21~23).

이 예언의 길을 따라, 이 경고의 길을 따라, 이 노래의 길을 따라 어린 양의 편지, 어린 양의 말씀, 어린 양의 예언, 어린 양의 노래인 요한계시록은 모든 교회 세대를 예표하는 일곱 교회를 향해 회개하지 않으면 곧 이기는 자가 되지 않으면 하나님의 축복에 결단코 동참할 수 없음을 엄중하게 경고하고 있다(계 2:5, 7, 11, 16~17, 22~23, 26~29; 3:3, 5, 12~13, 16, 21~22). 그리고 모세 선지자가 이스라엘 신앙의 결국을 소돔의 포도나무 고모라 밭의 소산으로 정죄했듯이, 회개하지 않은 교회 세대, 이기지 못한 교회 세대, 하나님의 말씀대로 행하지 않은 교회 세대의 말로를 진노의 포도주 틀에 들어가는 악한 포도송이로 경고한다. "또 다른 천사가 하늘에 있는 성전에서 나오는데 역시 예리한 낫을 가졌더라 또 불을 다스리는 다른 천사가 제단으로부터 나와 예리한 낫 가진 자를 향하여 큰 음성으로 불러 이르되 네 예리한 낫을 휘둘러 땅의 포도송이를 거두라 그 포도가 익었느니라 하더라 천사가 낫을 땅에 휘둘러 땅의 포도를 거두어 하나님의 진노의 큰 포도주 틀에 던지매 성 밖에서 그 틀이 밟히니 틀에서 피가 나서 말 굴레에까지 닿았고 천육백 스다디온에 퍼졌더라"(계 14:17~20).

심판받은 자의 피가 일천육백 스다디온에 퍼진다고 했다. 일천육백 스다디온은 이스라엘 남북의 길이이다. 곧 이스라엘 전역이 심판의 피로 젖게 된다는 의미다. 이는 주님의 확증한 예언대로 인자가 다시 올 때 믿음을 볼 수 없다는 심판의 경고와 일맥상통한다.

이제 교회는, 성령이 교회들에게 하시는 심판 경고의 말씀을 듣고 깨어나 신앙의 싸움에서 이기기를 다투어야 한다. "이기기를 다투는 자마다 모든 일에 절제하나니 그들은 썩을 승리자의 관을 얻고자 하되 우리는 썩지 아니할 것을 얻고자 하노라"(고전 9:25). '이긴 자'만이 썩지 않을 생명의 관을 얻게 될 것이다. '이긴 자'만이 하나님의 종 모세의 노래, 어린 양의 노래를 불러 전능하신 하나님과 만국의 왕 주님을 찬미하며 영원한 구원의 영광에 참여하게 될 것이다. "또 하늘에 크고 이상한 다른 이적을 보매 일곱 천사가 일곱 재앙을 가졌으니 곧 마지막 재앙이라 하나님의 진노가 이것으로 마치리로다 또 내가 보니 불이 섞인 유리 바다 같은 것이 있고 짐승과 그의 우상과 그의 이름의 수를 이기고 벗어난 자들이 유리 바다 가에 서서 하나님의 거문고를 가지고 하나님의 종 모세의 노래, 어린 양의 노래를 불러 이르되 주 하나님 곧 전능하신 이시여 하시는 일이 크고 놀라우시도다 만국의 왕이시여 주의 길이 의롭고 참되시도다 주여 누가 주의 이름을

두려워하지 아니하며 영화롭게 하지 아니하오리이까 오직 주만 거룩
하시니이다 주의 의로우신 일이 나타났으매 만국이 와서 주께 경배
하리이다 하더라"(계 15:1~4).